Franz Scholz

Zwischen Staatsräson und Evangelium

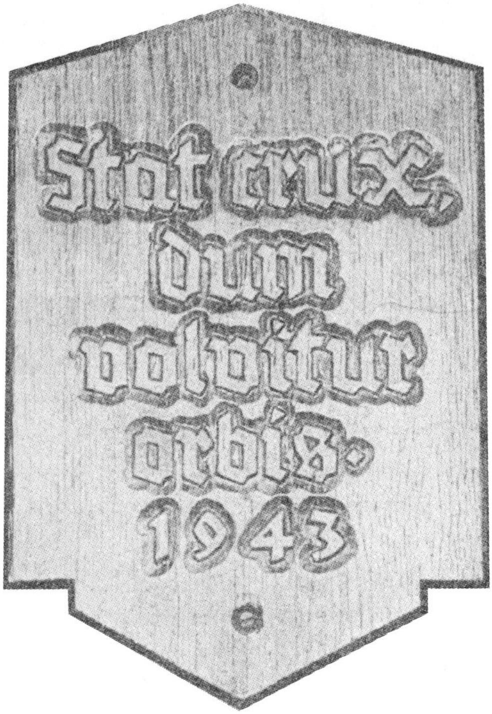

»Fest ragt das Kreuz, während die Welt durcheinanderkommt.« Inschrift des Sühnekreuzes an der Bonifatiuskirche in Görlitz-Ost, Zgorzelec, das im September 1943 für die Frevel Hitlers in Polen errichtet wurde.

Franz Scholz

Zwischen Staatsräson und Evangelium

Kardinal Hlond und die Tragödie der ostdeutschen Diözesen

Tatsachen

Hintergründe

Anfragen

VERLAG JOSEF KNECHT · FRANKFURT AM MAIN

2., verbesserte und erweiterte Auflage 1988

CIP-Kurztitelaufnahme der Deutschen Bibliothek

Scholz, Franz:
Zwischen Staatsräson und Evangelium: Kardinal Hlond
und d. Tragödie d. ostdeutschen Diözesen; Tatsachen,
Hintergründe, Anfragen/Franz Scholz. 1. Auflage
Frankfurt am Main: Knecht, 1988
ISBN 3-7820-0571-6

ISBN 3-7820-0571-6

Carolusdruckerei GmbH., Frankfurt am Main
Satz: Fotosatz Otto Gutfreund, Darmstadt
Druck und Bindung: Wiesbadener Graphische Betriebe GmbH,
Wiesbaden

Monstra Te esse Matrem!

Ex praeteritis opportet nos quasi argumentum sumere de futuris: et ideo memoria praeteritorum necessaria est ad bene considerandum de futuris.

Aus Früherem muß man die Begründung für spätere Entscheidungen schöpfen; daher ist die Kenntnis der Vergangenheit für die Richtigkeit zukünftiger Entscheidungen unverzichtbar.

Thomas von Aquin
Summa Theologica II, 2, 49, 1, 3

Inhalt

Vorwort

In der Bundesrepublik Deutschland lebt viel aufgeschlossenes Wohlwollen für Polen und für die polnische Kirche. Die unvergleichlichen Hilfssendungen, für welche die Deutsche Bundespost lange Zeit Portofreiheit gewährt hat, die Millionenwerte, die durch den Deutschen Caritasverband, Freiburg, nach Polen fließen, die Opfer des Maximilian-Kolbe-Werkes e.V. sind lebendige Zeichen einer nicht nur theoretischen Hilfsbereitschaft.

Dieses Wohlwollen ist aber in der Bundesrepublik Deutschland nicht immer mit Sachkenntnis gepaart. Auch in Deutschland möchte sich eine Tendenz, die unbequemen »Akten« unbearbeitet zu schließen, behaupten. Unsere Zeit ist kurzatmig, antimetaphysisch und positivistisch. Sie lebt aus dürftigen Wurzeln und kapituliert gerne vor Fakten als solchen, ohne diese auf ihre ethische Qualität zu prüfen. Die Treue zu echten Werten ist mangelhaft, das Geschichtsbewußtsein unterentwickelt. Reißerische Parolen, die verblüffend einfache Lösungen ohne eigenes Bemühen fordern, scheinen sich emotional selbst zu begründen. Allzu gerne wird einfach verdrängt, was heute ungelegen kommt, aber doch noch der Aufarbeitung harrt. Der Stil, solche »Lebensrechnungen« einfach verschwinden zu lassen, ist heute verbreitet. Doch die Rechnung wird nachgereicht.

Friede und Versöhnung kommen nicht erstrangig aus politischen Entscheidungen, sondern aus der menschlich-christlichen Bereinigung des Geländes, das voller Sprengkraft zwischen uns liegt.

Den polnischen Lesern wird hier Unangenehmes zugemutet. Ich weiß aber, daß es auch viele selbständige, tapfere Polen gibt, die es wagen, sich mit unangenehmen, nicht gern gehörten Dingen auseinanderzusetzen. In der Bundesrepublik Deutschland gibt es unter der heranwachsenden Generation keinen »Polenkomplex« mehr. Das Wort »Polen« weckt eher spontane Aufmerksamkeit und Hilfsbereitschaft, weil man (wenn auch nicht immer deutlich genug) das Ausmaß der durch Hitler dem polnischen Volk, dem

Land und seiner Kirche angetanen Frevel erkannt hat. Auf der anderen Seite sind die Beziehungen doch noch recht labil, die »Antennen« sehr empfindlich. Über die Bewertung dessen, was seit 1945 geschehen ist, d. h. über die sogenannten »heißen Eisen«, haben sich die Standpunkte kaum geändert. Die amtlichen Positionen der polnischen Kirche sind unverändert schroff. »Ob 20 oder 40 Jahre seit Kriegsende – die Positionen scheinen sich in wichtigen Fragen wenig aufgelockert zu haben«, schrieb ein deutscher Sachkenner, der frühere Generalsekretär von Pax Christi, Reinhold Lehmann, im November 1985 in der Herderkorrespondenz (526). Die nüchterne Betrachtung der Weltlage führt jeden realistisch Denkenden zu der Erkenntnis, daß politisch für lange Zeit an keine Änderung der 1945 durch die Sieger erfolgten Aufteilung Deutschlands zu denken ist. Es liegt dieser Arbeit fern, diese Frage anzugehen. Unter Christen ist es wichtiger zu fragen, ob dabei Unrecht geschehen ist. Sittliche Schuld kann nicht wie in § 231 des Vertrags von Versailles (1919) einseitig vom Sieger auf den Besiegten abgewälzt werden – am wenigstens kollektiv –, um damit eine »Basis« für exzessive, ungerechte Forderungen zu schaffen.

Beide Seiten haben sich zu bekehren und Fehlgriffe einzugestehen. Nationale Egoismen und falsche Überzeugung schaffende Mythen müßten aufgegeben werden. Nur in einem derart anfordernden, fast aszetischen Reifungsprozeß wird der Grund für eine christliche Nachbarschaft gelegt werden können. Ein neuer Anfang kann nicht auf einem Fundament beginnen, in dem noch nicht entschärfte Munition verschüttet ist. Die polnische Seite hat die Schaffung ihrer »neuen Wirklichkeit« bisher ausschließlich aus der Perspektive der eigenen Empfindungen, Hoffnungen, Erwartungen in geschichtlichen Wunschbildern gesehen, ohne auch nur im geringsten der urmenschlichen und urchristlichen Forderung: Audiatur et altera pars (Auch die andere Seite soll gehört werden) Raum zu geben. Auf dieser Empfindungsbasis kann der Vorschlag, den anderen nur zu hören, schon als hart empfunden werden. Darf man im Ringen um die Wahrheit aber vor solch angeblicher »Härte« zurückschrecken?

Polen lebt seit 1945 in einem systembedingten Informationsrückstand, der begreiflicherweise zu problematischen »Überzeugungen« führt, ja »Wahrheiten« erfindet oder vergewaltigt, die der Politik nicht ins Konzept passen. Peinlich ist es, daß sich die Kirche in Fragen, die Deutschland angehen, vertraglich verpflichtet hat, der polnischen Staatsräson zu folgen (14. April 1950). Mit solchem, auch durch *kirchliche* Verlautbarungen verbogenen Informationsstandard (denken wir nur an die kirchlichen Äußerungen zur Frage einer deutschen Minderheit, die Anspruch auf Gottesdienst haben könnte) muß das polnische Volk leben, auch wenn es bei seinem kritisch-offenen Geist gelernt hat, »zwischen den Zeilen« zu lesen.

Leider bleibt trotzdem immer etwas »hängen«, einfach weil die Wahrheit nicht zugelassen ist. Diese Schieflage, verbunden mit dem Trend des in Polen heute noch der Sache nach lebendigen »Messianismus«, erschwert eine kritische Aufarbeitung des zwischen unseren Völkern und Kirchen liegenden Komplexes.

Auch aufgeschlossene polnische Leser werden bei der Lektüre dieses Buches zunächst spontan den Kopf schütteln und das Gefühl haben: Nein, so nicht! Doch seien solche Leser gebeten, den Spontanreaktionen nicht zu folgen, sondern tapfer weiterzulesen, den kritischen Geist walten zu lassen und sich zu fragen: Ist irgend etwas daran wahr, was mich hier so betroffen macht? Um diesen Mut bitte ich meine polnischen Leser. Und danke dafür im voraus.

Hier setzt diese Arbeit nämlich an. Sie geht dem in den Fundamenten verschütteten »Sprengstoff« nach, der die Bemühungen zwischen unseren Völkern und Kirchen stets vereiteln kann.

Es geht um die Bereinigung des »Geländes«, auf dem eine deutsch-polnische Zukunft erwachsen kann. Dieses »Gelände« ist im Thema umrissen: Die ostdeutsche Katastrophe 1945, die besonders vermöge der von Kardinal Hlond behaupteten Römischen Vollmachten vom 8. Juli 1945 die innerkirchliche Entwicklung erfaßt und sich zu einem soziologischen Erdbeben auswächst, mit Folgen, für die es in Mitteleuropa in der Geschichte kaum Parallelen gibt.

Einem polnischen Leser könnte es ergehen wie einem meiner Freunde, dem mein im März 1986 in 3. Auflage erschienenes Buch »Wächter, wie tief die Nacht?« (Görlitzer Tagebuch 1945/46) in die

Hand gekommen ist. Mitte Mai 1986 erreichte mich seine Spontanreaktion. Er schreibt, nachdem er einen zunächst aufsteigenden Protest überwunden hatte:

»Ich bin für die schrecklichen Leiden der Deutschen empfindsam geworden. Mir ging auf, daß die um vieles intensiveren Leiden meines Volkes... die Leiden auf deutscher Seite nicht einfach ungeschehen machen... die Träne eines deutschen Kindes ist ebenso bitter wie die eines polnischen... Das uns angetane Unrecht durfte nicht mit – wenn auch geringerem – Bösen zurückgezahlt werden, besonders weil es überwiegend Unschuldige traf. Ein Christ darf nicht nach dem Grundsatz der Kollektivschuld richten. In meinen Stellungnahmen bin ich behutsamer geworden, und ich hoffe, auch christlicher. Ich bin auch empfindsam geworden für die Aussagen, die Nationalismus, Größenwahn, Fremdenfurcht... und reine Propaganda atmen. Ich habe das den Deutschen angetane Unrecht nicht gesehen.« (Heimatbrief der Katholiken des Erzbistums Breslau, Münster 1986, 42).

Wo solche Einsichten aufgehen, wird es Pfingsten, geschieht ein Wunder der Gnade. Aber können wir nicht »alles in dem, der uns stärkt« (Phil. 4, 13).

Die Frevel Hitlers am polnischen Volk und Staat und an der polnischen Kirche stehen dem Schreiber dieser Zeilen lebendig vor Augen. Er bekennt sich zur Solidarität mit dem im Namen des sogenannten Dritten Reiches vergewaltigten polnischen Volk. Das hat er durch den risikoreichen Dienst an polnischen Gruppen in Deutschland seit 1934 zum Ausdruck gebracht. Die Haltung hat im Angebot, die polnische Staatsbürgerschaft zu beantragen, Anerkennung erfahren.

Der Verfasser bekennt sich zum Anspruch Polens auf eine Wiedergutmachung in allen Bereichen, in denen das Land durch Hitlers Invasion und Besetzung Schaden erlitten hat. Schon am 15. September 1943 haben wir besonders zur Sühne für die Untaten Hitlers in Polen, in Görlitz-Ost ein Sühnekreuz errichtet. Auf der anderen Seite hat aber auch Polen durch das Vorgehen beim Rückschlag seine »Integrität« als angegriffene Nation, als Opfer, leider düster beschattet. Wir haben uns gegenseitig mit der Erklärung: »Wir vergeben und bitten um Vergebung« zu begegnen.

Die vorliegende Arbeit begnügt sich nicht mit der völkerrechtlich-juristischen bzw. kirchenrechtlich-kanonischen Sicht. Vielmehr ist der Verfasser bestrebt, ethische Maßstäbe anzuwenden. Auch soll basisnahe gezeigt werden, welche Folgen die an staatlichen und kirchlichen Schreibtischen ausgefertigten Protokolle für die betroffenen Menschen gezeitigt haben. Im Vordergrund steht der Mensch. Dem dienen manche Exkurse und die erweiterten Anmerkungen. Zeitlich erstreckt sich diese Arbeit auf die Endphase des militärischen Rückschlags, besonders der Sowjetunion (Großangriff auf das Deutsche Reich vom Brückenkopf Baranow [Weichsel] aus am 12. Januar 1945), und auf die politischen Folgen (Vertreibung), die Kardinal Hlond die Errichtung einer »polnischen Wirklichkeit« im bisher noch rein deutschen Land ermöglicht haben. Andere Vorgänge werden nur ihres thematischen Zusammenhanges wegen berücksichtigt.

Helfend und beratend beigestanden haben mir Weihbischof Gerhard Pieschl, Limburg, Prälat Winfried König, Münster, Apostolischer Visitator für die Priester und die Gläubigen der Erzdiözese Breslau, Prof. Dr. Gotthold Rhode, Mainz, Prof. Dr. Emil Brzoska, Braunfels, Professor Dr. Joachim Köhler, Tübingen, und Pr. Karl Heda, Langenargen.

Für Hilfe habe ich der Seminarbibliothek Mainz, der Zeitgeschichtlichen Forschungsstelle, Ingolstadt, der Katholischen Akademie, Augsburg, und Frau Irene Gottwald, Augsburg, zu danken. Um das Lesen der Korrekturen haben sich Rektorin Margot Höfling und Chefredakteur i. R. Hans H. Müller, Dieburg, verdient gemacht.

Dankenswerterweise hat der Verlag Josef Knecht die verlegerische Betreuung übernommen.

Dieburg, im Mai 1988 Franz Scholz

I.

Die militärisch-politischen Voraussetzungen für die Polonisierung der ostdeutschen katholischen Kirche durch Kardinal Hlond

1. Die bedingungslose Kapitulation der deutschen Wehrmacht am 7./8. Mai 1945

Der mühselige Weg vom Blutvergießen in Richtung Frieden begann mit der militärischen Kapitulation der Wehrmacht in Reims (7. Mai) und Berlin-Karlshorst (8. Mai). Diese Akte[1] sind in unserem Zusammenhang wegen der aus ihnen für die Zukunft gezogenen Rechtsfolgen bedeutsam. Noch am 23. Juni 1985 behauptet zum Beispiel K. Skubiszewski in einem umfassenden Leitartikel der in Polen renommierten Wochenzeitung »Tygodnik Powszechny«, die das Vertrauen des Episkopates besitzt: »Die Deutschen befanden sich in der Macht der Sieger, und jetzt entschieden die Sieger legal über das Schicksal des bezwungenen Gegners. Damit auch über seine Grenzen. In Übereinstimmung mit dem damaligen internationalen Recht konnten sie sogar deutsches Territorium annektieren... und haben so die Unterwerfung Deutschlands vollzogen.«[2]

Die Akte vom 7. und 8. Mai 1945 wären nicht, wie einst jene von Compiègne (11. November 1918), Verträge über einen Waffenstillstand. Vielmehr lieferte sich Deutschland völlig einseitig aus, auf Gnade und Verderben. Jedenfalls erfolgten diese Akte nicht auf der Basis der Gleichheit. Die Sieger nahmen die bedingungslose Unterwerfung nur zur Kenntnis. Gleichzeitig wurden in Punkt 4 weitere militärische und politische Dokumente über Deutschland als Ganzes angekündigt. Alle Rücksichten auf frühere, internationale Regelungen wurden Deutschland gegenüber als nicht bindend erklärt, so daß es sich selbst durch die Unterzeichnung außerhalb des geltenden Rechtes gestellt hätte, das heißt, völlig rechtlos geworden sei. Daher hätte es sich von den Siegern einseitig verfügten

Rechtsverkürzungen legal beugen müssen. Die Annexion Ostdeutschlands und Vertreibung der Bevölkerung sei durch die Unterschriften unter den Kapitulationstext im Kern legalisiert worden. Diese radikalste aller Thesen trägt der oben genannte Autor noch heute in einem von katholischen Laien dirigierten Blatt als selbstverständlich vor.

In Reims hatte General Alfred Jodl am 7. Mai, in Berlin-Karlshorst haben die Generäle Wilhelm Keitel, Hans-Georg von Friedeburg und Hans-Jürgen Stumpf am 8./9. Mai 1945, jeweils in Gegenwart der Vertreter der alliierten Expeditionsstreitkräfte und des Oberkommandos der Sowjettruppen sowie eines französischen Generals (als Zeugen), ihre Unterschrift geleistet. Der Vorgang spielte sich ausschließlich auf militärischer Ebene ab. General Keitel hat sich auf Verlangen der Sieger durch eine von Karl Dönitz, Staatsoberhaupt und zugleich Oberbefehlshaber der Wehrmacht, ausgestellte Vollmacht ausgewiesen.

Im ersten Punkt der beiden gleichlautenden Texte, die von den Siegern vorformuliert worden waren, erklären die deutschen Unterzeichner des OKW, daß sich alle deutschen Wehrmachtsteile den Oberbefehlshabern der alliierten Streitkräfte bedingungslos ergeben.

Des weiteren wird in Punkt 2 die Einstellung aller Kampfhandlungen, in Punkt 3 die Weitergabe aller alliierten Befehle durch die deutschen Befehlshaber verbindlich erklärt. Nach Punkt 4 ist der vorliegende Kapitulationsakt kein Präjudiz gegen weitergehende Kapitulationsauflagen, Deutschland als Ganzes und die deutschen Streitkräfte betreffend. Der letzte Punkt enthält Strafbestimmungen.

Haben wir es hier nun mit einer einseitigen Erklärung oder mit einer vertraglichen Abmachung zu tun?

Zugunsten der Einseitigkeit sprechen verschiedene Momente. Zunächst die Tatsache, daß die Alliierten nicht als Vertragspartner unterzeichneten, sondern nur als Zeugen dafür, daß sich die andere Seite bedingungslos ergeben hat; dann der Umstand, daß die Unterzeichnung ohne Aussprache erfolgt ist und der Text von der Siegerseite entworfen worden ist. Aber es war auch klar, daß die Alliierten ihrerseits auf weitere kriegerische Maßnahmen, vor allem auf die verheerende Bombardierung von Großstädten, ab sofort verzichtet haben.

Diese Umstände lassen die Kapitulation nicht als völlig einseitigen Akt, der der anderen Seite überhaupt keine Pflichten auferlegt hätte, erscheinen. So legt auch A. v. d. Heydte[3] den Sachverhalt dar. »Die bedingungslose Kapitulation enthebt die Kriegsgegner nicht der Beachtung der allgemeinen Normen des Kriegsrechtes, durch die die Stellung der Kriegsgefangenen und die kriegerische Besetzung von Feindgebiet zwingend geregelt wird.« H. Kraus trifft wohl das Richtige, wenn er von einem »Mischgebilde«, einer einseitigen Willenserklärung und einem Vertrag spricht, wobei das erste Moment vorherrsche. Diesem Autor ist zu folgen, wenn er im Geiste der christlichen Naturrechtslehre feststellt, daß es überhaupt keine »bedingungslose Kapitulation« ohne Elemente der Gegenseitigkeit gebe. Das gilt wenigstens im Bereich der abendländischen Gesittung. »Die fundamentale Basis der Übergabe liegt darin, daß die aktiven Feindseligkeiten aufhören.«[4] Nach W. Malin (Chief legal Adviser des britischen Außenministeriums) handelt es sich bei der bedingungslosen Kapitulation nur um eine Übergabe, die keine speziellen Bedingungen enthält und deren Wirkung die »Einstellung der Feindseligkeiten und die Schonung des Lebens der Waffenstreckenden« ist[5]. Mit Sir Winston Churchill läßt Kraus hier den klarsten Zeugen zu Worte kommen. Für ihn bedeutet der Begriff »bedingungslose Übergabe« nicht, daß das deutsche Volk versklavt oder vernichtet wird. Er besagt, daß die Alliierten im Augenblick der Übergabe nicht durch irgendein Abkommen oder eine Verpflichtung gebunden sein wollen. So könnte sich zum Beispiel das besiegte Deutschland nicht auf die Regeln der Atlantikcharta als Rechtstitel gegen die Sieger berufen. »Bedingungslose Kapitulation besagt, daß die Sieger freie Hand haben, das heißt nicht, daß sie (die Besiegten) in barbarischer Weise behandelt werden dürfen, noch daß sie (die Sieger) die Absicht haben, Deutschland verbluten zu lassen. Wenn wir gebunden sind, so sind wir es durch unser eigenes Zivilisationsgewissen.«[6]

Das sollte leider zunächst Theorie bleiben. Zu spät erkannte Churchill Stalins Absicht. Doch es ist festzuhalten, daß der Vorgang rein militärischen Charakter hat. Die militärischen Kommandos der Kriegführenden nehmen verbindliche Erklärungen entgegen bzw. geben diese ab. Weiter ging auch die Vollmacht der Unterzeichnenden nicht. Sie hatten nur die Wehrmacht betreffende Erklärungen abzugeben, aber nicht das Volk selbst zu vertreten.

Maßgebend für Christen ist der an naturrechtliches Denken anklingende Begriff des Zivilisationsgewissens, das als ein übergeordnetes Kriterium wirkt, unmenschliche Willkür untersagt und solche Akte nicht legitimieren will. Dem bedingungslos Kapitulierenden steht also zumindest eine Behandlung nach diesem »Zivilisationsgewissen« im natürlichen, vorrechtlichen Sinne zu. Es gilt als höchstes Kriterium für menschlich und unmenschlich, wenigstens im abendländischen Raum. Bedingungslose Kapitulation legitimiert also durchaus nicht jedes Vorgehen, sondern nur ein solches, das diesem höheren Kriterium entspricht. In diesem Sinn ist das Geschehen vom 7. und 8. Mai 1945 auszulegen. Es kann keinesfalls Rechtfertigung für eine unmenschliche Vertreibung sein.

2. Die Berliner Erklärung der Siegermächte vom 5. Juni 1945[7]

Sie beginnt mit der Beschreibung der Lage: Es gibt keine zentrale Regierungsgewalt in Deutschland mehr, die fähig wäre, die Verantwortung für die Aufrechterhaltung der Ordnung, die Verwaltung des Landes und die Gewähr für die Erfüllung der Auflagen der Siegermächte zu übernehmen. »In dieser Lage ist es erforderlich, Vorsorge zu treffen... für das Aufhören jeder künftigen Feindseligkeit seitens der deutschen Wehrmacht, für die Aufrechterhaltung der Ordnung und für die Verwaltung des Landes. Die vier Regierungen übernehmen hiermit die höchste Regierungsgewalt in Deutschland, einschließlich aller Befugnisse der deutschen Regierung, des Oberkommandos der Wehrmacht und der Regierungen, Verwaltungen oder Behörden der Länder, Städte und Gemeinden. Die Übernahme der besagten Regierungsgewalt zu den vorstehend genannten Zwecken und Befugnissen bewirkt nicht die Annexion Deutschlands...«[8] Diese Erklärung ist im Gegensatz zur Kapitulation, die ein Einverständnis deutscher Militärs einschloß, ein Verfügungsakt der Siegermächte. Daher kann es sich bei ihr nicht um die in Ziffer 4 des Kapitulationsaktes genannte weitere Verfügung über »Deutschland und die deutsche Wehrmacht als Ganzes« handeln. Am 5. Juni gab es keine deutsche Instanz mehr, die eine weitere Kapitulationsurkunde hätte unterzeichnen können. Die Mitglieder der Regierung Dönitz waren am 23. Mai 1945 bereits verhaftet worden.

Wichtig ist die Feststellung, daß die Übernahme der höchsten Regierungsgewalt nicht die Annexion Deutschlands bedeutet. Es handelt sich also um eine Okkupation, welche die grundlegende Gebietsherrschaft nicht antastet, sondern nur die Ausübung der staatlichen Funktionen behindert.

Daher ist nicht einzusehen, warum, wie von östlicher Seite behauptet wird, die Okkupation ganz Deutschlands und die Übernahme der höchsten Gewalt die Besatzungsmächte von der Bindung an die völkerrechtlichen Grenzen befreit haben sollte. Nach positivistischem Verständnis hätten sie dann völlig willkürlich, also auch gewissenlos verfahren können. Möglicherweise hat man – zumindest unbewußt – sich dafür ein Türchen offen halten wollen. Damit wären auch die für einen selbstbewußten Sieger leicht als lästig zu empfindenden Vorschriften und Verbote der Haager Landkriegsordnung außer Kraft gesetzt worden. Wer das behauptet, muß den Beweis dafür vor einer neutralen Stelle antreten. Positiv rechtlich bedrohlich war folgender Passus: »... die vier ... Regierungen werden später die Grenzen Deutschlands oder irgend eines Teiles Deutschlands festlegen«.[9] Eindeutig wird aber von Deutschland in den Grenzen von 1937 ausgegangen, ohne daß diese aber garantiert werden. Abweichend von dem Rückstellungsbeschluß von Jalta (und später von Potsdam) wird diese Aufgabe hier den vier Mächten, nicht wie dort einer Friedenskonferenz zugewiesen[10].

3. Die Konferenz in Teheran (28. November bis 1. Dezember 1943)

Mit ihr beginnt – lange vor Kriegsende – das Ringen um den Anteil an der zu erwartenden Kriegsbeute, besonders im deutschen

Osten. Inhaltlich bedeutsam ist eine in der letzten Sitzung vom 1. Dezember 1943 von Churchill vorgeschlagene Formulierung, der auch Stalin seine Zustimmung gegeben hat. Sie besagte: »Man ist der Meinung, daß sich das Territorium des polnischen Staates und des polnischen Volkes im Prinzip ungefähr zwischen der sogenannten Curzonlinie und der Oder erstrecken soll, und zwar unter Einschluß Ostpreußens... und Oppelns...«[11] Churchill wollte damit einen Vorschlag in die Hand bekommen, den er der polnischen Exilregierung (Mikołajczyk) mit dem Hinweis, daß ihm auch Stalin zustimme, vorlegen könne. Die polnischen Ostgebiete, seit dem Frieden von Riga 1921 integrierte Teile Polens, hatte die Sowjetunion im Geiste des Ribbentrop-Molotow-Abkommens vom 23. August 1939 bereits im September des gleichen Jahres militärisch besetzt. Schon in Teheran hat Stalin vorgesorgt, Königsberg als eisfreien Hafen für die Sowjetunion zu gewinnen[12]. Die polnischen Ostgebiete, staatsrechtlich Teile Polens bei Beginn des Krieges 1939, hatte er Mitte September 1939 besetzt. Nun war er entschlossen, sie nicht herauszugeben. Frankreich und England waren auch 1939 um Polens territorialer Integrität willen in den Krieg eingetreten. Jetzt wird die Curzonlinie als polnische Ostgrenze ins Auge gefaßt. Der Sowjetunion wird auf Betreiben Stalins Königsberg – die Wiege des preußischen Staates – auf der Friedenskonferenz seitens der Westmächte zugesichert. Polens Westgrenze soll die Oder sein.

Lesen wir dazu eine in einem polnischen Exilorgan erschienene Darstellung von Stephan Krupiński: »Die polnische Exilregierung in London sowie der nationale Untergrund und Widerstand im Lande waren zunächst grundsätzliche Gegner des Kompensationsgedankens. Sie forderten die alte polnische Ostgrenze (mit den Städten Wilna, Pińsk und Lemberg) und hegten territoriale Erwartungen in Gestalt von Ostpreußen, von Teilen Pommerns und Oberschlesiens. Aber die Stellung der Exilregierung wurde ab 1943 immer schwächer.«[13]

Der legitime Premier Mikołajczyk wurde von den Westalliierten bedrängt, hinsichtlich der (neuen) von Stalin geforderten polnischen Ostgrenze (Curzonlinie) nachzugeben. Daher bemühte er sich (später) um Garantien für neues polnisches Gebiet im Westen.

Im September 1944 schlug Stalin ihm gegenüber erstmals die Oder-Neiße-Linie vor. Arciszewski, der Nachfolger Mikołajczyks in London, hielt an dem alten polnischen Besitzstand im Osten fest, »wir wollen weder Breslau noch Stettin, wir fordern unser ethnisch und geschichtlich polnisches Land!«[14] Später wollte er unter dem Druck Churchills und Stalins nur dann über den Osten sprechen, wenn ihm auch der Westen Garantien für Ausgleich durch deutschen Boden brachte[15].

Schon am 27. Juli 1944 traf Stalin auch ein Abkommen mit dem PKWN (Polski Komitet Wyzwolenia Narodowego, Polnisches Komitee der nationalen Befreiung), nachdem man sich über die sowjetischen Forderungen handelseinig geworden war[16]. Schon lange vor der Konferenz in Jalta hatte die Rote Armee am 19. Oktober 1944 erstmalig ostpreußisches (also deutsches Reichs-)Gebiet (zunächst nur) vorübergehend besetzt. »Als sie sich wieder zurückziehen mußte, hinterließ sie Hunderte von Leichen gequälter Menschen und geschändeter Frauen. Auch Kinder und Greise wurden nicht geschont. Das geschah in Nemmersdorf... die Folge war die Flucht von mehr als der Hälfte der (dort verbliebenen) Deutschen nach Westen. Die Fluchtbewegung dauerte, da die Front (stets) vorrückte, bis in die letzten Kriegstage an. Die Vorgänge in Nemmersdorf blieben... (leider) keine Ausnahme.« Sie boten eher ein apokalyptisches Modell. Der sowjetische Schriftsteller Ilja Ehrenburg hat das mitbewirkt. In einem an die Soldaten gerichteten Flugblatt unter einer dicken Balkenüberschrift hat er aufgerufen: »Töte!« (»ubij«). »Deutsche sind keine Menschen... für uns gibt es nichts Vergnüglicheres als deutsche Leichen!«[17]

»Daher zogen die Menschen jetzt auf eigene Faust davon mit Handwagen... und zu Fuß. Die immer wachsenden Kolonnen der Flüchtenden dezimierten Frost, Hunger und Tod, von oben in Gestalt von russischen Kampfflugzeugen. Viele überraschte die nachrückende Front, daher versuchten viele über das Meer zu entkommen... Gdingen und Hela spielten... eine wichtige Rolle.«[18]

Viele Zehntausende wurden gerettet. Wer nicht entkam, wurde zur Arbeit in die Sowjetunion verschleppt. Unmittelbar vor der Konferenz in Jalta ereignete sich am 30. Januar 1945 eine der größten Katastrophen der Schiffahrt. Ein sowjetisches U-Boot torpedierte vor der pommerschen Küste den Dampfer »Wilhelm Gustloff«, auf dem sich sechstausend Flüchtlinge befanden. Nur ein Sechstel hat überlebt[19].

Damit zeichnete sich wie in einem apokalyptischen Vorspiel Deutschlands Untergang ab. Churchill hatte die unbarmherzige Abrechnung, die nun folgen würde, in seiner Unterhausrede vom 14. Dezember 1944 vorgelegt: »Was Rußland und Großbritannien angeht, so sind die Polen frei in ihrer Wahl, ihre Grenzen auf Kosten Deutschlands nach Westen auszudehnen... Von Osten nach Westen oder nach Norden wird es eine Umsiedlung mehrerer Millionen Menschen geben; die Deutschen werden vertrieben werden; – denn gerade dies wird vorgeschlagen – ja, es wird eine Totalaustreibung der Deutschen aus den Gebieten stattfinden, die Polen im Westen und Norden erhalten soll. Man wünscht keine Vermischung der Bevölkerung...«[20]

4. Die Konferenz in Jalta (4. bis 11. Februar 1945)

Molotow hatte bereits am 7. Februar 1945 – in erheblicher Erweiterung der Vorschläge von Teheran – die Oder-Neiße-Linie als polnische Westgrenze in Vorschlag gebracht. Entscheidend ist aber die Erklärung der drei Regierungschefs, Roosevelt, Churchill und Stalin, vom 11. Februar 1945: »Die drei Regierungschefs (Molotows Entwurf: die drei Mächte) erwägen (consider) (Molotows Vorschlag: beschlossen), daß die östliche Grenze Polens der Curzonlinie mit Abweichungen von fünf bis acht Kilometern zugunsten Polens folgen sollte. Sie anerkennen, daß Polen einen beachtlichen Gebietszuwachs im Norden und im Westen erhalten muß. Sie glauben, daß die Ansicht der Provisorischen Regierung über den Umfang dieses Zuwachses einzuholen sei und daß die endgültige Festlegung der Westgrenze Polens bis zur Friedenskonferenz zurückzustellen ist.«[21]

Churchill ging es auch hier darum, einen Vorschlag auszuarbeiten, den man Polen zur Annahme vorlegen könne. Molotows Vorstoß ist nicht in die Enderklärung der drei eingegangen. Es blieb bei dem *Vorschlag* eines »beträchtlichen«, aber konkret nicht umrissenen Gebietszuwachses. Die Entscheidung wird in aller Form der Friedenskonferenz zugewiesen. Den Sowjets ging es darum, das Ergebnis dieser Verhandlungen bereits als endgültig und unwiderruflich zu werten. Dagegen nahm vor allem Roosevelt entschieden Stellung. Schon in Teheran hatte Churchill darauf aufmerksam gemacht, daß er vom britischen Parlament dazu keine Vollmachten erhalten hätte, ebensowenig wie – nach seinem Wissen – Roosevelt vom USA-Kongreß. Roosevelts Berater Stettinius und Hopkins warnten davor, die Kompetenzen zu überschreiten[22].

Im Sinne des Stalinschen Konzeptes von der angeblichen Endgültigkeit hat Polen, obwohl noch keine Westgrenze mit den Alliierten endgültig beschlossen war, einseitig von der Sowjetunion die Vollmacht erhalten, »unverzüglich« nach der »Befreiung« durch die »Rote Armee« die Verwaltung in den in sowjetische Hand gefallenen deutschen Ostgebieten zu übernehmen[23]. Demgemäß hat die provisorische polnische Regierung schon am 2. März 1945 ein Gesetz erlassen, das auf Souveränitätsausübung hinweist: Einziehung des Eigentums geflohener Deutscher und des Eigentums des deutschen Staates[24]. Damit wird Ostdeutschland von den östlichen Siegern so behandelt, als ob diese dort Souveräne wären. In Wirklichkeit waren sie nur Besatzungsmächte. Alfons Klafkowski sieht in dem willkürlichen Vorgehen eine »vertragliche Zession« des Territoriums. Jede Zession (Hergabe eigenen Territoriums) setzt aber Verzichtsverträge zwischen Geber und Empfänger voraus. Klafkowski hält die deutsche Unterschrift aber für entbehrlich. Aufgrund der bedingungslosen Kapitulation und der Übernahme aller Regierungsrechte durch die Alliierten am 5. Juni 1945 in Berlin sei Deutschland bereits völlig und ohne jede Begrenzung der Gnade beziehungsweise Ungnade der Sieger ausgeliefert worden. Einseitige Abmachungen der Sieger zögen daher angeblich Rechtspflichten für Deutschland nach sich[25].

Diese rein machtpolitische These erscheint, wie bemerkt, in unseren Tagen wieder. K. Skubiszewski vertrat sie 1986 in dem erwähnten, publikumswirksamen Leitartikel des »Tygodnik Powszechny«. Sozialethisch ist festzustellen, daß diese These den Unterschied zwischen Macht und Recht fallen läßt. Recht hat, wer die Macht hat. Innenpolitisch leidet das polnische Volk gerade an dieser von der Regierung immer wieder praktizierten Theorie, der man aber im Verhältnis zu Deutschland früher nicht widersprochen hat. »Stalin hat auf der Konferenz darauf gedrungen, die Grenze an der Oder-Neiße festzulegen. Die meisten Deutschen seien aus diesen Gebieten geflohen. Damit rief er den entschiedenen Widerspruch Churchills wach, der jetzt endlich den Moskauer Marsch nach Westen zu begreifen begann. Roosevelt zögerte wie immer mit der endgültigen Entscheidung. So einigte man sich schließlich auf die Curzonlinie (als polnische Ostgrenze). Die deutsch-polnische Grenze sollte dagegen erst auf der in nächster Zukunft erwarteten Friedenskonferenz endgültig festgelegt werden. Man hoffte, dafür in Polen freie Wahlen zu erhalten.« – »Indes übergaben die Sowjets den vorläufigen polnisch-kommunistischen Behörden (in den jeweils neu eroberten deutschen Reichsgebieten) die Verwaltung. Das (völkerrechtliche) Argument der Rekompensation (für die östlich der Curzonlinie bei Rußland verbliebenen alten polnischen Ostgebiete) erwies sich nun als zwiespältig. Es legte den Gedanken nahe, daß vorher etwas verlorengegangen sein müßte. Daher legte man jetzt (auf polnisch-prosowjetischer Seite) den Nachdruck auf das historische Argument... Jetzt ging es darum, ›urpolnische Westgebiete‹ wiederzubekommen, deren Polonisierung der Premier Osóbka-Morawski... angekündigt hatte. Die Westalliierten, die über die Politik der geschaffenen Tatsachen beunruhigt waren, suchte man durch Wortausflüchte zu beruhigen«: es handele sich nur um vorläufiges Eingreifen. Polen hatte auch in diesem Gebiet, das nach der schnellen Rückkehr von Millionen vor der Roten Armee Geflohener wieder ca. 5 Millionen Einwohner hatte, sofort mit einer wilden Vertreibung begonnen. Die Art und Weise, wie Polen und Russen mit den Deutschen umgegangen sind, hat sehr oft die Bezeichnung »Terror« verdient[26].

Schon vierzehn Tage nach Jalta, am 27. Februar 1945, hatte Churchill in London die weiteren Perspektiven für Ostdeutschlands Apokalypse gespenstisch umrissen. Polen werde vom Osten und von England grünes Licht bekommen, so weit nach Westen zu marschieren, als es wolle. Wie deutsche Menschen stand auch deutsches Land dem unbarmherzigen Sieger wehrlos zur Verfügung. Hat Churchill seine Erklärung jenseits der Grenzen, die das zivilisatorische Gewissen setzt, abgegeben? Nun wird »ganze Arbeit« zur Zerstörung Deutschlands im Osten getan. Bei dieser Lage der Dinge traten die »Großen Drei« in Potsdam zusammen. Was wird aus Deutschland, was wird aus den Deutschen werden?

Schon ab März 1945 hat die Sowjetunion der vorläufigen polnischen Regierung Osóbka-Morawski Souveränitätsrechte übergeben. Dort wird in der Mentalität des Rückschlages eine Art politischer Neuschöpfung durchgeführt, die alle Deutschen und alles Deutsche ausrottet. Um sich ungewünschte Zeugen vom Leibe zu halten, wird diese Zone abgeriegelt. Wenn schon Churchill, der Urheber der Vertreibung, als nur ahnender Mitwisser, der nicht unmittelbarer Zeuge sein kann, sich »tief beunruhigt« fühlt (profoundly concerned), was wartet dann erst auf die aller Rechte beraubten Opfer?

In einem Telegramm, das Churchill am 12. Mai 1945 an den neugewählten amerikanischen Präsidenten Harry S. Truman sandte, heißt es: »Ein eiserner Vorhang ist vor ihrer Front niedergegangen. Was dahinter vorgeht, wissen wir nicht. Es besteht wenig Zweifel, daß die gesamten Räume östlich der Linie Lübeck–Triest–Korfu in kurzer Zeit in ihrer Hand sein werden. ... russisch besetzte Territorien von vielen hundert Kilometern Tiefe werden uns wie ein breites Band von Polen abschneiden.«[27]

Was wird nun aus den Deutschen? Was wird aus Deutschland? Politisch entscheidend war, wie die Sieger selbst, angesichts der Konferenz in Potsdam, Deutschlands Gebiet umreißen wollten. Am 5. Juni 1945 war es noch in seinen Grenzen von 1937, also ehe Hitler die ersten »Erwerbungen« machte, bestimmt worden.

Bei Beginn der Potsdamer Konferenz stellte schon am 17. Juli 1945 Churchill die Frage: »Was ist Deutschland«? Der Premierminister sagte, er wäre damit zufrieden, wenn damit das Vorkriegsdeutschland gemeint sei. Stalin meinte, die Antwort laute: »Was von Deutschland übrig ist«, und nach seiner Auffassung sollten die Grenzen Polens festgelegt werden, ehe ein bestimmtes Gebiet als Deutschland bezeichnet würde. Nach längerer Aussprache wurde die Empfehlung Trumans angenommen, die die deutschen Grenzen von 1937 zugrundelegt[28].

5. Die Konferenz in Potsdam (17. Juli bis 2. August 1945)

Im Abschnitt IX des Konferenzprotokolls ist festgehalten:

»In Übereinstimmung mit dem bei der Krimkonferenz erzielten Abkommen haben die Häupter der drei Regierungen die Meinung der polnischen provisorischen Regierung der Nationalen Einheit hinsichtlich des Territoriums im Norden und Westen geprüft, das Polen erhalten soll. Der Präsident des Nationalrates Polens und die Mitglieder der polnischen provisorischen Regierung der Nationalen Einheit sind auf der Konferenz empfangen worden und haben ihre Auffassungen in vollem Umfang dargelegt. Die Häupter der drei Regierungen bekräftigen ihre Auffassung, daß die endgültige Festlegung der Westgrenze Polens bis zu der Friedenskonferenz zurückgestellt werden sollte.

Die Häupter der drei Regierungen stimmen darin überein, daß bis zu der endgültigen Festlegung der Westgrenze Polens die früher(!) deutschen Gebiete östlich der Linie, die von der Ostsee unmittelbar westlich von Swinemünde und von dort die Oder entlang bis zur Einmündung der westlichen Neiße und die westliche Neiße entlang bis zur tschechoslowakischen Grenze verläuft, einschließlich des Teils Ostpreußens, der nicht unter die Verwaltung der Union der Sozialistischen Sowjetrepubliken in Übereinstimmung mit den auf dieser Konferenz erzielten Vereinbarungen gestellt wird, und einschließlich des Gebietes der früheren Freien Stadt Danzig, unter die Verwaltung des polnischen Staates kommen und in dieser Hinsicht nicht als Teil der sowjetischen Besatzungszone in Deutschland betrachtet werden sollten...«[29]

Als Ostgrenze hatte Stalin schon früher leidenschaftlich die sogenannte Curzonlinie gefordert, die Rußland auf Kosten Polens etwa 200 km nach Westen verschiebt. Als vorläufige Westgrenze wird die Oder-Neiße-Linie festgelegt (Stettin, das westlich dieser Linie liegt, wird hier nicht erwähnt). Die endgültige Festsetzung soll aber erst auf der geplanten Friedenskonferenz erfolgen, also bis dahin zurückgestellt werden. Von diesem wichtigen Rückstellungsbeschluß ist auch im Abschnitt VI im Zusammenhang mit dem Schicksal Königsbergs die Rede. Der Text lautet: »Die Konferenz prüfte einen Vorschlag der Sowjetregierung, daß vorbehaltlich der endgültigen Bestimmungen der territorialen Fragen bei der Friedensregelung derjenige Abschnitt der Westgrenze der Union der Sozialistischen Sowjetrepubliken, der an die Ostsee grenzt, von einem Punkt an der östlichen Küste der Danziger Bucht in östlicher Richtung nördlich von Braunsberg-Goldap und von da zu dem Schnittpunkt der Grenzen Litauens, der Polnischen Republik und Ostpreußens verlaufen soll.

Die Konferenz hat grundsätzlich dem Vorschlag der Sowjetregierung hinsichtlich der endgültigen Übergabe der Stadt Königsberg und des anliegenden Gebietes an die Sowjetunion gemäß der obigen Beschreibung zugestimmt, wobei der genaue Grenzverlauf einer sachverständigen Prüfung vorbehalten bleibt.

Der Präsident der USA und der britische Premierminister haben erklärt, daß sie den Vorschlag der Konferenz bei der bevorstehenden Friedensregelung unterstützen werden.«[30]

Die Westmächte wollten also auf der geplanten Friedenskonferenz dafür eintreten, daß den Sowjets der eisfreie Hafen Königsberg, die Wiege Preußens (Kaliningrad), gebietshoheitlich übereignet werde. Klarer konnte die beschlossene Rückstellung der Regelung der Grenzfrage nicht herausgestellt werden. Bei der Interpretation dieses Abschnittes ist daher von dieser Kernabsicht auszugehen. Stalin hat dem Text theoretisch zugestimmt, um ihn praktisch sofort zu verfälschen.

In Potsdam ging es beim Ringen um die neue polnische Ostgrenze zur Sowjetunion um die von dieser zurückbehaltenen polnischen Ostgebiete. Für deren Verlust soll Polen (in der Hoffnung, daß es ein demokratisches Land wird) nach dem Willen der westlichen Sieger mit ostdeutschem Gebiet zufriedenstellend entschädigt werden (Kompensationstheorie).

Stalin, Molotow und die provisorische polnische Regierung haben mit ihrer erstaunlichen Dialektik die Protokollaussage über die Rückstellung bis zur Friedenskonferenz in ihr glattes Gegenteil »uminterpretiert«. Aus der beschlossenen Zurückstellung von endgültigen Entscheidungen über die neuen Grenzen haben sie eine endgültige, unwiderrufliche, friedensvertragsgleiche Grundentscheidung gemacht. Es ist erstaunlich, daß die Westmächte sich diesem plumpen Manöver gegenüber zulassend verhalten haben.

Die östliche Seite hat daraus sofort auf Zustimmung geschlossen und das Vorgehen (sofortige Vertreibung) als »legal« betrachtet. Erst in größerem zeitlichen Abstand wird die völkerrechtliche Erbärmlichkeit dieses Vorgehens gegen die wehrlose Zivilbevölkerung die gebührende Beurteilung finden, wenn diese Tatsachen bis dahin nicht völlig tabuiert sein sollten.

In Potsdam selbst fand das Schicksal der durch die Schreibtischtäter vertriebenen Opfer keine Beachtung. Nur einige amerikanische Konferenzteilnehmer wie Admiral Leahy[31] machten davon eine Ausnahme.

Auch die polnischen Völkerrechtler sowie die Hierarchie des Landes haben sich dieser rechtspositivistischen Machtposition angeschlossen, um das Erreichte und noch weiter zu Erreichende als unumkehrbar für alle Zukunft zu sichern.

Der seit Herbst 1939 zunächst in Paris, später in London amtierende Chef der polnischen Exilregierung, General Sikorski, hatte eine weniger radikale Grenzregelung zwischen Deutschland und Polen im Auge:

Sie sah vor, den nordöstlichen Teil von Ostpreußen an Litauen anzugliedern, das Hauptstück von Ostpreußen mit Königsberg Polen zuzuschlagen und das oberschlesische Industriegebiet einer internationalen Kontrolle zu unterstellen bzw. die deutschen Gebiete östlich der Oder und der westlichen Neiße für eine bestimmte Zeit von Polen militärisch besetzen zu lassen. Roosevelt und Churchill hörten jedoch weniger auf Sikorski als auf Stalin, der schließlich seine wohlberechnete »Kompensationstheorie« auf den Konferenzen von Teheran (1943) und Jalta (1945) zur Diskussionsgrundlage über die polnischen Nachkriegsgrenzen machen konnte und die deutschen Ostgebiete schon vor der Potsdamer Konferenz eigenmächtig der »polnischen Verwaltung« unterstellte. Die Potsdamer Beschlüsse haben diese Eigenmächtigkeit nicht rückgängig gemacht, aber völkerrechtlich die Frage der polnischen Westgrenze ausdrücklich zur Disposition gestellt.

Dessen mußte sich auch der sozialistische Nachfolger Sikorskis, der Ministerpräsident der provisorischen Regierung der nationalen Einheit, Osóbka-Morawski, bewußt sein. Als amtierender polnischer Regierungschef hatte er seit Januar 1945 die Polenpolitik

Stalins zu vollziehen. Auch in Moskau wußte man von der völkerrechtlichen Vorläufigkeit der polnischen Westgrenze. Sonst hätte es nicht der von den Kommunisten an der Weichsel und an der Moskwa so nachdrücklich angestrebten deutschen Grenzanerkennungserklärung bedurft[32].

Skubiszewski ist nüchtern und ehrlich genug, um in seinem Werk »La frontière Polono-Allemande en Droit international«[33] zuzugestehen, daß die Rückstellungsklausel »le point le plus faible de la théorie de la recompensation territoriale definitive« sei. Im Klartext heißt das: Die Mißachtung der Rückstellungsklausel war völkerrechtswidrig. Werfen wir noch einen Blick auf Abschnitt XIII und seine Problematik (Aussiedlung). Der Text lautet:

»Die Konferenz erzielte folgendes Abkommen über die Ausweisung Deutscher aus Polen, der Tschechoslowakei und Ungarn: Die drei Regierungshäupter haben die Frage unter allen Gesichtspunkten beraten und erkennen an, daß die Überführung der deutschen Bevölkerung oder Bestandteile derselben, die in Polen, der Tschechoslowakei und Ungarn zurückgeblieben sind, nach Deutschland durchgeführt werden muß. Sie stimmen darin überein, daß jede derartige Überführung, die stattfinden wird, in ordnungsgemäßer und humaner Weise erfolgen sollte (should).

Da der Zustrom einer großen Zahl Deutscher nach Deutschland die Lasten vergrößern würde, die bereits auf den Besatzungsmächten ruhen, halten sie es für wünschenswert, daß der Alliierte Kontrollrat in Deutschland zunächst das Problem unter besonderer Berücksichtigung der Frage einer gerechten Verteilung dieser Deutschen auf die einzelnen Besatzungszonen prüfen sollte (should). Sie beauftragten demgemäß ihre jeweiligen Vertreter beim Kontrollrat, ihren Regierungen so bald als möglich über den Umfang zu berichten, in dem derartige Personen schon aus Polen, der Tschechoslowakei und Ungarn nach Deutschland gekommen sind und eine Schätzung über Zeitpunkt und Ausmaß vorzulegen, zu dem die weiteren Überführungen durchgeführt werden könnten, wobei die gegenwärtige Lage in Deutschland zu berücksichtigen ist.

Die tschechoslowakische Regierung, die polnische provisorische Regierung und der Alliierte Kontrollrat in Ungarn werden gleichzeitig von Obigem in Kenntnis gesetzt und werden ersucht, inzwischen weitere Ausweisungen der deutschen Bevölkerung einzustellen, bis die betreffenden (respective) Regierungen die Berichte ihrer Vertreter an den Kontrollausschuß geprüft haben.«[34]

Stalin sowie die polnische Delegation unter Bierut haben falsche Angaben über die Zahl der verbliebenen Deutschen gemacht und den Westen dadurch getäuscht[35]. Als Truman auf den deutschen Charakter des Landes hingewiesen hatte und darauf, daß 9 Millionen Menschen dort gewohnt hätten, erklärte Stalin: »Viele sind getötet worden... der Rest ist geflohen.« Mit Nachdruck erklärte er, daß in den an Polen gegebenen Gebieten kein einziger Deutscher mehr verblieben sei[36].

Nach polnischen Berechnungen waren es noch 1,5 Millionen, während Zayas zur Zeit von Potsdam an 5 Millionen Menschen östlich der neuen Grenzlinie und an einer weiteren Million Menschen, die vergeblich versuchten zurückzukehren, festhält. Der Alliierte Kontrollrat unterstellte im Herbst 1945 noch 3,5 Millionen in »Polen« zurückgebliebener Deutscher – nach Stalin hat es angeblich keinen Deutschen mehr dort gegeben.

Angesichts Stalins brutaler Einstellung zur Massenvertreibung konnten die Westmächte nur noch den Versuch machen, das Elend des längst in Angriff genommenen »Bevölkerungstransfers« nach Kräften zu mindern und, soweit möglich, in geordnete Bahnen zu lenken. Die damit verbundene Schwächung Deutschlands war auch dem Westen willkommen, soweit er damit in seinen Besatzungszonen nicht selbst in zu große Versorgungsschwierigkeiten kam. Auch war der Krieg mit Japan noch nicht beendet, man meinte, noch stark auf Stalin angewiesen zu sein. Die Staatshäupter haben den Begriff »Deutschland« im Abschnitt XIII nicht erneut definiert und damit der These Stalins: »Deutschland ist, was von ihm übrig bleibt«, zum Sieg verholfen. Die Berliner Konferenz vom 5. Juni 1945 hatte Deutschland in den Grenzen vor Hitlers erstem territorialen Ausgreifen, also nach dem Stande von 1937 definiert. Das hatte für den Gebietsstand Polens eine eindeutige Folge. Polen bleibt das Land westlich der Curzonlinie mit seinen Vorkriegsgrenzen im Westen. Stalin ließ aber nicht von seinem hartnäckig verfolgten Konzept ab, nach dem die deutschen Ostgebiete bereits seit

Jalta unter polnische Souveränität gehörten. Churchill hatte es ja Polen überlassen, im Westen so weit zu gehen, wie es wollte. Truman regte sich nicht, um der von ihm theoretisch vertretenen These von »Deutschland nach dem Gebietsstand von 1937« auch effektiv Geltung zu verschaffen. Praktisch dominierte in Potsdam Stalins Auffassung: Deutschland ist, was davon übrig bleibt, nachdem sich die beutegierigen Interessenten nach eigenem Gelüst bedient haben werden. Die Sowjetunion hatte bereits am 27. Juli 1944 dem PKWN, dem Keim einer von den Sowjets früh lancierten polnischen Regierung, für den Verzicht auf die polnischen Ostgebiete die Oder-Neiße-Grenze mit dem *westlich* dieser Linie liegenden Stettin (als Trostpreis für das nicht mehr zurückgegebene Lemberg) vertraglich zugesichert. Dafür betrieben die prosowjetischen Polen nun auch von sich aus den Ausgriff auf die Oder-Neiße-Linie. Was Stalin damals, ohne den Westen zu befragen, als »Entgelt« zugesagt hatte, wollte er in Potsdam auch durchsetzen. Seine Aussage über die Bestimmung Deutschlands als das, »was davon übrig bleibt«, half ihm dabei. Diese Entwicklung hatte katastrophale Folgen für die Ausmaße der Vertreibung der Bevölkerung, die nach polnisch-sowjetischem Konzept einfach mit der Besetzung fremden Landes verbunden ist.

Erster Exkurs: Die polnischen Ostgebiete

(1) Umfang und Vergangenheit

Sie umfaßten 178700 Quadratkilometer und bildeten bis September 1939 im Osten eine über tausend Kilometer lange, leicht verletzliche Grenzlinie.

Am 11. November 1918 war das seit 1795 politisch zu Unrecht untergegangene Land nach dem militärischen Zusammenbruch der drei Teilungsmächte wieder zu eigenstaatlichem Leben erweckt worden. Die heißen Sehnsüchte dreier Generationen erfüllten sich. Das führende Mitglied des sog. Regentschaftsrates, Erzbischof Kakowski, Warschau, übergab dem eben aus Festungshaft in Magdeburg heimgekehrten Marschall Józef Pilsudski die Macht. Ein Volk erhielt endlich wieder seinen Staat. Als Ostgrenze ist damals seitens der siegreichen Westmächte die nach dem englischen Außenminister Curzon genannte »Curzonlinie« vorgeschlagen worden. Aber Polen lehnte die nach seiner Überzeugung viel zu weit westlich verlaufende Linie ab. Sie ging von Suwalki über Grodno, Brest Litowsk nach Przemyśl. Marschall Pilsudski und General Żeligowski holten die vom Westen versagten Ostgebiete militärisch heim. Wilna, Pińsk und Lemberg wurden wieder polnisch.

Diese Gebiete hatten vor den Teilungen Polens (1772 erste Teilung) sogar bis vor Smolensk und Schitomir gereicht. Es waren Gebietsteile, die Litauen in den polnisch-litauischen Staatsverband (seit 1386 Personalunion, seit 1569 Realunion beider Staaten) eingebracht hatte, die aber ethnisch wenig mit Polen bevölkert waren. Der westliche Teil dieser einstigen polnisch-litauischen Ostgebiete, um die es jetzt ging, war noch zu einem Drittel mit Polen besiedelt, die freilich die kulturell herrschende und stark prägende Schicht gebildet haben. Im Geiste des polnischen Aufstandsdenkens, das in der sogenannten »Rota« formuliert und vertont worden ist, gilt in solchen Fällen: »Was uns fremde Übermacht genommen hat, das holen wir uns mit dem Säbel zurück.«

Die Ergebnisse der erfolgreichen Kriegszüge sind im Frieden von Riga im Jahre 1921 bestätigt worden.

(2) Schicksal des Landes im Zweiten Weltkrieg

Im Hitler-Stalin-Pakt vom 23. August 1939 erhielt die Sowjetunion eine Anwartschaft auf dieses Gebiet als Interessensphäre. Stalin hat sie Mitte September 1939, als Polens militärischer Zusammenbruch deutlich wurde, mit fester Hand realisiert. Das Land wurde sofort wieder »endgültig« mit »Mütterchen Rußland« verbunden, die unierte Kirche verboten, die Polen drangsaliert und seit 1946 auch nach Osten deportiert.

Nach Hitlers Niederlage war die Sowjetunion um keinen Preis bereit, die Polen beim Überfall 1939 abgenommenen, dann im Jahre 1941 deutsch besetzten, im Jahre 1944 erneut in sowjetische Hand gefallenen Ostgebiete herauszugeben. Die Londoner Exilregierung kämpfte um die traditionell zu Polen gehörigen Ostgebiete. Die moskauhörige provisorische Regierung hatte bereits am

16. August 1945 den Vertrag mit den Sowjets über die Anerkennung der Curzonlinie als polnischer Ostgrenze unterzeichnet[37].

(3) Polnische und deutsche Ostgebiete im Vergleich

Die Fläche des neuen Polens mit den deutschen Ostgebieten war zwar um 77000 Quadratkilometer kleiner als beim Gebietsstand von 1939. Aber wirtschaftlich hat Polen unvergleichlich gewonnen, wie auch die Polen selbst bezeugen: »Trotz der Verminderung des Staatsgebietes ... ergaben sich bessere Bedingungen zur Durchführung der Industrialisierung im Lande. Die West- und Nordgebiete (= Ostdeutschland) erstellten 1937 60–70 Prozent der Industrieproduktion Polens vor dem Kriege, die verlorenen Gebiete am Bug dagegen kaum 12–13 Prozent.«[38]

Auch hinsichtlich der ins Mutterland vertriebenen Ostpolen liegt eine ähnliche Disproportion vor, wenn man die Zahl mit der aus den deutschen Ostgebieten in die damaligen deutschen Besatzungszonen Vertriebenen vergleicht. Im ersten Falle mußte für 1,8 bis 2,2 Millionen Menschen Raum geschaffen werden, im zweiten Falle mindestens für 8 Millionen [38a].

Im Herbst 1945 erschienen solche polnische Ostvertriebene in größerer Zahl auch in meiner Pfarrei in Görlitz-Ost (Zgorzelec), das ihnen als neuer Lebensraum zugewiesen worden war. Sie trugen alle die Spuren härtester Entbehrungen und Anstrengungen an sich, waren untererernährt und mit fast nichts in Görlitz gelandet. Sie stellten ein neues, seelsorglich kreatives Arbeitsfeld dar. Selbst von Vertreibung betroffen, wären sie bereit gewesen, Haus und Hof mit den Deutschen zu teilen.

Im Rahmen des ersten sowjetisch-polnischen Abkommens nach Kriegsende kamen 300000 Menschen nach Polen. Aus Gebieten, die vor 1939 nicht zu Polen gehört haben, drängten 255800 nach Westen; später nochmals in zwei Wellen 240000 und 88000. Unter den Rückwanderern dürfte auch eine unbekannte Zahl polnischer Bürger sein, die bei Beginn des Krieges, als Stalin das alte Ostpolen besetzte, nach Osten deportiert worden sind (300000). Es handelte sich danach insgesamt um 2093700 Rückwanderer aus den Ostgebieten, die vor dem Kriege eine litauische, weißrussische, ukrainische und polnische Gesamtbevölkerung von 13267000

Menschen gehabt haben, wovon die Polen aber die relativ stärkste Gruppe darstellten. Durch die sowjetischen »Bevölkerungsverschiebungen« – sie hatten meist Vertreibungscharakter – hat das Land heute ethnisch seinen prägenden polnischen und damit mitteleuropäischen Charakter eingebüßt. Nach dem Stand von 1979 befanden sich noch 240000 Polen in dem heute Sowjet-Litauen angegliederten Teil, 404000 in Weißrußland, mit größter Verdichtung im Gebiet von Grodno[39].

(4) Die polnischen Ostgebiete im Bewußtsein der heutigen Polen
In der amtlichen Parteipropaganda handelt es sich hier nur um ein sich täglich entschärfendes Generationsproblem. Die Jüngeren hätten keine Herzensverbindung mehr mit Wilna, Lemberg und Pińsk. Sie seien aber bereit, heute für Breslau, Oppeln und Allenstein ihr Leben hinzugeben.

Auch gute Freunde können bei solchen Fragen kaum eine ehrliche Antwort geben, wenn sie sich nicht gefährden wollen. Sie – dazu gehören auch hohe Leiter der Kirche – müssen die von der »Staatsräson« vorgeprägte Antwort geben (das gleiche gilt, wenn man fragt, ob es in Polen noch Deutsche gäbe). Die Frage ist also mit der Klischee-Auskunft nicht wahrheitsgemäß beantwortet, obwohl auch hier mit einem Bindungsverschleiß zu rechnen sein wird.

Es gibt aber auch vorsichtige Anzeichen in entgegengesetzter Richtung, die von dem geschichtsbewußten Volk mit großer Wachheit wahrgenommen werden.

Die polnisch-russische Grenze ist für Polen schwer passierbar. Die Erinnerung an Jahrhunderte währende wirtschaftliche Leistung und an die Kulturarbeit wird systematisch unterdrückt. Doch lassen sich immer wieder Spuren innerer Verbundenheit mit den Ostgebieten feststellen. Polen denkt geschichtsbewußt und kapituliert nicht nach 40 Jahren. Natürlich können solche Gefühle der Verbundenheit nur sehr verhalten zum Ausdruck kommen. So bringt z.B. eine rein religiöse Zeitschrift des Klosters Niepokalanów in der Monatszeitschrift »Ritter der Unbefleckten« (11/1985) eine Erinnerung an das in ganz Polen bekannte und verehrte Muttergottesbild von »Ostra Brama« im verlorenen Wilna. Die hier immer wieder entzündete Verehrung Mariens zog ihre Spuren durch ganz Polen. Sie drang in die schöne Literatur ein und schenkte den Dichtern Inspirationen. Hier haben Adam Mickiewicz († 1855) und Julius Słowacki († 1849 im Pariser Exil) gebetet. »Mitten auf der Straße entblößt man das Haupt. Die Bürgersteige sind voll von Knienden«. Zwischen den Zeilen vernimmt der Pole: »Vergiß mein nicht!«[40]

Was geht nun »draußen« in Ostdeutschland vor, während die »Großen Drei« in Potsdam über das weitere Schicksal Deutschlands verhandeln?

Zweiter Exkurs: Die Realität der Vertreibung als »Begleitmusik« der Verhandlungen in Potsdam

Treffend weist Gotthold *Rhode* darauf hin, daß die Entwurzelung der ostdeutschen Bevölkerung nicht allein in der Ausweisung und dem Abtransport bestand, sondern als Gesamtvorgang auch Enteignung, Deklassierung, Verschleppung, Ausmerzung und Verelendung in sich schließt[41]. Weitgehende psychische Verwundungen, nachhaltige, das ganze Leben verdüsternde Erschütterungen des Unterbewußtseins seien hinzugefügt. Dazu zählt auch die Lebensangst um das tägliche Brot, um den Zeitpunkt der Entfernung aus der Wohnung, die völlig unsichere Zukunft, das Fehlen aller persönlichen und sozialen Zukunftsperspektiven, die Gefahr, auseinandergerissen zu werden und den letzten menschlichen Halt einzubüßen.

Die Einstellungen zu dieser menschlichen Tragödie waren grundverschieden. Wie sich das Thema »Umsiedlung« für die Verantwortlichen an den Schreibtischen abgespielt hat, deuten Notizen Dr. Komineks, des damaligen Apostolischen Administrators von Oppeln, an. In seinem Nachlaß findet sich eine nüchtern-kalkulierende Notiz. Für ihn ist der Vorgang vor allem ein »Verlegungsproblem« technischer Art. »Auf der Grundlage der (von ihm im Sinne Stalins fehlinterpretierten) Abmachungen von Potsdam sollte die deutsche Bevölkerung dieser Gebiete, die in polnische Verwaltung übergegangen waren, nach Deutschland umgesiedelt werden«.[42] Niemand fragt: Was wird aus diesen Menschen[43]? Die »Umsiedlung« der deutschen Bevölkerung geschah mit Hilfe von Transit-Lagern (tranzytowych obozów), die in Orten, die nicht zu weit von der deutschen Grenze (an Oder und Neiße) lagen, eingerichtet worden sind. Solche Durchgangslager befanden sich in Leobschütz, Neiße, Glatz, Görlitz, weiter im Norden in Sagan und in größeren Abständen bis nach Stettin.

»... Nach zwei Jahren, also im Jahre 1947, waren die Wanderungsprozesse (!) im wesentlichen (z grubsza) abgeschlossen.« Es verblieben noch ungefähr 200000 bis 300000, außer den 800000 Autochthonen im Oppelner Schlesien und einige Zehntausend Ermländer und Masuren. Davon begab sich 1956 (»Familienzusammenführung«) die Mehrzahl in die Bundesrepublik[44]. »Die Zahl der verbliebenen Deutschen ist im Augenblick ohne Bedeutung!«

Über das Klima, in dem die Massenvertreibung durchgeführt wurde, geben die Befehle des polnischen Militärs unmißverständliche Auskunft.

Am 21. Juni 1945 war in der Anordnung des Befehlshabers der 5. Infanteriedivision zu lesen: »Nun ist in der Geschichte Polens der historische Tag angebrochen, um den deutschen Unflat (Schädlinge, Ungeziefer, plugastwo) aus diesen ewig polnischen Gebieten herauszuwerfen.« Der Befehl Nr. 002 des Führers des I. Korps vom 22. Juni 1945 lautet: »Die Aussiedlung der Deutschen, die östlich der Oder wohnten, muß entschieden durchgeführt werden. Man muß daran denken, daß hier eine Aufgabe von großer Bedeutung vor uns liegt. Die schnelle, kompromißlose Art der Aussiedlung, die das Heer praktizierte, wurde beispielhaft für das Vorgehen einiger Zentren der Zivilverwaltung.«[45]

Bei der Planung der Aussiedlungsaktion ... besaß man keine fest umrissenen Organisationsmodelle. Erst im Laufe der Zeit sammelte man Erfahrungen und arbeitete Organisation und Technik für diese Aktion aus. Aber alle, die sich mit der Aussiedlung befaßten, waren in einem Punkt einig, nämlich, daß die Deutschen schnell und wirksam ausgesiedelt werden müßten ... Daher hoffte man auf das Heer. Das auch besonders deswegen, weil die deutsche Bevölkerung aus einer Reihe von Grenzkreisen, die für die Wehrsiedlung bestimmt waren, zu allererst entfernt werden sollte. Das Heer übernahm diese Aktion und sah sie als eine Kampfaufgabe an, der große politische Bedeutung zukommt[46].

»Der Aussiedlungsbefehl (Nr. 12 der Führung der 12. Division vom 23. Juni 1945) war kurz und entschieden. Die Art und Weise, wie die deutsche Bevölkerung enteignet werden sollte, wurde nicht näher umrissen. Die Form der Ausführung wurde den Führern der Unterabteilungen überlassen. Die Ergebnisse der Enteignung und Aussiedlung der Deutschen durch das Heer waren imponierend. Die wirtschaftlichen Folgen waren dagegen geradezu tragisch.« Die Organisatoren der Aktion dachten nicht daran, industrielle Unternehmen zu sichern, deutsche Spezialisten zurückzubehalten. Sie berücksichtigten auch nicht die mit der bevorstehenden Ernte verbundenen Notwendigkeiten[47]. Die Folgen dieser Art von Vertreibung überschreiten die menschlichen Vorstellungskräfte. Hören wir eine Stimme aus Kreisen der USA-Besatzung.

Unter dem 12. Oktober 1945 schrieb der USA-Deutschland-Berater Robert Murphy an seine Regierung: »Ich will für das State Department meine Sicht der Lage aufschreiben. Es handelt sich um eine Situation, die nur in der Wiedergabe persönlicher Eindrücke voll verstanden werden kann. Solche haben viele Amerikaner in Berlin, die täglich Zeugen eines nun schon gewohnten Schauspiels sind.

Der ständige Zufluß von Tausenden enteigneter deutscher Flüchtlinge aus den Ostgebieten hält an. Sie schleppen sich längs der Autobahnen hin, tragen ihre kümmerlichen Überbleibsel von persönlichem Eigentum auf dem Buckel oder in kleinen Karren und auf Kinderwagen. Die große Masse von ihnen sind Frauen, Kinder, alte Leute in allen Stadien der Ermüdung und Erschöpfung und Krankheit. Sie bieten ein erbarmungswürdiges Bild. Wer das Elend und die Verzweiflung dieser armen Teufel (wretches) anschaut, wer den Gestank ihrer von Schmutz gekennzeichneten Lebensbedingungen riecht, der erinnert sich an Dachau und Buchenwald. Hier wird Vergeltung in weitem Ausmaß betrieben, aber nicht an den Parteibonzen, sondern an Frauen und Kindern, Armen und Kranken. Es gibt nur wenige leistungsfähige Männer in der Altersstufe von zwanzig bis fünfzig. Dieses Geschehen läuft seit Wochen ohne Unterbrechung... Das Ende läßt sich bis jetzt nicht absehen.

Seite an Seite neben diesen Unglücklichen (Vertriebenen) gibt es Hunderttausende kranker deutscher Kriegsgefangener, die vor kurzem von der Sowjetunion entlassen worden sind (nach offiziellen sowjetischen Angaben sind 412000 freigekommen). Zerfetzt, verstümmelt, dreckig, Wracks von Menschen schleppen sich längs der Autobahnen und der Berliner Straßen in einem endlosen Zug von Elend, ein Abschaum des Herrenvolkes, der nun hofft, irgendwo mit seinen Familien eine Zuflucht zu finden. Wenn sie diesen Treck überleben – viele sterben auf der Straße –, werden sie am Ende schmerzlich enttäuscht, denn Bomben und Krieg haben vernichtet, was einst Heimstatt für viele gewesen ist.

Diese Psychologie der abgestumpften Herzen verliert aber etwas von ihrer Überzeugungskraft, wenn man die stumpfsinnige Tragödie erlebt, die über Tausende unschuldiger Kinder und alter Leute gekommen ist. Das Wissen, daß sie Opfer einer harten politischen Entscheidung sind (Potsdam), mildert die Auswirkung nicht ab... Für Truman war Potsdam eine willkürliche Gewalttat.«[48]

Der Bericht Murphys deckt sich mit dem Artikel »Aus einem Totenland« (gemeint ist Schlesien), der in der »Weltwoche« (Zürich) aus der Feder Robert Jungks im Herbst 1945 erschienen ist.

»Leider kann aber nichts getan werden, wenn dieses Gebiet nicht wenigstens ebensogut wie die andern okkupierten Gebiete Deutschlands einer Kontrolle der vier Großmächte unterstellt wird. Solange alles allein unter polnischer Kontrolle bleibt – so wie das in Potsdam geschah –, wird sich vermutlich nicht viel ändern. Denn da dieses Territorium erst von der kommenden Friedenskonferenz endgültig als polnisch anerkannt werden kann, tun die Polen alles, um in möglichster Eile und Rücksichtslosigkeit ihre ›Zone‹ im Hinblick auf die endgültige Grenzziehung zu entgermanisieren. Diejenigen, die vor Hunger, Seuche, Mißhandlung und Plünderung aus den von den Polen besetzten Regionen fliehen, haben vor dem Verlassen der polnischen Zone einen Schein zu unterzeichnen, in dem sie erklären, sie seien selbstverständlich aus freiem Willen gegangen. Es soll doch niemand später am grünen Tisch sagen können, daß nicht alles korrekt zugegangen sei...

Die Polen taten alles, um die deutsche Bevölkerung, die sie los sein wollten, zum ›freiwilligen‹ Verlassen des neuen polnischen Territoriums zu veranlassen. Das verhältnismäßig noch mildeste Mittel, das die neu eingesetzten polnischen Woiwoden und Bürgermeister anwenden, ist die Aushungerung. Schlimmer noch steht es in Breslau. Dort gibt es überhaupt kein allgemeines Rationierungssystem.

Daß die Sterblichkeit unter diesen Umständen enorm ist, kann nicht wundernehmen. Polnische Beamte, die übrigens infolge der Unordnung in der Breslauer Stadtverwaltung selbst seit Monaten keine Zahlung erhalten haben, geben ganz offen zu, daß sie hoffen, durch die Hungerdezimierung der deutschen Bevölkerung werde bis Weihnachten das gleiche Ziel erreicht sein, das ursprünglich durch Deportation hatte erreicht werden sollen. Mindestens ebenso schlimm wie Hunger empfinden die noch in dieser Zone lebenden Deutschen den Mangel an Sicherheit und Recht. Es gibt keine Instanzen, an die ein Bauer, der von Plünderern überfallen wurde, sich wenden könnte, es gibt keine Polizei, die ihn schützt, keine Richter, die ihm Recht verschaffen könnten.«

Wie wir solche Zustände im eigenen Haus erfahren haben, mag eine Notiz aus meinem Pfarrtagebuch von St. Bonifatius in Görlitz-Ost vom 21. Juni – also über fünf Wochen vor dem Potsdamer Protokoll (2. August 1945) – dartun.

»Als ich früh, kurz nach 7 Uhr, vom Altar in die Sakristei komme, werde ich von vielen bleichen Gesichtern erwartet. ›Herr Pfarrer, helfen Sie uns, wir müssen in zehn Minuten die Wohnung verlassen.‹ Auf der Götzenstraße und der Schenkendorffstraße – (jetzt in »Ulica Warszawska« umgetauft) – ist alles in Aufruhr. Vor den Haustüren stehen Kommandos der (polnischen) Miliz, sie rufen die Bewohner, die erst vom Schlaf erwachen, notdürftig bekleidet auf die Straße, halten sie dort fest, gestatten nicht mehr, daß jemand in die Wohnung zurückkehrt. Noch ahnen wir trotz der gestrigen Ankündigung nicht, welches Spiel nunmehr beginnt. Alle Frauen, Kinder und Greise (Männer zwischen 18 und 65 Jahren gibt es nicht!) unserer Straße stehen unten, von den Wachen umzingelt, so wie sie auf das erste Donnern an den Türen herausgestürzt sind.

Das Herz krümmt sich. Wohin wird es gehen? Ob nach Osten oder nach Görlitz-West? Drüben wütet der Hunger und der Typhus, versperren 10000 Flüchtlinge, die an der Neiße nicht weiter nach Osten können, den Weg. Und ostwärts ist alles zerstört, nicht bebaut, polnisch besetzt und kontrolliert. Ich gehe sofort auf den Hauptmann, der die Anweisung leitet, zu und bitte ihn, die Leute wenigstens nochmals in die Wohnung zurückgehen zu lassen, damit sie sich ordentlich bekleiden, ihre Ausweise und etwas Lebensmittel und Geld mitnehmen könnten. Es ist vergeblich. Er zeigt menschliches Mitgefühl, aber erklärt: ›Ich habe selbst drei Kinder und weiß, wie das tut, aber ich bin nur Vollstrecker höherer Befehle und habe Anweisung, so zu tun. Niemand betritt mehr seine Wohnung.‹

Kein Deutscher darf sich mehr allein auf der Straße bewegen, es sei, er hätte einen Ausweis zum Bleiben. Alle anderen werden unnachsichtig zum Haufen der zur Austreibung Versammelten gebracht, auch für Mütter mit Kleinkindern gibt es kein Pardon. Ein Bild schrecklichen Elends und Jammers. Niemand hört es in der weiten Welt, niemand ist Zeuge, niemand kann helfen. Es gibt keine Presse, keine Pressefotografen, keine Macht der Welt, die helfen könnte (...)

Heute geht die Aktion weiter. Sie greift tiefer ins Land. Man hat uns ja die Räumung einer 25 Kilometer tiefen Grenzzone angekündigt. Nun zieht Hermsdorfs letzter Teil, Leopoldshain, Kuhna bis in die späte Nacht. Immer wieder dasselbe Bild unsagbaren Elends.

(...) Die Opfer werden gegen Mittag endlich in Richtung der Brücke mit strenger Bewachung getrieben. Frauen, Kinder, Alte, Kranke, alles, was in den Häusern geborgen war. Drüben schaut der russische Posten teilnahmslos zu. Sie bleiben am andern Ufer stehen, und jetzt erst setzt das Schreien und Fluchen und wehrlose Drohen ein. Sie warten, warten bis abends, bis morgens und wieder morgens, um wieder zurückzukommen. Viele brechen vor Hunger zusammen. Aber die Brücke öffnet sich nach Osten nicht mehr.

Am Ufer spielen sich indes entsetzliche Szenen des Elends ab... Görlitz-West kann diese sich ohne Unterlaß nach der Stadt wälzenden Massen nicht aufnehmen und verkraften. Außer einem provisorischen Magistrat gibt es keine handlungsfähige Landesregierung. Alles bleibt dem Recht des Stärkeren überlassen. Jedes Stückchen Grün ist mit Menschen belagert, den Hungernden, Verzweifelten... billige Menschenware für die abends herumschleichenden Frauenjäger.«[49]

Rückblickend bemerkt das schon mehrfach zitierte exilpolnische Blatt (Kontakt) dazu:

»Derartige Entscheidungen betreffend die deutsche Bevölkerung kamen zweifellos deswegen zustande, weil sich die schlecht informierten Engländer und Amerikaner von den östlichen Partnern geradezu betrügen ließen (dali się nabrać). Stalin behauptete, daß es in diesem Gebiet überhaupt keine Deutschen mehr gäbe. Die Polen sprachen (dagegen) von 1,5 Millionen... Nach einigen Kurzschlüssen wurde anerkannt, daß eine Umsiedlung der deutschen Bevölkerung bzw. des in Polen verbliebenen Restes nach Deutschland durchgeführt werden müsse. Alle derartigen Aktionen sollten (aber) in geordneter und menschenwürdiger Weise durchgeführt werden (Abschnitt XIII). Historiker machen auf die ungenaue Formulierung aufmerksam: ›In Polen verbliebene Deutsche‹, in Polen, aber in welchen Grenzen? Der Kern dieses Beschlusses lag darin, daß (nach polnisch-russischer Meinung) die Westmächte ihre Zustimmung dazu gegeben hätten, die Deutschen aus diesem Land ganz oder teilweise zu entfernen, ohne dabei genau zu wissen, wieviel (Deutsche) dort überhaupt noch verblieben sind. Angesichts der Unfähigkeit, Aussiedlungen zu verhindern, und wegen der Lawine von Flüchtlingen, die den Westzonen drohte, bemühten sich wenigstens die Westmächte, abzubremsen und zu ordnen... Im Art. XIII wurde (freilich) auf dem Papier eine Art Moratorium der Aussiedlung beschlossen... Die polnischen und sowjetischen Behörden kümmerten sich um diese Abmachungen nicht und schlossen unter sich andere, brutalere Absprachen. So wurden die wilden Vertreibungen (auch nach Potsdam mit seinem Moratoriumsbeschluß) in den letzten Monaten 1945 fortgesetzt. Dieser zweiten Welle fielen 400000 Menschen zum Opfer. Erst am 20. November 1945 veröffentlichte der Kontrollrat einen Umsiedlungsplan. Er sah vor, bis zum Juni 1946 etwa 2 Millionen Menschen in die sowjetische und 1,5 Millionen Deutsche in die britische Besatzungszone umzusiedeln. Das Unternehmen war etwas besser organisiert (Viehwagen, jedoch ohne Wasser, Heizung, ohne Toiletten, ohne Verpflegung, ohne jegliches Inventar). In einer vierten Welle wurden 1947 (noch) 500000, in den Jahren 1948–49 (weitere) 300000 Deutsche einschließlich solcher aus Nord-Ostpreußen (das an die Sowjetunion gefallen war) umgesiedelt. In Polen verblieb danach noch 1 Million deutsche Reichsbürger... Ein großer Teil der Südostpreußen und Oberschlesier wurden durch die (polnischen) Behörden statistisch zu den sogenannten Autochthonen geschlagen, deren Zahl dann 800000 betrug. In der Zeit vor der Aussiedlung hatte die deutsche Bevölkerung Schikanen verschiedenster Art auszustehen, z.B. verminderte Lebensmittelrationen, Arbeitsverbot – in anderen Fällen wieder Arbeitspflicht – und die Last, sich durch eine weiße Armbinde kenntlich zu machen. Das Verhalten der Polen und Russen verdient oft durchaus die Bezeichnung Terror. Deutsche wurden (auch) in besondere Lager und Gefängnisse gebracht, was auch die polnische Seite bestätigt. Nach den Forschungen des Bonner Bundesarchivs gab es, wenn auch für kurze Zeit, in Polen etwa 1500 solcher ›Sammelstellen‹. Traurige Berühmtheit erhielten die größten Lager wie Lamsdorf, Kr. Oppeln...«

Dr. Heinz Esser hat seine Erlebnisse im Lager Lamsdorf aufgeschrieben. Er hat dort ärztliche Dienste geleistet und erklärt, daß von ungefähr 8000 Gefangenen über 6000 durch Hunger, Epidemien, Torturen und Mord umgekommen sind[50].

Das ist der Kontext von Potsdam. Die Mächtigen bewegt das nicht. Besonders die östlichen Sieger sowie die polnische Hierarchie haben sich mit der Realität dessen, was Vertreibung für die Opfer bedeutet, nicht befaßt. Das Thema wird verdrängt oder mit Klischee-Antworten zum Schweigen gebracht.

6. Um die Deutung internationaler Abkommen

Sehr interessant ist Klafkowskis Differenzierung im Zusammenhang mit dem, was der Osten aus den Potsdamer Protokollen »herausinterpretiert« hat. Denken wir z. B. an die Verfälschung des klaren Rückstellungsbeschlusses bis zur Friedenskonferenz in einem endgültigen, Souveränität übertragenden Akt, der die Friedenskonferenz und die ihr folgende Ratifikation überflüssig macht. Die gezielt bewirkten, reinen Fakten werden zur eigenen Machterweiterung einfach als endgültig und rechtlich fundiert erklärt. Die Unterscheidung bietet gute Kriterien, um Unrecht im Gewand von Recht zu demaskieren.

Klafkowski trennt zwischen einer diplomatischen und einer legalen (rechtlichen) Interpretation[51] von international bindenden Texten, die gemeinsam erarbeitet worden sind. Regeln für die »diplomatische« Erklärung seien (offensichtlich wegen der darin massiv zum Ausdruck kommenden jeweiligen Interessenlage) kaum aufzustellen. Richtlinien für die »legale« Erklärung seien dagegen leichter zu umreißen. Sie sind in zweifacher Weise abgesichert und damit der Interessenwillkür eher entzogen, zunächst durch ein Gefüge präziser Termini und dann durch richterliche und schiedsrichterliche Praxis. Sie regeln die Grundsätze, die bei der Interpretation international ausgehandelter Texte beachtet werden müssen. Die Gefahr der diplomatischen Erklärung liegt darin, daß mit ihrer Hilfe aus dem Text etwas herausgeholt wird, woran eine Seite von Anfang an insgeheim dachte, was aber der anderen (offensichtlich) verborgen blieb. So läßt sich ein zunächst gemeinsam formulierter Text nachher inhaltlich unterlaufen.

Diese Unterscheidung läßt sich besonders gut auf östliche Interpretationen der hier behandelten Erklärungen anwenden. Das besiegte Deutschland hat unter der »diplomatischen« Interpretation Stalins unendlich gelitten und sie als Unrecht erfahren. Von den Alliierten gemeinsam formulierte Texte sind vor allem auf Drängen der östlichen Seite einseitig »diplomatisch« uminterpretiert worden. Festgehalten zu werden verdient von Klafkowskis Hinweisen folgendes:

1. Die rechtlich-legale Interpretation darf nicht durch die politisch-diplomatische verdrängt werden;

2. die diplomatisch-politische Interpretation ist meist nur ein Mittel, um gemeinsam formulierte Texte zu unterlaufen;

3. die rechtlich-legale Erklärung bedient sich eines vorgegebe-

nen Gefüges von bewährten Rechtstermini, um die Zwielichtigkeiten von vornherein zu vermeiden;

4. die traditionell »orthodoxe« Praxis empfiehlt sich besonders in den rauhen Zeiten nach der Waffenstreckung und der absoluten Ohnmacht einer Seite als friedenstiftendes Element. Es wird wieder Zweiseitigkeit angebahnt, nachdem man jahrelang füreinander stumm war und nur die tödlichen Waffen sprechen ließ.

Schon in die fundamentalen Forderungen der Sieger könnten dann Keime von Gegenseitigkeit sowie die Berücksichtigung der minimalsten Lebensforderungen der besiegten Seite eingehen. Eine Phase absoluter Rechtlosigkeit für ein ganzes Volk frißt sich tief in die Herzen ein und vergiftet den Boden, aus dem Frieden erwachsen sollte. Polen selbst hat das bitter genug unter Hitler erlebt.

Wir eilen der weiteren Gedankenführung voraus, wenn schon an diesem Punkt die Frage gestellt wird, ob nicht wenigstens im kirchlichen Bereich die Möglichkeit bestünde, sich in Grundfragen anzunähern, möglicherweise vor einem judicium superioris. Das wäre ein Wagnis, das die Vitalität des gemeinsamen Christentums bewegend unter Beweis stellen könnte.

Die Frage, ob sich die diplomatisch-politische Zweckinterpretation seitens der Sieger, besonders der östlichen, in die hier einschlägigen Texte eingeschlichen hat, beantwortet sich von selbst. Es wäre nunmehr Zeit, nach einem Abstand von über vierzig Jahren auch die sogenannten »heißen Eisen« anzupacken und Voraussetzungen für einen wahren Frieden zu schaffen. Die deutsche Seite hat jedenfalls die Anwendung der schon von Klafkowski theoretisch fast disqualifizierten »diplomatischen« Interpretation als lebensbedrohendes Unrecht erfahren.

Lebt die »diplomatisch-politische« Erklärung noch fort?

Der erwähnte Leitartikel K. Skubiszewskis erscheint aus deutscher Sicht als typisch diplomatisch-politische Interpretation der uns hier beschäftigenden Abmachungen auf dem Wege vom Krieg zum Frieden[52].

Klafkowski hatte auf die Bedeutung der internationalen Rechtspraxis – auch im schiedsrichterlichen Tun – hingewiesen. Das setzt Zweiseitigkeit voraus.

Skubiszewski stellt den Tatsachen entsprechend die »unorthodoxe« Art des Umgehens mit Deutschland nach dem Zweiten Weltkrieg heraus. Tatsächlich hat man dem besiegten Volk durch Jahre die traditionell geforderte Zweiseitigkeit versagt. Diese deutet das schrittweise Herauskommen aus dem bloßen Objektdasein in den Augen des Siegers zum geduldeten Rechtssubjekt an.

Skubiszewski bemerkt dazu: »Die große Verschiebung unseres Landes nach Westen vollzog sich unter Verhältnissen, die sich von den Mustern, an die sich die Diplomatie bei der Beendigung eines Krieges und der Wiederherstellung des Friedens gehalten hat, unterscheiden.« Im Vergleich zur Beendigung des Ersten Weltkrieges sollte jetzt alles anders verlaufen. Man hat weder eine Friedenskonferenz mit dem besiegten Reich einberufen noch einen Friedensvertrag mit ihm unterschrieben. Der Grund für die völlig einseitige Selbstbedienung der Sieger zu Lasten Deutschlands liegt für Skubiszewski in den Implikationen der, von ihm rechtspositivistisch verstandenen, bedingungslosen Kapitulation. Durch die Unterschrift unter die vorgelegte Kapitulationsformel hätte sich Deutschland den Siegern ohne jede Schranke und Bedingung ausgeliefert. Die Sieger hätten jetzt tun und lassen können, was ihnen nur beliebt, ohne irgendeine Rücksicht auf den Besiegten zu nehmen. Nach der Kapitulation wäre das alles »legal« gewesen. Der christlich inspirierte Naturrechtler weiß: Aus Faktizität kann nur Legalität werden, wenn Grundsätze des Rechtes, auch des Gewohnheitsrechtes, angewandt werden, wenn also das factum brutum nicht schon aufgrund seiner bloßen Faktizität bereits als legal gilt. Hier verwischt Skubiszewski die von Klafkowski mit Recht betonte Unterscheidung. Er hat auch nichts an Stalins eindeutig »politisch-diplomatischer« Interpretation von Potsdam zu bemerken, sondern läßt hurtig die bloßen Fakten Recht schaffen. Die diplomatische Interpretation kommt auf Instrumentalisierung der vertraglich abgemachten Übereinkunft zugunsten einer Staatsräson heraus.

Churchill hat den Gedanken einer Massenvertreibung von Deutschen zuerst ausgesprochen. Mit seinem bekannten Streichholz-Verlegungs-Spiel hat er ihn illustriert und bei Stalin einen dankbaren »Abnehmer« gefunden. Das Spielchen mit den Streichhölzern ist psychologisch verräterisch: Modelle für den Umgang mit Menschen werden im Umgang mit Holz entwickelt. Damit hat Churchill sein »Zivilisationsgewissen« preisgegeben. Als engagierter Verfechter der Curzonlinie zu Lasten Polens wollte er auf diese Weise Polen Lebensraum für die aus Ostpolen zu erwartenden 3 bis 4 Millionen Vertriebenen sichern. Tatsächlich kamen dann nur 1,8 bis 2,2 Millionen in das Land. 8 bis 9 Millionen Deutsche zu entwurzeln, hielt selbst Churchill für unrecht. Er verurteilte faktisch auch das aus tausend Wunden blutende Deutschland dazu, den Schaden exzessiv überhöht wiedergutzumachen, den die Sowjetunion hier im wesentlichen verursacht hatte. Churchill hat damit einen Waldbrand entzündet, den er dank Stalins zielbewußter Taktik nicht mehr einzudämmen vermochte. Seit Potsdam beklagte er sich daher: »Nach dem vorigen Weltkrieg ist Polen zu weit nach Osten gegangen. Jetzt will es zu weit nach Westen gehen.«[53]

Die US-Präsidenten Roosevelt und Truman waren Stalin gegenüber auch von vornherein taktisch im Nachteil, weil Stalin als einziger an allen Vorkonferenzen teilgenommen hatte und sich bestens orientierte. Die westlichen Staatsmänner waren im Vergleich zu Stalin naiv und ahnungslos und erkannten dessen Spiel erst dann, als es nicht mehr zu widerrufen war. Dem zielbewußten und skrupellosen, bestinformierten Stalin standen schwächliche, unsichere und taktisch unterlegene westliche Partner gegenüber. Das verrät ein Brief Trumans vom 5. Januar 1946 an Außenminister Byrnes:

»In Potsdam wurden wir vor vollendete Tatsachen gestellt und waren durch die Umstände geradezu gezwungen, der russischen Besetzung Ostpolens und der polnischen Besetzung des östlich der Oder gelegenen Teiles Deutschlands zuzustimmen. Es war ein willkürlicher Gewaltakt.«[54]

Der Verfasser hat schon früher folgendes zusammenfassend festgehalten:

Das oft unbegreifliche Verhalten der Anglo-Amerikaner hat die Ergebnisse mitbewirkt in dem Sinne, daß nicht rechtzeitig verhindert wurde, was bei pflichtmäßigem Einsatz zu verhindern gewesen wäre. Für die Gegenwart bedeutsam ist wegen der geschichtlichen Lehren, die daraus gezogen werden sollten:

1. Die rücksichtslose Erpressung der Westalliierten durch die Sowjetunion auf Kosten Polens und Deutschlands.

2. Die zynische Verachtung von Menschenwürde und Menschenrechten, die der eigentliche Exekutor der Vertreibung gegenüber dem Schicksal von zwölf Millionen Menschen völlig kalten Herzens an den Tag legte.

3. Die meisterhaften Täuschungen der Westmächte durch Stalin, die gesteuerten Fehlinformationen und die Ablehnung jeder Kontrolle übernommener Verpflichtungen.

4. Die gezielte Tendenz, Polen zum Satelliten zu degradieren und durch das Kompensationsangebot im Westen (das Stalin stets willig erweiterte) die Beziehung zu Deutschland auf Jahrzehnte hinaus unerträglich zu belasten[55].

Wie wirkt sich nun die Sturmflut der politischen Ereignisse in der katholischen Kirche Ostdeutschlands aus? Hier stoßen die eindringenden Polen auf deutsche Diözesen (Breslau, Ermland, Schneidemühl, auf Teile der Diözesen Berlin und Meißen sowie auf deutsche Exklaven der Erzdiözesen Prag und Olmütz) und auf deutsche Jurisdiktionsträger, auf Hunderte von Geistlichen und Millionen von Gläubigen. Als Deutsche sind sie indes deklassiert und entrechtet. Wie wird die polnische Kirche sich diesen wehrlos Ausgelieferten gegenüber verhalten? Der polnische Primas Hlond übt dabei die Funktion des Treibriemens aus, durch den die politische Lage in das Innere der Kirche übertragen wird.

II.

Die kirchliche Amtsgewalt in Ostdeutschland kommt in polnische Hände

Die Voraussetzung dafür ist die Übernahme der von Stalin leidenschaftlich verfochtenen, extremen Auslegung des Potsdamer Protokolls durch die polnische Hierarchie und den Primas. Sie sind davon überzeugt: Diese Gebiete kehren vermöge der Protokolle von Jalta und Potsdam unwiderruflich und endgültig »in kirchlicher Hinsicht« (wie es Marek formuliert hat) in das Gefüge (skład) des polnischen Staates zurück[1].

1. Das Erdbeben bereitet sich vor

Als Ort und Zeit, in denen sich das Grundkonzept der geplanten, einem Erdbeben vergleichbaren Neuordnung beim Primas gebildet haben mag, dürften vor allem die in Rom verbrachten Wochen in Frage kommen. Nach dem Krakauer »Tygodnik Powszechny« vom 16. Dezember 1945 ist der Primas mit einem fertigen Rahmenplan aus Rom heimgekehrt. Schon aus den Anträgen um Vollmachten, von denen später zu sprechen sein wird, ist sein Plan weithin ablesbar. Er wußte, was er wollte. Auf Dr. Kominek scheint die weitergehende Version zurückzuführen zu sein, nach der das Bevollmächtigungsreskript für Kardinal Hlond vom 8. Juli 1945 dem Primas »das Recht gegeben hat, die kirchliche Verwaltung und das kirchliche Leben ... in der Weise zu organisieren, wie er es an Ort und Stelle für erforderlich hält«.[2]

Bischof St. Adamski von Kattowitz († 12. November 1967) war schon am 16. Mai 1945 in der Trümmerwüste Breslau erschienen, nachdem die Festung im »Roten Meer« nach unsagbaren Opfern am 6. Mai 1945 kapituliert hatte. Dort nahm der Kattowitzer Bischof die Verbindung mit den Vertretern des Domkapitels in Breslau auf. Kardinal Bertram, der auf seinem Todeslager in Schloß Johannesberg (Sudetenland/CSSR) davon erfahren hatte, muß geahnt haben, was sich jetzt anbahnte: die Zerteilung und Polonisierung seiner Erzdiözese Breslau. Diese Aussichten haben ihm die letzten Lebenstage verdüstert. Bischof Adamski hatte dem zuständigen Breslauer Generalvikar Josef Kramer vorgeschlagen, in Oberschlesien (d.h. in dem nach der Abstimmung von 1921 bei Deutschland verbliebenen Teil) die kirchliche Gewalt sofort in polnische Hände zu legen. Ein polnischer Generalvikar für diesen Bereich, polnische Dechanten und polnische Pfarrer sollten sogleich ernannt werden[3].

Angesichts der Doppelsprachigkeit vieler in Oberschlesien tätigen Diözesanpriester wäre das als vorsichtige Anbahnung einer gemeinsamen Tätigkeit innerdiözesan erträglich gewesen, soweit die Loyalität zu der Breslauer Diözesanleitung fortbestand[4]. Die Breslauer Kirchenleitung hatte schon Mitte Mai 1945, als Prälat Lagosz, der spätere »Kapitelsvikar der Diözese« (1951–1956), mit der ersten polnischen Equipe des Oberbürgermeisters Dr. Drobner nach Breslau gekommen war und um Zuweisung eines Arbeitsortes für die Seelsorge an den einwandernden Polen und entsprechende Jurisdiktion erbeten hatte, beide Wünsche erfüllt[5].

Den Breslauer Prälaten stand der Gedanke vor Augen, die Seelsorge dabei nicht radikal zu nationalisieren, sondern die Gläubigen beider Nationen auch von Priestern des anderen Volkstums betreuen zu lassen, soweit das sprachlich möglich war, um der Diözese ihre Brückenfunktion zu belassen. Mit der wachsenden Zahl der gezielt nach Schlesien gelenkten Massen innerpolnischer Umsiedler und Repatrianten aus dem Ausland – nur wenige kamen aus den verlorenen polnischen Ostgebieten – wuchsen die Ansprüche der polnischen Seite, besonders als das Ergebnis von Potsdam bald mit allen propagandistischen Mitteln in der von Stalin zielbewußt verfochtenen Version (volle Endgültigkeit der Grenzen) publik gemacht wurde. Das nun politisch unterstellte Faktum der Endgültigkeit übertrug sich in die Kirche, in der immer entschiedener »rein polnische« Verhältnisse verlangt wurden.

Nach polnischer Auffassung verlangte die tatsächliche, wenn auch bewußt gesteuerte Lage »Konsequenzen«, die sowohl mit der

Augustin Kardinal Hlond, Primas von Polen
geb. 5. Juli 1881 in Brzentskowitz, Kr. Myslowitz
gest. 22. Oktober 1948 in Warschau

»Für seine Ursprungsfamilie bestand die einzige politische Strategie darin, die junge Generation für das zu neuem Leben erwachende Polen heranzubilden!«
(Kardinal Wyszyński, sein Nachfolger als Primas, im Vorwort zur Gedenkschrift anläßlich des 25. Todestages, in: Nasza Przeszłość (Unsere Vergangenheit) XL II Krakau 1974, 7)
»Als die Stunde der Abrechnung für Jahrhunderte (gdy godzina równania rachunków stuleci wybiła) geschlagen hatte, seid ihr, Brüder und Schwestern, aus allen Teilen Polens aufgebrochen, um Euch im Lande der Piasten anzusiedeln«.
Hirtenbriefe des polnischen Episkopates 1945–1974, Paris 1975, 407.

polnischen Staatsräson wie mit den religiösen Bedürfnissen der (neuen) Bewohner übereinstimmten. Auch nach Potsdam mit dem Umsiedlungsprotokoll der Verbündeten wollte es den deutschen Hierarchen (aus polnischer Sicht) nicht in den Kopf, daß sie trotz des 7. und 8. Mai 1945 und trotz der Übernahme der höchsten Gewalt durch die Sieger am 5. Juni 1945 in Berlin mit allen sich daraus ergebenden Rechtsfolgen[6] nicht mehr an der Macht bleiben sollten. Die Deutschen träumten von einem nur vorübergehenden Zustand (stan przejściowy). »Nachdem sich Primas Hlond mit der Lage befaßt hatte, vergegenwärtigte er sich die geschichtliche Rolle des Katholizismus in diesen Gebieten, von der die hier Lebenden erfaßt werden sollten.«[7] So erteilte er in Schneidemühl und in der Diözese Berlin erste Jurisdiktionen an polnische Priester. Ebenso tat er mit Priestern, die nach Pommern und nach Niederschlesien gingen. Damit ließ sich aber das Grundproblem nicht lösen. Nur mit einer neuen kirchenrechtlichen Organisation (in der Polen Herren in der Kirche geworden waren) konnte das religiöse Leben – in dieser Sicht – in rechte Bahnen kommen[8]. Dafür gab der schludrig gearbeitete Protokolltext von Potsdam Rückenwind. Die polnische Seite in Verwaltung und Kirche, die sich ihrer Lage als siegreicher Herr des Landes sehr bewußt war, hätte aber vor dem Eintreffen des Primas Hlond (20. Juli 1945) in Polen (Posen) keine tiefgreifende Maßnahmen, vor allem hinsichtlich der kanonischen Grundstruktur, angeordnet. In dieser Situation wurde – zunächst gerüchteweise – bekannt, daß der Primas gleichsam vor den Toren stünde und (magisch verklärte) ungewöhnliche Vollmachten zur Bereinigung der nach polnischer Auffassung bedrohlichen Lage aus Rom mitbrächte[9].

Die weiteren Weichenstellungen lagen nun offensichtlich bei dem aus Rom heimkehrenden Primas Polens, *A. Hlond,* der nach deutschen Überlegungen wohl auf der Basis päpstlicher Anweisungen vorgehen müßte, in denen, wie man glaubte, die Rückstellungsklausel von Potsdam maßgeblich zur Auswirkung kommen müßte. So erklärt sich die verhältnismäßige Sorglosigkeit und Ahnungslosigkeit unmittelbar vor dem Sturm, der mit dem Besuch des Primas beim deutschen Kapitelsvikar Dr. Piontek in Breslau am 12. August 1945 einsetzte.

»Es scheint, daß er (Hlond) mit seinem Besuch (bei Dr. Piontek) bis zum Abschluß der (Potsdamer) Konferenz gewartet hat, die endgültig (!) am 2. August 1945 die westliche und nördliche Grenze Polens festgelegt (ustaliły) und endgültig die Aussiedlung der Deutschen beschlossen hätte[10].

Die deutschen Priester, der Kapitelsvikar und das Rest-Domkapitel lebten, offensichtlich gestützt auf den Potsdamer Rückstellungsbeschluß, von der Hoffnung auf die Stabilität der alten kanonischen Diözesan-Ordnung. Sie sollten aber nicht mehr lange Atem bekommen.

Am Freitag, dem 20. Juli 1945, traf der Primas von Rom kommend in Posen (Poznań) ein. Erzbischof Dymek, bei dem er Wohnung nahm, war sein erster, umfassend orientierter Informant. Tags darauf traf er dort mit dem Generalvikar Blericq von Gnesen (Gniezno) zusammen. Durch ihn gab er dem zufällig in Gnesen weilenden Rektor des polnischen Kollegs in Rom, Dr. Wronka, die Weisung, sich baldigst in Posen vorzustellen. Am 23. Juli 1945 nahm der Primas anläßlich einer Priesterversammlung in Posen die Verbindung mit dem Professor der Katholischen Universität Lublin, Dr. I. Bensch, auf und eröffnete ihm die Absicht, ihn zum Apostolischen Administrator der Diözese Ermland zu ernennen. Wichtig war sicher noch der Aufenthalt von Bischof Dr. Adamski (Kattowitz), der auf einer Durchfahrt in Posen intensiv mit dem Primas konferierte.

Die Rückreise nach Kattowitz unterbrach Bischof Adamski in Breslau am 30. Juli 1945 und traf nach Pietrzak dort auch mit dem deutschen Kapitelsvikar Dr. F. Piontek[11] zusammen, den er aber in keiner Weise über seine vorbereitenden Schritte unterrichtet hat. So konnte Dr. Piontek nicht ahnen, wie weit das Netz der kommenden Ereignisse schon gesponnen war. Schicksalhafte Klärungen sind sicher auf der Reise Kardinal Hlonds vom 31. Juli 1945 zu Kardinal Fürst Sapieha (Krakau), der den Primas seit September 1939 im Lande vertreten hatte, erreicht worden. Über den Inhalt der Gespräche ist nichts bekannt, nur daß sie sehr lange dauerten und unter vier Augen geführt wurden. Es liegt aber auf der Hand, daß alle brennenden Fragen behandelt wurden. Darunter natürlich auch die, die den Primas in den Wochen in Rom intensiv beansprucht hatten, die kirchliche Organisation der »polnischen Westgebiete«. Das war die Frage der Fragen zum damaligen Zeitpunkt.

Am Freitag, dem 3. August 1945, traf Kardinal Hlond in Kattowitz, seinem früheren Bischofssitz, zu Gesprächen mit Bischof Adamski und dessen Weihbischof Bieniek ein. Nach einer Priesterversammlung teilte er dem dortigen Leiter des Seelsorgeamtes, Dr. B. Kominek († 10. März 1974), vertraulich mit, daß er ihn zum Apostolischen Administrator für die Erzdiözese Breslau zu ernennen wünsche. Dr. Kominek drängte aber darauf, »nur« das alte Deutsch-Oberschlesien mit dem Mittelpunkt Oppeln zu bekommen. Einmal sei die ganze Diözese Breslau zu umfassend, zum zweiten kenne er das Oppelner Land aus der Zeit seiner konspirativen Tätigkeit gegen Deutschland im Kriege. Auch diese Kandidatur ist offensichtlich Gegenstand der Eilgespräche, zumal in Krakau und Kattowitz, gewesen[12]. Anfang August rief der Primas auch den Leiter der katholischen Volksbüchereien, Dr. Karol Milik, nach Posen und erklärte ihm: »Namens des Heiligen Stuhles und vermöge der außerordentlichen Vollmachten habe ich mich entschlossen, den Herrn Doktor zum Apostolischen Administrator für Niederschlesien (Breslau) zu ernennen.«[13] Die Sache müsse bis auf weiteres streng geheim bleiben. Am 6. August 1945 eröffnete der Primas schließlich dem zufällig dienstlich bei ihm weilenden Rektor der Katholischen Universität Lublin, daß er den schon erwähnten Professor Dr. Bensch als Administrator für die Diözese Ermland (Südostpreußen) ins Auge gefaßt habe. Dem Prälaten Nowicki machte der Primas beim Kaffee dieselbe Eröffnung für die Freie Prälatur Schneidemühl und den »polnisch gewordenen« Anteil der Diözese Berlin. Als dieser mit dem Hinweis auf seinen nachweislich geschwächten Gesundheitszustand ablehnte, erklärte ihm der Primas sendungsbewußt: »Wer sich dem Papst widersetzt, der hat sein Priestertum verspielt!«[14]

Eine Weigerung der deutschen Jurisdiktionsträger hätte, wie der Primas dem Kapitelsvikar Dr. Piontek von Breslau auch in aller Form erklärte, keine praktischen Folgen für den Augenblick gehabt. Der »Fahrplan« des Primas wäre kaum verzögert worden, nachdem alles vorbereitet war. Eine solche Weigerung wäre angesichts der ungeklärten Lage sachlich möglich gewesen. Sie hätte zugleich in der ohnmächtigsten Stunde der alten Erzdiözese wie ein stummes Fanal gewirkt, wenn die bisherigen Amtsinhaber einer von der Siegerseite als selbstverständlich vertretenen Auffassung und »Überzeugung« nicht hätten beipflichten können und gegen den Druck der Siegerseite im Gewand kanonischen Vorgehens protestierten.

In nationalpolnischer Hinsicht waren drei Kandidaten, nationalpolitisch gesehen, besonders qualifiziert: Dr. Milik stammte aus dem Teschener Schlesien (einst Erzdiözese Breslau), war österreichischer und später polnischer Kriegspfarrer gewesen. A. Wronka hatte (wohl Ende 1918) am »großpolnischen Aufstand« ab 27. Dezember 1918 teilgenommen und war während des Krieges im Untergrund in Warschau tätig gewesen. Dr. Kominek arbeitete im Kriege an der Kurie in Kattowitz[15]. Aber er »steckte auch tief im Untergrund«. Er hatte als Kreisdekan der polnisch-oberschlesischen, im Untergrunde wirkenden »Landesarmee« (Armia Krajowa) gewirkt[16].

So war der entscheidende Schritt, die Aufforderung an die deutschen Jurisdiktionsträger, zu resignieren, in Blitzeseile, aber doch intensiv genug vorbreitet worden. Die deutsche Seite hat von diesen Schritten offensichtlich nichts erfahren. Der entscheidende Akt konnte ausgelöst werden.

2. Die deutschen Jurisdiktionsträger resignieren

Adolf Kardinal *Bertram*, Erzbischof von Breslau, Vorsitzender der Fuldaer Bischofskonferenz[17], hatte am 6. Juli 1945 seine Augen in Schloß Johannesberg (sudetendeutscher Diözesanteil) für immer geschlossen. Sein Geheimsekretär Dr. Walter *Münch*[18] stand ihm bis zum Tode bei. Das Breslauer Domkapitel wählte am 16. Juli 1945 den bisherigen Domdechanten, Dr. Ferdinand *Piontek*[19], zum Kapitelsvikar. Der Gewählte selbst befand sich ahnungslos auf dem mühevollen, 165 km weiten Weg von Görlitz-Ost nach Breslau. Er hatte beim Verfasser, der damals Kuratialpfarrer in Görlitz-Ost, St. Bonifatius war, auf eine Fahrgelegenheit nach Breslau gewartet. Am 9. Juli 1945 entschloß er sich, auf einem mit oberschle-

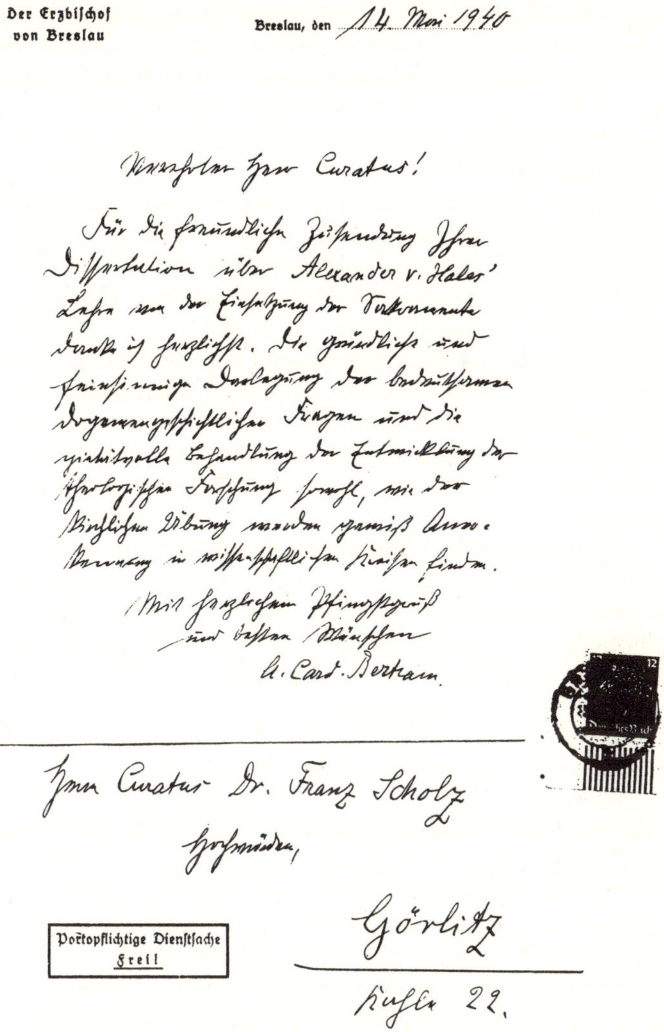

Die Handschrift Adolf Kardinal Bertrams von Breslau (1859–1945). Als Vorsitzender der Fuldaer Bischofskonferenz (seit 1919) war er die Speerspitze im Kampfe gegen den Nationalsozialismus.

sischen Kindern überladenen, offenen Lastwagen den Weg nach Breslau anzutreten. Erst in Breslau – indes in »Wrocław« umbenannt – erfuhr er nach zehntägiger Reise von seiner neuen Aufgabe. Unmittelbar vor der Wahlsitzung am 16. Juli 1945 erfolgte eine unerwartete, dramatische Intervention des polnischen Oberbürgermeisters Dr. Drobner. Er bestellte den deutschen Weihbischof Joseph Ferche[20] und Prälat Dr. Joseph Negwer[21] – letzterer galt allgemein als Nachfolger des Kardinals Bertram – zu sich und unterbreitete ihnen die Erwartung der Warschauer Regierung, einen Kapitelsvikar polnischer Nationalität zu wählen. Beide Gerufenen deuteten an, daß das Domkapitel diesem Ansinnen kaum entsprechen könnte, da 90 Prozent der katholischen Bevölkerung im Lande deutscher Nationalität seien. Man wollte aber eine kooperative Lösung in der Weise anstreben, daß ein Kandidat, der der polnischen Sprache mächtig sei, gewählt werde. Über solche – leider nur sehr kurzfristigen – Versuche kooperativer Lösungen, bei denen polnische Geistliche ungehindert mit Vollmacht der bisherigen Diözesanleitung für ihre Landsleute arbeiten sollten, berichtet auch R. Marek[22].

Bischof Adamski, Kattowitz, warnte, daß »die deutschen Geistlichen sich bei der Verteidigung des deutschen Besitzstandes zu stark einsetzen« würden. Das könnte Polen nur so deuten, daß die katholische Kirche, die im letzten Jahrzehnt so stark zur Germanisierung Oberschlesiens beigetragen hätte, ihren germanophilen Standpunkt beibehalte[23]. Ein bedrohliches Präludium. Für das wählende Domkapitel lenkte sich damit die Aufmerksamkeit auf Dr. Piontek, der – lange in Ratibor lebend – gut polnisch sprach und ganz im Stil seiner sonstigen Akkuratesse sich auch in einer für Innerpolen ansprechenden Weise auszudrücken wußte. Am 23. Juli 1945 wurde der Neugewählte nach seinem Eintreffen in Breslau im Domkapitel vereidigt. Kardinal Hlond, Primas von Polen[24], besuchte nun den Kapitelsvikar Dr. Ferdinand Piontek am 12. August 1945 in seiner Notwohnung im Ursulinenkloster auf dem Breslauer Ritterplatz.

Der Vertreter der alten Erzdiözese Breslau, der Kapitelsvikar Dr. F. Piontek, hält selbst fest: »Am 12. August 1945 erhielt ich ganz unerwartet den Besuch des hochwürdigsten Herrn Kardinal

Hlond. Er teilte mir mit, daß sich der Heilige Vater angesichts der besonderen Zeitverhältnisse entschlossen habe, für die unter der Verwaltung des polnischen Staates stehenden Gebiete apostolische Administratoren zu bestellen. Es wäre daher dem Heiligen Vater lieb, wenn ich mein Amt als Kapitelsvikar für diese Gebiete in die Hände des Heiligen Vaters lege. Die Bestellung der apostolischen Administratoren werde aber auf jeden Fall erfolgen[25]. Ich erwiderte, daß mir, nachdem ich einmal gewählt worden sei und das Amt angenommen habe, der Verzicht nicht leicht werde. Jedoch sei es selbstverständlich, daß ich den Wunsch des Heiligen Vaters respektiere. Darauf überreichte mir der Kardinal die abschriftlich beiliegende Erklärung zur Unterzeichnung. Ich las die Erklärung laut vor, damit auch der Herr Prälat Dr. Joseph Negwer, der auf meinen Wunsch an der ganzen Unterredung teilnahm, davon Kenntnis erhielt, und fragte dann: ›Ist das der Wille des Heiligen Vaters?‹ Der Kardinal antwortete: ›Ja, und diese Erklärung ist in Rom in der Staatssekretarie abgefaßt‹. Ich unterzeichnete die Erklärung und überreichte sie dem Herrn Kardinal, der darauf sagte: ›Ich danke Ihnen im Namen des Heiligen Vaters.‹«[26]

»Der Kapitelsvikar sah (wie Brzoska treffend feststellt) keine Möglichkeit, sich dem Ansinnen des polnischen Primas zu widersetzen. Abgeschlossen von der vatikanischen Zentrale und eingeschlossen von polnischen Behörden in der besetzten Bischofsstadt Breslau, leistete er nur widerwillig die Unterschrift unter die Verzichtserklärung. Kardinal Hlond machte das Erzbistum Breslau auf diesem Wege ›vakant‹, um es unter Berufung auf seine außerordentlichen Vollmachten vom 8. Juli 1945 in drei Bezirke aufzuteilen und polnische Administratoren einzusetzen. Wie die Entfernung des Breslauer Oberhirten unrechtmäßig war, so war auch die Einsetzung von ›Apostolischen Administratoren ad nutum Sanctae Sedis‹ in Schlesien nicht in Einklang mit Ziffer 4 der päpstlichen Vollmachten. Durch die Übernahme der polnischen Verwaltung in den besetzten Gebieten östlich von Oder und Neiße wurden diese nicht ›polnisches Staatsgebiet‹, auf das die auf päpstlichem Auftrag ruhende Zuständigkeit Hlonds ausdrücklich beschränkt war. ... Im Gegensatz zu zahlreichen polnischen Kirchenhistorikern der letzten Zeit erklärt R. Marek, daß der Heilige Stuhl die Eingriffe

Hlonds in die ostdeutschen Diözesen Breslau, Ermland und Schneidemühl nicht sanktioniert hat. Die kanonistisch fehlerhaften Rechtsakte des Primas und Verwaltungshandlungen seiner ›Beauftragten‹ hat Pius XII. auch nicht sanktioniert.«

Der Primas begründete sein Drängen auf Resignation damit, daß anders keine normalen Beziehungen zwischen der polnischen katholischen Kirche und der polnischen Volksdemokratie zu erreichen seien. Daher müßten Diözesanleiter polnischer Nationalität eingesetzt werden. Die von Kardinal Hlond dem Kapitelsvikar vorgelegte, vorbereitete Resignationsformel war auf einen Bogen geschrieben, der den Kopf des Staatssekretariates und das Datum vom 8. Juli 1945 trug. Dem völlig überraschten Dr. Piontek gegenüber berief sich der Primas auf die ihm von Rom anvertrauten Vollmachten (»facultates specialissimae«). Primas Hlond legte nicht – wie sonst in der Kirche üblich – eine schriftliche Bevollmächtigung für seinen schicksalhaften Auftrag vor. Er war formalrechtlich als Kardinal befugt, vom alten can. 239, 1 § 17 Gebrauch zu machen, wonach ein Kardinal, wenn er eine Botschaft des Papstes mündlich vorträgt, öffentlich glaubwürdig ist. Aber nach allgemein ethischen Grundsätzen kann die Liebe auch fordern, auf solche Rechtsansprüche für Privilegierte zu verzichten, um dem, dem diese Resignation von historischem Ausmaß abverlangt wird, eine größere Sicherheit für seine Entscheidung zu geben. Freilich ist ein solch christliches Verhalten kirchenrechtlich nicht erzwingbar, sosehr es der Sache nach auf der Linie eines als jus caritatis (Liebesrecht) verstandenen Kirchenrechtes liegt.

Die Gefahren der Zuerkennung einer solchen globalen Glaubwürdigkeitsbürgschaft eines fehlbaren Amtsträgers hat wohl auch das neue kanonische Recht bedacht. Ein dem can. 239, 1 § 17 entsprechendes Privileg wird in CIC 1983 nicht mehr erwähnt. Es ist ersatzlos gestrichen worden.

Als der Verfasser den Kapitelsvikar am 8. November 1945 von Görlitz-Ost (Zgorzelec) aus in Breslau besuchte, kam Dr. Piontek ihm gegenüber noch einmal auf den 12. August in allen Einzelheiten zurück. Seine Darlegungen waren menschlich bewegend. Es war zu spüren, wie sehr ihn die Vorgänge in dem nüchtern formulierten Bericht innerlich in Anspruch genommen hatten, ihn, der

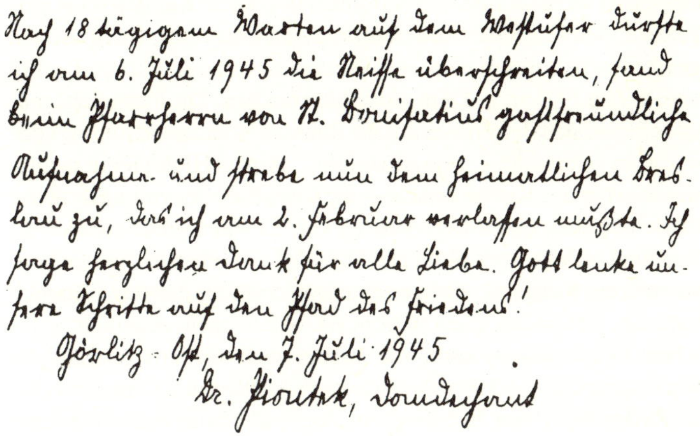

Nach 18tägigem Warten auf dem Westufer durfte ich am 6. Juli 1945 die Neisse überschreiten, fand beim Pfarrherrn von St. Bonifatius gastfreundliche Aufnahme und strebe nun dem heimatlichen Breslau zu, das ich am 2. Februar verlassen mußte. Ich sage herzlichen Dank für alle Liebe. Gott lenke unsere Schritte auf den Pfad des Friedens!

Görlitz-Ost, den 7. Juli 1945

Dr. Piontek, Domdechant

Handschriftliche Eintragung des Breslauer Domdechanten Dr. Ferdinand Piontek im Gästebuch der Pfarrei des Verfassers in Görlitz-Ost. Am 16. Juli ist Dr. Piontek in Abwesenheit vom Breslauer Domkapitel nach den Vorschriften des kanonischen Rechtes zum Kapitelsvikar der Erzdiözese Breslau gewählt worden.
Er befand sich auf dem mühevollen Heimweg von Leitmeritz nach Breslau und verweilte einige Tage beim Verfasser in Görlitz-Ost, St. Bonifatius, um eine Fahrgelegenheit nach Breslau zu erkunden.

sonst als Urbild juristisch-kühlen Verhaltens galt. Seine Darlegung mir gegenüber konzentrierte er damals auf zwei Punkte, einmal auf die Unsicherheit, die für ihn darin lag, daß sich der Kardinal in keiner Weise schriftlich auswies, und zum zweiten, daß er ihm eine Formel vorlegte, deren Ursprung für ihn nicht eindeutig geklärt war. Denn diese Resignationsformel war an keiner Stelle schriftlich als aus dem Staatssekretariat stammend durch Unterschrift und Siegel ausgewiesen. Dr. Piontek hatte also seine Entscheidung angesichts dieser doppelten Unsicherheit zu fällen. Nach hartem inneren Ringen zwischen den wohl geahnten Folgen einer gefügigen Unterzeichnung und eines bekennerhaften Widerspruches überwog die durch (angeblichen) »Gehorsam gegen den Heiligen Vater« gestützte Auffassung. Dr. Piontek ergänzte dann mir gegenüber mit fast kindlicher Schlichtheit sinngemäß folgendes: »Ich habe sehr darunter gelitten, daß der Herr Kardinal mir durch Verweigerung der Einsicht in seine Vollmachten eine für mein Gewissen höchst erwünschte Sicherheit versagt hat. Immer wieder wollte ich ihn um Vorlage der facultates bitten, aber eine ›innere Stimme‹ warnte mich davor. Das war sicher mein Schutzengel.«[27]

An can 239, 1 § 17 hatte Dr. Piontek damals nicht gedacht, er hat sich allerdings sofort nach dem Besuch von Kardinal Hlond informiert. Seine Bitte um Einsicht hätte leicht zur Folge haben können, daß der Kardinal ihn auf sein Recht verwiesen hätte. Diese zusätzliche Demütigung ist ihm in dieser bitteren Stunde erspart geblieben. Freilich, der Kardinal hätte eine brüderliche Zuwendung in der Hand gehabt, aber sie blieb aus. Die verbleibende Unsicherheit hat Dr. Piontek innerlich schwerstens bedrängt. Sein fester Punkt war »der Wille des Heiligen Vaters«. Er, der in der Breslauer Kurie als »Ferdinand, der Korrekte« (das heißt der Unbestechliche) apostrophiert wurde, war eine Persönlichkeit, die durch und durch hierarchisch dachte und fühlte. Gehorsam war ihm das feste Band, das alle in der Kirche zusammenhielt. Die Möglichkeit eines Abweichens a papa male informato ad melius informandum hat er – im Gespräch jedenfalls – nicht erwähnt. Mir scheint, er blieb sich wesentlich damit treu. In seiner Gradheit, Objektivität und Lauterkeit hat er unterstellt, daß ihm ein kirchlich rein gesinnter und nicht zuerst national eingestellter Gesprächspartner mit kristallklarer Offenheit und Wahrheit gegenübersteht[28]. Auch die anderen deutschen Jurisdiktionsträger wurden dann aufgefordert, zu resignieren.

Menschlich noch schmerzlicher war Bischof *Kallers* Verdrängung vom Bischofsamt im Ermland. Im Februar 1945 wurde er von der Gestapo verwiesen und nach Danzig gebracht. Dort wohnte er bei Bischof Splett. Am 1. März 1945 wurde er von dort nach Halle/Saale transportiert, wo man ihn freiließ. Bis zur Rückkehr nach Ostpreußen, Anfang August, hat er bei den Schwestern von der heiligen Elisabeth (Graue Schwestern) gewohnt und seelsorglich ausgeholfen. In seiner Diözese galt er als vermißt, bis er Anfang August überraschend wieder in Allenstein auftauchte, das indes polnisch besetzt worden war. Sollte sich jetzt an ihm Joh 1,11 erfüllen: »Er kam in sein Eigentum, und die Seinen nahmen ihn nicht auf«?

Am 16. August 1945 wurde er vom Primas in das Priesterseminar zu Pelplin zitiert. Über diese Begegnung berichtet der von Kallers Vertreter eingesetzte Generalvikar Borowiec aus Warschau, der ihn auch nach Pelplin begleitet hat. Der Bischof glaubte aufgrund seiner polnischen Sprachkenntnisse und wegen seiner stets geübten Fürsorge für polnisch sprechende Gläubige sein Amt auch unter den geänderten Verhältnissen weiterführen zu können. Aber Primas Hlond war anderer Meinung. In der ihm eigenen Art erklärte er, daß im »polnischen Staat« nur ein polnischer Bürger Bischof sein könnte. Der Primas legte ihm im Laufe des Gespräches den Resignationsakt des »großen Bruders« aus Breslau, Dr. F. Piontek, vor. Das blieb begreiflicherweise nicht ohne Wirkung.

Bischof Kaller unterschrieb die Resignationsformel und legte seinen Verzicht in die Hände des Primas. (Dieser Vorgang ist in einem schriftlichen Bericht des Sekretärs des Primas, Filipiak, festgehalten.) Bischof Kaller hatte, nachdem er von Polizeimaßnahmen frei war und auch Chancen hatte, nach Ostpreußen zurückzukommen, sich vom Abgesandten des Papstes etwas anderes erwartet als die volle Berücksichtigung der Forderungen der polnischen Staatsräson. »Bestürzt und außer Fassung, mit verweinten Augen« hat er den Verhandlungsraum verlassen[29].

Am 17. August wurde auch die *Freie Prälatur Schneidemühl* vakant gemacht. Prälat Dr. Franz Hartz hatte seinen Jurisdiktionsbereich verlassen, als dieser zum Kriegsgebiet wurde. Sein Generalvikar Bleske vertrat ihn zu Hause. Bleske soll sich (podobno) entschieden gesträubt haben, zu resignieren, da er dazu nicht befugt sei, um sich dann schließlich doch zu fügen.

Für den ostpommerschen und neumärkischen Anteil der Diözese *Berlin*[30] ist wahrscheinlich kein Verzicht ausgesprochen worden. Der im sowjetischen Sektor Berlins residierende Bischof Konrad Graf von Preysing († 21. Dez. 1950) war von jenseits der Oder-Neiße-Linie nicht erreichbar. Daher ist es nach polnischer Darstellung unsicher, ob überhaupt je ein solcher Resignationsakt seitens des Bischofs geleistet worden sei. Sicher ist eine Begegnung des Bischofs mit dem polnischen Primas auszuschließen. Welch verpaßte Chance! Pietrzak meint optimistisch, daß der Bischof bei seinem »tiefen Verständnis der Lage« wohl kaum Schwierigkeiten gemacht haben würde. Wesentlich pessimistischer reagierte die heutige Diözese Berlin: In einem Schreiben vom 28. Januar 1986 teilt der Archivar der Diözese Berlin, Pfarrer Piotrowski, mit: »Der damalige Bischof von Berlin, Konrad Graf von Preysing Lichtenegg-Moos, (hat) niemals einen solchen Verzicht auf die an Polen gefallenen Gebiete seines Bistums vollzogen. Der eindeutige Rechtsstandpunkt... zeigt sich unmißverständlich in der nach 1945 fortgesetzten Verzeichnung der Archiprespyterate Köslin, Stargard und Stettin im Berliner Schematismus.«[31]

Die Blitzaktion des Primas Hlond war so übereilt durchgeführt worden, daß man übersehen hatte, in die Ernennungsdekrete der Administratoren vom 15. August 1945 im Bereich der alten Provinz Schlesien, also in den neu errichteten Apostolischen Administraturen Breslau und Oppeln, territorial auch die deutschen Teile der Diözesen Prag (Grafschaft Glatz) und Olmütz (Leobschützer Land) einzubeziehen.

Der Apostolische Protonotar Joseph Buchmann, Hamm, der für den Anteil der Erzdiözese *Prag* zuständig ist – von 1939 bis zum Zusammenbruch war er Sekretär des Generalvikariats in Glatz – berichtet für den Glatzer Anteil[32]:

»Im September 1945 kam Dr. Milik, begleitet von einem polnischen Soldaten mit aufgepflanztem Bajonett, zu Prälat Dr. Monse und verhandelte mit ihm. Anschließend kam er in das Büro des Sekretärs, nahm zwei Siegel-Stempel des Glatzer Generalvikariats mit. In Breslau gab er ihm später einige Meßstipendien, da sie ja ohne jede Einnahme waren. Bis zur Ausweisung im März 1946 vollzog sich das Zusammenleben mit den polnischen Geistlichen in Glatz erträglich.« Diese Nachricht könnte sich mit der Bemerkung Krucinas, wonach der »Anschluß des Prager Anteils vom Primas (!) noch im September 1945« erledigt wurde, decken.

Über den Rücktritt des Weihbischofs und Generalvikars für den in Oberschlesien liegenden Anteil der Erzdiözese *Olmütz*, Josef Martin *Nathan*[33], erfahren wir aus einer polnischen Quelle (J. Pietrzak): »Der Primas besuchte ihn Mitte September 1945. Bischof Nathan erklärte damals seinen Verzicht auf die Jurisdiktion.«[34] (Er) »erkrankte nach dem Besuch Kardinal Hlonds, benachrichtigte (aber) die Geistlichen seines Vikariats über die Ernennung eines polnischen Jurisdiktionsträgers, Dr. Kominek in Oppeln (Opole). In einem warm gehaltenen Schreiben teilte er dem neuen polnischen Apostolischen Administrator mit, (nur) seine Krankheit hätte ihn gehindert, (selbst) nach Oppeln zu kommen, um (dort) sein Amt zu übergeben. Das erfolgte dann Anfang Oktober 1945.«[35]

Diese knappe Sachnotiz verdeckt begreiflicherweise die menschlichen, priesterlichen und hausväterlichen Nöte, Sorgen und Unsicherheiten dieses Generalvikars und Weihbischofs, der zugleich Gründer und Leiter weltbekannter kirchlich-karitativer Anstalten in Branitz gewesen ist. Er hat sie mit seinem Herzblut und seinen eigenen Mitteln für die Ärmsten der Armen ins Leben gerufen. Der Verzicht, der für ihn mit der Ahnung des baldigen Abschieds von seinem Lebenswerk verbunden sein mußte, hat ihn, dessen Lebenskräfte verzehrt waren, natürlich besonders schmerzlich getroffen, von der Einsamkeit, in der er diese Entscheidung treffen mußte, nicht zu reden. Wie Piontek in Breslau, entschied auch er sich in heroischer Selbstverleugnung für den für ihn unbegreiflichen Willen des Heiligen Vaters, auf den auch er verwiesen worden war. Auch er hat wohl an keine Appellation a papa male informato ad melius informandum gedacht. Unterdessen hat-

ten ja die einflußreicheren ostdeutschen Jurisdiktionsträger (Dr. Piontek, B. Kaller) resigniert.
Etwas von der menschlichen Seite klingt in einem von P. A. Urban verfaßten, nach 1945 erschienenen polnischen Werk: »Joseph Nathan, ein großer Apostel im Oppelner Land« an[36]. Am Tage nach Kardinal Hlonds Besuch begrüßte Bischof Nathan den neu ernannten polnischen Apostolischen Administrator Dr. Bolesław Kominek in einem warmherzigen Schreiben »mit aufrichtiger Freude und Genugtuung«. Der Schreiber ist überzeugt, daß der neue Ordinarius »für die Lage, in der sich Klerus und Gläubige des hiesigen Bezirkes befinden, volles Verständnis aufbringen« wird[37]. Darin spiegelt sich offensichtlich eine letzte Hoffnung auf priesterlich-menschliche Einfühlungskraft des polnischen Ordinarius in einem bisher rein deutschen Kirchensprengel... Irgendwie hoffte er, auch gegen alle menschliche Hoffnung, auf ein leidliches, menschlich-mitbrüderliches Auskommen mit der katholischen Kirche Polens, die jetzt dabei war, hier kirchenrechtlich die Macht zu ergreifen. Er vertraute mit einem letzten Aufschwung des Herzens auf die übernatürlichen Gemeinsamkeiten in Glaube, Hoffnung und Liebe, die die »Welt« zu überwinden vermögen.

Am gleichen Tag (17. September 1945) stattete der Diözesanpriester Edgar Lehnert seinem Ordinarius Nathan einen Besuch ab. Er traf gerade in Branitz ein, als aus dem Tor der Heil- und Pflegeanstalt ein dunkles, elegantes Auto mit päpstlicher Standarte davonfuhr... Er wurde gleich beim Bischof vorgelassen. Darüber hat er in seinem Nachlaß notiert: »Er (der Bischof Nathan) erzählte mir alles und schüttete mir sein leiderfülltes Herz aus. Gestern habe ihm Kardinal Hlond, der soeben abgefahren sei, eröffnet, daß er als Generalvikar abgesetzt, seiner Jurisdiktion entkleidet und sein Gebiet der ›Diözese‹ Oppeln unterstellt sei...« Der Besucher erkennt »Wehmut« im Gesicht des Bischofs, hört »tragische Worte« und bemerkt schließlich: »Ein würdiger, heiligmäßiger Priester, der sein Leben lang nichts anderes kannte, als sich im Dienst der Kirche zu verzehren und für ihre Armen auf jeden persönlichen Vorteil zu verzichten – er erntet so (die Früchte) durch einen Kardinal, nein, durch einen polnischen Chauvinisten..., der die heilige unüberwindliche Kirche seinem Vaterlande nachsetzt«.[38]

Was den kleinsten und kaum bekannten, nun zur polnisch Breslauer Administratur geschlagenen Anteil angeht, nämlich den zum Bistum *Meißen* gehörenden Streifen des früheren Freistaates *Sachsen* östlich der Neiße, so meint Pietrzak, daß der Primas selbst wohl nichts unternommen hätte, um den Verzicht des Bischofs von Meißen für diese Pfarreien zu erreichen[39]. »Das war eine Folge von Vergeßlichkeit oder auch einfacher Unkenntnis, daß Polen nunmehr bis in das alte Land Sachsen hineinragt.«[40] Als damaliger Pfarrer und Dekan von Görlitz-Ost, dessen Dekanat dieses Gebiet angeschlossen wurde, weiß ich aber, daß der Apostolische Administator Dr. Milik von Breslau sich ernstlich mit dieser juristischen »Abrundung« befaßt hat. Es ging ihm schon darum, einen Resignationsakt in die Hände zu bekommen.

Als Dr. Milik am 1. April 1946 entsprechende Schritte unternahm, zog sich die Sache noch ziemlich lange hin. Dr. Legge, Bischof von Meißen, stemmte sich dagegen, fragte in Rom um Zustimmung (o zgodę) an, bis er sich schließlich bereit erklärte, mit Wissen (za wiedzą) des Apostolischen Stuhles diesen Streifen (Landes) dem Apostolischen Administrator von Niederschlesien mit Schreiben vom 24. Januar 1948 zu übergeben (przekazał). Die Problematik der Vollmachten Kardinal Hlonds reflektiert sich hier noch einmal in dem feinen Unterschied zwischen »mit *Zustimmung* Roms« und »mit *Wissen* Roms«. Nachdem Bischof Dr. Legge um Roms *Zustimmung* zum Verlangen Dr. Miliks ersucht hatte, resigniert er dann aber doch nur mit »*Wissen*« Roms, also doch nicht mit dessen »Zustimmung«. Das spiegelt die durch die behutsame »Zurückhaltung« Roms gekennzeichnete komplexe Sachlage wider.

Es fällt auf, daß in der Nachricht des Dresden-Meißener Ordinariats an den Verfasser vom 21. März 1986, wo die Vorgänge auf leider nur schmaler Aktenbasis rekonstruiert werden, die von Pietrzak erwähnte Resignation keine Erwähnung findet[41].

Weiter heißt es im Schreiben des Ordinariats Dresden: »Im November des Jahres 1945 ließ der Apostolische Administrator für Niederschlesien, Dr. Karl Milik, dem Bischöflichen Ordinariat in Bautzen durch einen Beauftragten folgendes eröffnen: Er bitte um Mitteilung, welche Pfarreien des Bistums Meißen auf der rechten

Neißeseite lägen und welche Geistlichen dort tätig wären. Dieser Sprengel werde nach den Anweisungen des Heiligen Vaters (!), weil jetzt zu Polen gehörig (!), der Apostolischen Administratur Niederschlesiens zugewiesen...

Das Anliegen des Apostolischen Administrators vom November 1945, betreffend die Übertragung der Jurisdiktion über die vier Pfarreien, leitete das Bistum Meißen an den Nuntius weiter. Der Brief kam kurze Zeit darauf von der Post mit dem Bemerken zurück, daß er zur Zeit unzustellbar sei. Daraufhin hat das Ordinariat des Bistums Meißen dem Apostolischen Administrator Dr. Milik geantwortet, da es über die von Milik erwähnten Anweisungen des Papstes, daß dieser Sprengel der Apostolischen Administratur Niederschlesiens zugewiesen werden solle, bisher keinerlei Mitteilung erhalten habe, erbitte es zunächst die Übersendung einer urkundlichen Abschrift dieser päpstlichen Anweisungen. Nach deren Eingang werde das Ordinariat auf das Ansuchen zurückkommen. Eine Antwort von Dr. Milik ist beim Ordinariat nicht eingegangen[42].

So sehr Dr. Petrus Legge, der unter dem Hitlerregime erheblich zu leiden hatte[43], im Gespräch mit dem Verfasser im Sommer 1946 das Verlangen Dr. Miliks, auf die vier Pfarreien östlich der Lausitzer Neiße zu verzichten, zurückwies, lehnte er auf der anderen Seite meinen Erfahrungsbericht über ein Jahr deutscher Kirche unter polnischer Herrschaft als nationalistisch übertrieben und daher als unglaubwürdig ab. Es klang fast so, als ob die Ostdeutschen ihre Lage in cumulo selbst verschuldet hätten und sie jetzt die auf polnischer Seite stark betonte »historische Gerechtigkeit« einhole. Ich fragte mich, wie denn der Nachbar der großen Breslauer Erzdiözese, die nun bis an die Basis Opfer des Krieges geworden war, deren weltweit bekannter Oberhirte Kardinal Bertram in der dunkelsten Stunde der Diözese am 6. Juli 1945 abberufen worden war, so kollektiv über die Ostdeutschen und damit auch über seine Nachbardiözese denken konnte.

Diese Erfahrung würgte uns zunehmend. Zunächst war zu spüren, daß die polnischen Administratoren, die sich auf Vollmacht des Heiligen Vaters beriefen, eifrig bedacht waren, die Deutschen – selbstverständlich auch ihre katholischen Glaubensgenossen –

unterschiedslos ins Elend zu drängen. Später hatten wir das Gefühl, was vorher als ganz unmöglich erschien, daß uns auch Rom weithin abgeschrieben hätte. Die Vollmachten für Kardinal Hlond waren aus der Sicht der nationalpolnischen Interessen beantragt und ohne Roms Einspruch extensiv und intensiv gegen die deutsche Kirche durchgeführt worden, um zu einer rein polnischen, von allen Deutschen »gereinigten« Wirklichkeit zu kommen. Die *»vorläufige«* Einsetzung von Männern polnischen Blutes hat mit einigen Schwankungen treffsicher zum Ziel *endgültiger* Polonisierung und totaler Entdeutschung geführt. Nun ließ uns auch noch der erste deutsche Bischof, der für uns in Görlitz-West überhaupt in der sowjetischen Zone zu erreichen war, gleichsam fallen. Ohne Eigenerfahrung tat er die apokalyptische Not seiner Nachbardiözesen als halb selbstverdient, halb imaginär und übertrieben ab. Eine tief erschütternde und unbegreifliche Art der damaligen »Gegenwartsbewältigung«. Das war um so schmerzlicher, als man bei einem Mann seines Formats, der erprobter Bekenner gewesen ist, »guten Glauben« unterstellen muß. Wie kann man solch irrigen, guten Glauben überwinden? Eine Begegnung mit seinem ermländischen Amtskollegen Maximilian Kaller hätte ihn wohl informieren können. So tappten wir – auch in kirchlicher Hinsicht – weiter vom Nichts ins Nichts und atmeten auf in der sowjetisch besetzten Hungerzone, in der wir aber Deutsche sein durften.

Die Resignation der deutschen Jurisdiktionsträger hat vor allem der klareren kanonischen Legitimation der Neuernannten dienen sollen. Der Primas wäre aber auch, wie er gegenüber Kapitelsvikar Dr. Piontek betont hat, ohne Unterzeichnung seinen Weg unbeirrt gegangen. Die meisten deutschen Jurisdiktionsträger hatten ja auch am 15. August 1945, als die neuen Leiter ernannt wurden, noch nicht resigniert, der Berliner Ordinarius hat es wohl bis heute nicht getan.

3. Die Besetzung der neu errichteten Kirchensprengel durch polnische Administratoren

Durch die Resignation des Kapitelvikars der alten Erzdiözese Breslau, Dr. Ferdinand Piontek, war der Weg für die drei Tage später erfolgende Einsetzung polnischer Administratoren erleichtert worden. Nur erleichtert, weil die Ernennung polnischer Jurisdiktionsinhaber auch im Falle der Weigerung der deutschen Ordinarien zu resignieren, erfolgt wäre. Die Festlegung des Arbeitsbeginns auf den 1. September, den sechsten Jahrestag des Kriegsausbruchs, darf man mit G. Rhode als eine innerkirchliche Triumphgeste werten.

Das römische Reskript vom 8. Juli 1945 hatte darauf hingewiesen, daß man sich im Notfall im Geltungsbereich, falls sich eine vom Recht vorgesehene, vorübergehende Leitung nicht erreichen läßt, auch mit einem Apostolischen Administrator behelfen könne. Doch diese Ziffer 4b des Reskriptes war hier aus doppeltem Grund nicht anwendbar: Die Diözese hatte ihre ordentliche Leitung, und sie lag außerhalb des Bereiches, für den Kardinal Hlond Aufträge und Vollmachten erhalten hat. Die Diözese war trotz der Wirren der Zeit funktionsfähig. Der Primas mußte diese kanonisch intakte Diözese also erst führungslos machen. Von einem Recht, Jurisdiktionsinhaber zur Resignation zu drängen, stand aber nichts im Dekret. Daher blieb das Vorgehen kanonisch von vornherein – milde ausgedrückt – im Zwielicht. Dr. Piontek konnte sich darüber kein Urteil bilden, weil ihm der Primas die Vollmachten, wie schon erwähnt, nicht vorgelegt hatte.

In unvorstellbarer Eile wurden die Kandidaten für fünf neu umrissene kirchliche Verwaltungssprengel bereits am 14. August 1945, also zwei Tage nach der Verhandlung mit dem deutschen Kapitelsvikar, in die St. Lazaruskirche zu Posen berufen: Theodor Bensch für das Ermland, Dr. Boleslaw Kominek für Oppeln, Dr. Karol Milik für (Rest)-Breslau, Dr. Edmund Nowicki für Landsberg/Warthe und Andreas Wronka für Danzig. Die alte und ehrwürdige Diözese Breslau wurde dabei in drei Administraturen aufgeteilt[44]. Die am 14. August 1945 ausgehändigten Dekrete trugen wohlüberlegt das Datum des folgenden Festtages, Mariä Himmelfahrt (15. August 1945), um nach Zerreißung der Diözese Breslau (diese war wie ein Symbol der Vertreibung der lebendigen Kirche Schlesiens) die nächsten Schritte für eine polnische Wirklichkeit im soeben noch rein deutschen Land zu vollziehen. Der dazu angerufene Schutz und Segen der Gottesmutter sollte durch das Datum angezeigt werden.

Psychologisch ist damit das Vorgehen gegen die deutschen Jurisdiktionsträger und die stetig weitergeführte Vertreibung gleichsam sakralisiert worden. Die Mutter Gottes stünde mit ihrem Segen dahinter. Deutsche Katholiken fragten sich, ob Maria nicht auch ihre Mutter ist und auch den Opfern der Vertreibung beistünde. Dann ist es allerdings schwer, das ganze Vorhaben gleichzeitig unter ihren Schutz zu stellen. Die den neu Ernannten am 14. August 1945 in Posen überreichten *Ernennungsdekrete* hatten den gleichen Wortlaut[45].

Die Position der neu eingesetzten Administratoren wird kanonisch in die Nähe regierender Bischöfe gerückt. Regierende Bischöfe sind mehr als Verwalter. Solche Bischöfe sind mit dem Territorium und seinen Menschen fest verbundene Oberhirten. Das waren die eben ernannten, landfremden Kirchenleiter nun wirklich nicht. Sie erhielten das Recht zu firmen, Mitra und Stab zu tragen, nach Bischofsart zu zelebrieren und die Niederen Weihen zu erteilen. Alles in allem: Sie erhielten beinahe die jura episcoporum residentialium (Rechte regierender Bischöfe) mit Ausnahme der Bischofsweihe. Bereits am 14. August sah sich Dr. Kominek ebenso wie Primas Hlond fast vor den Toren der kanonischen Endgültigkeit der im widerstandslosen Raum eiligst geschaffenen Tatsachen. Schmerzlich spürten die Opfer den Unterschied zwischen der praktizierten »kirchenrechtlichen« Kälte und irgendwie erwarteter menschlicher, gemeinsamer Christlichkeit. Sie hatten den Eindruck, daß das Kirchenrecht entgegen seinem Grundsinn, Recht der Liebe zu sein, hier positivistisch verfremdet worden war. Die polnische Kirche ging einmal von der Version Stalins betreffend die Interpretation der Nr. IXb und XIII der Potsdamer Protokolle aus, dann aber auch von der Unterstellung, daß alles, was Staatsmänner positiv beschließen, auch eine Basis für Gewissenszustimmung biete. So erklärt sich das kirchliche Pathos für die bloßen, vermöge der absoluten militärischen Übermacht der Sowjetunion geschaffenen Fakten.

Schließlich hat der polnische Episkopat diese ethisch höchst umstrittene facta bruta sehr kurzschlüssig im Sinne des polnischen Messianismus als göttliches Mandat ausgegeben, das sich dann selbst rechtfertige.

Die Sowjetunion hatte die Fakten von vornherein im Sinne ihrer Tabula-rasa-Methode so tiefgreifend konzipiert und durchgeführt bzw. durchführen lassen, daß der Gedanke an eine Änderung im Sinne von Recht und Ausgleich von vornherein nicht mehr plausibel erscheinen sollte.

Nach Dr. Komineks Notizen haben die fünf Neuernannten auch die Abschrift der Römischen Sondervollmachten erhalten, die zwei Tage vorher dem deutschen Kapitelsvikar, der ja die volle Last der Entscheidung zu tragen hatte, verweigert worden waren[46].

Dritter Exkurs: Die Begleitmusik der polnischen Presse

Die höchst bedrohliche Lage für die bisherige deutsche Kirchenleitung wird deutlich. Die einzig existierende polnische Presse diskutierte leidenschaftlich die Frage: Wer besitzt die kirchliche Gewalt, und wer sollte sie eigentlich besitzen? Der aus Schlesien stammende, extrem »patriotisch« eingestellte polnische Journalist E. Osmańczyk[47] schrieb kurz vor der Resignation Dr. Pionteks im »Dziennik Polski« (25. Juli 1945):

»Bertram ist nicht zurückgetreten.« Er erinnert an dessen »polenfeindliche« Kirchenpolitik. Auch jetzt noch schikaniere er Polen. Er müsse endlich einem Polen weichen. Egal, ob er noch lebe oder bereits verschieden sei. Entscheidend sei, daß sich der Geist Bertrams in alter Art behaupte. Damit müsse jetzt Schluß sein. Der Polonisierung Niederschlesiens müsse die Polonisierung der katholischen Geistlichkeit auf allen Ebenen entsprechen. Noch stärker schlug der in Kattowitz erscheinende »Dziennik Zachodni« (15. August 1945) in diese Kerbe. Die deutschen Priester seien ein Hort des Deutschtums. Polnische Priester fehlten. Das nutze die deutsche Geistlichkeit aus, um im Geiste Hitlers zu wirken.

Das Organ der polnischen Arbeiterpartei »Robotnik« (19. August 1945) sah Kardinal Bertram mit dem Danziger Bischof Splett[48] und dem früheren Apostolischen Administrator für den Warthegau, Hilarius Breitinger[49], als ein »hakatistisches« (d.h. extrem polenfeindliches)[50] Dreieck. »Wir können uns nicht vorstellen, daß dieser rechtswidrige, unmoralische Zustand im demokratischen Polen weiter andauern kann.« Bischofsstühle seien keine Enklaven Deutschlands, die den berüchtigten... Hitlerleuten im bischöflichen Gewand den Raum für polenfeindliche Unternehmungen böten. Beleidigungen der nationalen Würde und Angriffe auf die Rechts- und Bekenntnisordnung werde die polnische Gesellschaft nicht ertragen. Der Skandal müsse schnellstens beseitigt werden. Die Presseangriffe halten das aufgeregte, unsachliche Klima fest. Inhaltlich richten sie sich selbst. Damals haben sie den Lauf der Dinge klimatisch mitbestimmt. Ein Stück Tragödie lag darin, daß die deutschen Geistlichen außerhalb Oberschlesiens kein Polnisch verstanden und daher oft informativ im Rückstand über die gezielte Entwicklung der Dinge waren. Dem Kenner wurde deutlich, daß die Tage der deutschen Kirchenverwaltung gezählt sein würden[51].

In einer Mitteilung des Sekretariats des Primas, die in »Głos Katolicki« unter dem 15. August 1945 erschien, wurde der Inhalt des 12. August 1945 auf die Formel »Eine polnische Kirche auf der polnischen Erde!« gebracht. Es handle sich um ein historisches Datum, und das ganze Volk begrüße die weitgehenden Verfügungen des Primas[52]. Die deutsche Kirche gehöre damit der Vergangenheit an. Daher verwundert die nochmalige Zusammenkunft der im Bereich der Erzdiözese Breslau eingesetzten Apostolischen Administratoren mit dem deutschen Domkapitel.

4. Das deutsche Domkapitel der Erzdiözese Breslau wird am 1. September 1945 nochmals herangezogen

Am 1. September 1945, dem Tag der Übernahme der kirchlichen Gewalt durch die polnischen Administratoren, legten die für Breslau (Dr. Milik) und für Oppeln (Dr. Kominek) bestimmten

Apostolischen Administratoren dem wiederum im Kloster der Ursulinen auf dem Ritterplatz zu Breslau fast vollständig versammelten deutschen Domkapitel[53] ihre von Kardinal Hlond ausgestellten Ernennungsurkunden vom 15. August 1945 vor. Dr. Kominek hält fest: »Das deutsche Domkapitel nahm unsere Ernennung und die Übernahme der kirchlichen Gewalt mit Schmerz, aber auch mit großer Würde an.«[54]

E. Brzoska, in dieser Materie bestens ausgewiesen, hat den Vorgang als einen »Akt der Amtsübergabe beziehungsweise Amtsübernahme« gewertet. Brzoska deckt aber auch die Problematik auf. Hatte sich das deutsche Domkapitel nicht nach der Resignation seines Repräsentanten bereits aller kirchlichen Amtsgewalt begeben? Welchen kanonischen Sinn konnte es noch haben, einem völlig entmachteten Kapitel die Übernahme der Gewalt und die Ernennung durch den Primas, der selbst indes alle Gewalt an sich gezogen hatte, dokumentarisch anzuzeigen? Sollte aus dem Schweigen eine Zustimmung erschlossen werden? Der am 1. September 1945 vollzogene Akt hätte doch nur dann einen kanonisch bedeutsamen Sinn gehabt, wenn man unterstellt, daß das deutsche Kapitel noch irgendwelche Gewalten zu übergeben und Aufträge zu bestätigen gehabt hätte. Das ist aber nur denkbar, wenn die Resignation Dr. Pionteks vom 12. August 1945 nichtig oder zweifelhaft gewesen ist. Sollten sich in Kardinal Hlonds Wink an Dr. Milik und Dr. Kominek, sich noch einmal dem deutschen Kapitel zu stellen, Zweifel an der kanonischen Wirkung der Resignation Dr. Pionteks offenbaren, so daß er es für sicherer hielt, sich »alternativ abzusichern«?

Dann wäre der Primas unsicher gewesen, ob seine Ernennungen kanonisch hieb- und stichfest waren. Daher gab er wohl den im Bereich der Erzdiözese Breslau Bestimmten den Rat, von der sich dort alternativ sichernden Möglichkeit, durch ein intaktes Domkapitel Anerkennung zu finden, auch Gebrauch zu machen[55].

Aber unterstellt man diese Theorie, dann hätte der Primas auch kein Recht gehabt, polnische Administratoren einzusetzen und ihnen seinerseits Vollmachten zu geben. Eine verworrene Angelegenheit. Effektiv hat der Lauf der Dinge dazu geführt:

1. Das deutsche Domkapitel übergab (optisch) kirchliche Ämter

an Kandidaten, die es nicht gewollt hatte bzw. erklärte sich damit einverstanden.

2. Es rief den Eindruck hervor, daß Kardinal Hlond die von Rom erhaltenen Vollmachten auftragsgemäß durchgeführt hatte, daß Rom also auch die Vertreibung gedeckt hat, ohne die das polnische Konzept nicht realisierbar war, und daß die auf diese Weise ins Amt Gekommenen in der Traditionslinie früherer Breslauer Diözesanleiter stünden, mit anderen Worten, daß alles in guter Ordnung sei.

Menschlich hoffnungsvoll wirkte das Versprechen Dr. Komineks und Dr. Miliks[56], um die deutschen Katholiken besorgt zu sein. Weihbischof Joseph Ferche[57] hatte vorher diese Bitte vorgetragen. In extremster Not erhoffte man sich damit für die deutschen Katholiken eine Erleichterung durch die polnische Kirche, vielleicht sogar Anfänge einer Kooperation. Es wäre der Versöhnung dienlich, wenn die genannten Administratoren beziehungsweise die Nachfolger aktenkundig zeigen könnten, was sie praktisch in dieser Richtung getan haben. Die diesbezüglichen Akten des Kardinals Bertram zugunsten der vom Hitler-Regime geknechteten polnischen Glaubensbrüder könnten ein noch ausstehendes polnisches Gegenstück gut vertragen.

Dr. Kominek hatte noch einen anderen, recht kalten Zug dieser Verhandlungen festgehalten: »Die Atmosphäre des Treffens war sehr gespannt. Wir gaben uns alle Rechenschaft, daß die deutsche Zeit in Schlesien endet und der neue Abschnitt der Geschichte der Erzdiözese Breslau beginnt. Dieses geschichtliche Ereignis war für sie sicher sehr schmerzlich, aber sie beherrschten sich.«[58]

Der Schmerz war begründet. Mit Berufung auf die letztlich im Nebel verbliebenen römischen Vollmachten und vermöge der eindeutig überzogenen Interpretation des Abkommens von Potsdam sollte nun die deutsche Kirche nach dem einseitigen Diktat der unbarmherzigen Sieger sich ihrerseits bereit erklären, den unbestritten und im wesentlichen ethnographisch deutsch besiedelten Raum preiszugeben. Denn Vertreibung und Schaffung einer rein »polnischen Wirklichkeit« gehörten zum Programm der Kirche Polens. Die aus einer über 700 Jahre währenden Kulturarbeit organisch gewachsene Frucht der Vermählung von unbearbeitetem Boden und arbeitenden Menschen sollte mit einem Federstrich durch einen unvorstellbaren, von Papst Pius XII.[59] später als unmenschlich verworfenen Gewaltakt preisgegeben werden. Eine seit Jahrhunderten ansässige Bevölkerung, die aus Altstämmen des Reiches und den angetroffenen slawischen Bewohnern blutmäßig zusammengewachsen war, sollte nach Enteignung und Entrechtung der Ausweisung verfallen und mit fast nichts in die hungernden, zerstörten und desorganisierten Besatzungszonen »überführt« werden, wo jetzt schon Zahllose dem täglichen Wettlauf mit dem Hungertod zum Opfer fielen.

Diese von keiner Presse, von keinem sonstigen Medium festgehaltenen Vorgänge, gegen die es auf Erden damals keinen wirkungsvollen Einspruch gab, brachte auch ruhig urteilenden Menschen das »vae victis«, das einst der Gallier Brennus den besiegten Römern im Jahre 390 v. Chr. entgegengeschleudert hatte, in Erinnerung. Für Christen war es besonders schmerzlich, daß all dieses Elend unmittelbar von einem sich als katholisch rühmenden Volk verursacht wurde, das soeben selbst Schreckliches unter Hitler erduldet hatte, sich aber irgendwie doch auf das Mandat des Evangeliums hätte besinnen können.

Die Verwerfung der Vertreibung durch Papst Pius XII. hat im katholischen Polen kaum Spuren hinterlassen[60]. Eher kam es zu einem Klima, für das die Formel »vae victis« Ausdruck ist. Und das auch innerhalb der Kirche. Die Erwähnung eines solchen »Wehe« für die Unterlegenen geht auf eine Notiz Dr. Kominek's zurück. Zum 1. September 1945 bemerkt er: »Ich stelle mir vor, daß so ungefähr der Abschluß einer Kapitulation oder eines Waffenstillstandes aussehen könnte. Wir nahmen die Position des Siegers, sie die der Besiegten ein.«[61] Die Besiegten – physisch und rechtlich absolut wehrlos – konnten in dieser tiefsten Stunde der Diözesangeschichte nur eines tun: ihre Würde wahren. Ob es auch zwischen zwei katholischen Kirchen Sieger und Besiegte geben kann? Das stellt unerbittliche Fragen an das Wesen von Katholizität, an die Rangordnung der Werte: Einheit in Christus oder Verschiedenheit der Staatsräson.

Durch die völlig einseitig und radikal im Sinne der Sieger bewirkten Geschehnisse vom 12. und 15. August und vom 1. September 1945, die »Entfernung« der Deutschen eingeschlossen, sind die

Chancen eines Zeugnisses für den alle politische Ideologie sprengenden Geist des Evangeliums vertan worden. Das hatte auch für die deutsch-polnische Versöhnung schmerzliche Folgen. Was man vom einfachen Volk, das allzusehr unter Hitlers Freveln gelitten hat, nicht mehr erwarten konnte, das hätten die neuen Männer der Kirche zumindest behutsam in Erinnerung bringen können.

Aber die Deutschen sahen sich auf dem Hintergrund der allgemein unterstellten, unchristlichen Theorie von der Kollektivschuld in extremster Not an Seele und Leib nur noch als wehrlose Objekte der Entrechtung und der Vertreibung. Die Zusagen Dr. Komineks und Dr. Miliks vom 1. September 1945, hier zu helfen, waren leider in concreto substanzlos. Das Gesetz des Blutes bestimmte das Schicksal.

Der Schmerz auf der deutschen Seite, auf den Dr. Kominek hinweist, wurde fast zur Unerträglichkeit gesteigert, weil all das völlig einseitig beschlossen wurde und eiligst geschah in einer Zeit des Übermutes der Sieger, der allgemeinen Ächtung alles Deutschen, der Popularisierung der (angeblich) deutschen Kollektivschuld nach der Übernahme der deutschen Regierungsgewalt durch die Alliierten. Aus der bedingungslosen militärischen Kapitulation wurde auf eine absolute Rechtlosigkeit aller Glieder des deutschen Volkes geschlossen, und zwar in allen Besatzungszonen. Nirgends ist aber diese rechtspositivistische Mißdeutung so unmenschlich auf die Spitze getrieben worden wie in den Reichsgebieten östlich der Oder/Neiße. Diese apokalyptischen Parodien haben die Ostdeutschen gleichsam stellvertretend für alle Deutschen erlitten. Es hätte anderen Zonen ähnlich ergehen können. Die Ostdeutschen erlebten jetzt, wie man aus bitterster Not in noch größere fallen kann, wie sich eine Hilf- und Wehrlosigkeit ungeahnt steigern kann, wie einem buchstäblich alles entrissen werden kann, ohne daß irgendwo ein Hort der Rettung sichtbar wird. Die zu vertreibenden Millionen, darunter viele Frauen, Kinder, Greise und Kranke, lebten seit Wochen in größter Verängstigung, ohne Lebensmittelzuteilung, bedroht vom Hungertod, in der Sorge, wie lange ihnen ihre Wohnstatt (oder schon ihre Notunterkunft) verbleiben wird, in der völligen Aussichtslosigkeit für morgen, in Erwartung eines harten, primitiven Lageraufenthaltes mit sicherer

Vertreibung ins hungernde, zerstörte Restdeutschland am Ende. Die östlichen Sieger hatten sich alle unerbetenen Zeugen westlicher Herkunft von vornherein vom Leibe gehalten, so daß das östliche Konzept ohne lästige objektive Zuschauer durchgeführt werden konnte. Die erste Nachricht aus deutschen Quellen hat zum Beispiel Papst Pius XII. in Rom erst durch den Breslauer Konsistorialrat Dr. J. Kaps am 10. Oktober 1945 erhalten. Der Papst war bis dahin ahnungslos über die Art und Weise, mit der die »polnische Wirklichkeit« auf dem Boden der von Rom erteilten, allerdings ganz anders gemeinten Vollmachten grundgelegt wurde. Dr. Kominek hat mit seiner Bemerkung von Siegern und Besiegten, vom Schmerz, der die deutschen Domkapitulare erfüllte, etwas durchaus Richtiges festgehalten, aber weniger bedacht, wie sehr dieser Schmerz durch die polnische Kirche mitbewirkt worden ist, die jede Art eines auch noch so bescheidenen Zusammenwirkens von vornherein ausgeschlossen hat. So hat hier eine katholische Kirche überzeugt an der Vertreibung einer anderen mitgewirkt und dabei ganz außer acht gelassen, daß jede katholische Kirche allen, zumal den Glaubensbrüdern, in unbarmherzigen apokalyptischen Zeiten nach Kräften, angesichts der Not aber auch mit entsprechenden Anstrengungen und Wagnissen Heimat zu bieten hat.

Vierter Exkurs: Mißbrauch von Predigt und Gottesdienst für nationalistische Ausschreitungen

In einer Notiz vom 12. April 1946 hat der Verfasser festgehalten: »Der Anfang Mai bringt für einen Deutschen, der Freund der Polen ist, nicht mehr zu verkraftende Anlässe: 1. Mai (Tag der Arbeit), 3. Mai (polnische Konstitution von 1791), 8. Mai (Jahrestag der deutschen Kapitulation). Eine stufenartige Steigerung nationalistischer Orgien während des Gottesdienstes ist zu erwarten. Der Vorsitzende der polnischen Arbeiterpartei wünschte mich vor einigen Tagen zu sprechen. Für den 1. Mai, den sozialistischen Weltfeiertag, fordert er ein feierliches Feldhochamt mit nationaler und ›fortschrittlicher‹ Predigt. (...) Weiterhin wurde von mir verlangt, Notwendigkeiten der ›polnischen Wacht an der Neiße‹ in der

Festpredigt zu begründen. Den innerlich unsicheren Neusiedlern müsse seitens der Kirche ›die Rechtmäßigkeit der Vertreibung und die Gerechtigkeit der neuen Grenze‹ nahegebracht werden. Die Vertreibung der Deutschen sei als Genugtuung gegenüber der ›geschichtlichen Gerechtigkeit‹ zu interpretieren. Die positive Einstellung der Kirche zum Geschehen sei für die Integration und Beheimatung der Menschen hier im ›fernen polnischen Westen‹, besonders aber für die schnelle Überwindung des ›Vorläufigkeitsdenkens‹ von unschätzbarer Bedeutung. Wenige Tage später meldete sich der Vertreter einer konservativen Gruppe. Als Gegengewicht zu den von den Linkskräften organisierten Veranstaltungen des 1. Mai wollen sie den Feiertag des nationalen Polen am 3. Mai ebenso feierlich begehen. Schließlich erwartet der Kommandant des Militärs für den Jahrestag der deutschen Kapitulation (8. Mai 1946) auch einen Feldgottesdienst mit dem Hinweis auf den Segen Gottes, der über dem polnisch-sowjetischen Waffenbündnis gewaltet hätte. Armer Pfarrer! Nein, dabei kann ich beim besten Willen nicht mitwirken. Ich kann auch durch meine bloße Anwesenheit nicht den Anschein der Billigung geben. Die Möglichkeiten für einen Freund Polens, der Deutscher und Priester ist, sind nun radikal erschöpft. Diese Art von Gottesdiensten ist mir längst zur Qual geworden. Feldmessen gehören zum alten polnischen Ritual, auf das merkwürdigerweise sowohl die Linksparteien wie die unter russischem Oberkommando stehende polnische Armee großen Wert legen. Das tief ergreifende Absingen nationaler Lieder (u. a. der ›Rota‹) führte gewöhnlich zu einem fast ekstatischen Höhepunkt. Das weckte angesichts der nahen Neißegrenze immer wieder leidenschaftliche, antideutsche Emotionen. Diese Gottesdienste bereiten auch einer populären, unreflektierten Geschichtsmythologie bzw. -theologie den Weg, für die die Besetzung Ostdeutschlands und die Vertreibung der Deutschen immer mehr als eine fast göttliche Willensverfügung erscheinen. Das polnische Volk mit seiner Exekutive steigert sich in die Rolle des Vollstrekkers eines göttlichen Gerichtes an den ›schuldigen Deutschen‹ hinein. In dieser Geschichtstheologie erscheinen die vertriebenen Deutschen nicht als Opfer einer Staatsräson, sondern als Menschen, die von Gott selbst ob ihrer persönlichen Frevel bestraft werden. Es ist aber einfach unmöglich, gegen solchen elementar aufbrechenden Ungeist anzugehen. Diese Mentalität vergiftet die menschlichen Voraussetzungen für ein eventuelles Miteinander in der Zukunft bis in die Wurzeln.

Aus nationalen Gründen – das Wort ›Staatsräson‹ fiel sehr häufig mit emotionaler Ladung – legte man Wert auf die kirchliche Kulisse. Solche Gottesdienste waren längst in der Gefahr, ihres religiösen Sinnes entfremdet und zur Funktion der Staatsräson zu werden.« Hier begegnet uns das Phänomen, das Wl. Piwowarski als ›Instrumentalisierung der Religion für patriotische Zwecke‹ beschrieben hat (vgl. S. 157). »Immer weniger kann ich mit dieser Umfunktionierung des Gottesdienstes einverstanden sein. Da meine bloße Gegenwart als Zustimmung gewertet wird, muß ich weg von hier.«

Über Ostern (21. April 1946) ist festgehalten: »Für die wenigen Deutschen, die es wagen, zur Kirche zu kommen, halte ich früh um 7 Uhr den Ostergottesdienst mit ein paar Worten des Trostes in deutscher Sprache. Deutsche Lieder werden gesungen, wie einst. Ich weiß, daß der Gebrauch der deutschen Sprache hier amtlich verboten ist[62]. Diesen armseligen Landsleuten soll aber am Ostertag der Trost des Gotteswortes und der Sakramente nicht fehlen. Wir können nicht ahnen, daß wir nicht unter uns bleiben würden. Die Polen bevorzugen normalerweise die Spätgottesdienste. Heute aber finden sie sich in größerer Zahl während unseres deutschen Frühgottesdienstes ein. Obwohl ich Predigt und Gottesdienst doppelsprachig weiterführe, beginnt es unter einigen polnischen Kirchenbesuchern zu brodeln. Sie sind empört, daß hier deutsch gesprochen wird. Eine aufgebrachte Gruppe stürmt nach dem Schluß in die Sakristei und fordert mein sofortiges Verschwinden aus Zgorzelice. (Erster, bald durch »Zgorzelec« ersetzter Name für »Görlitz«). Mein Verhalten verdiene ein öffentliches spontanes Strafgericht. Der Gebrauch der deutschen Sprache im Gottesdienst bedeute eine schwere Beleidigung ihres Nationalgefühls. Dann stecken sie etwas zurück: Ich könnte mich nach dieser Provokation des polnischen Volkes jetzt nur noch halten, wenn ich im Hochamt um 9 Uhr meinen Fehltritt öffentlich bekenne, die Parochianen um Verzeihung bitte und Besserung verspreche. Viele Kirchenbesucher gehen nicht nach Hause. In erregtem Gespräch bilden sie vor dem Gotteshaus Gruppen. Rädelsführer wiegeln sie, von Gruppe zu Gruppe gehend, immer wieder auf. Die Kirche ist zum Hochamt um 9 Uhr bis auf den letzten Stehplatz gefüllt.

Nach den Geschehnissen in der Frühmesse liegt eine prickelnde Spannung in der Luft. Irgendeine Sensation wird erwartet. Ich aber habe mich nicht für die Erfüllung priesterlicher Pflichten zu entschuldigen. Wie oft habe ich mit ähnlichem Risiko während des Krieges den bedrängten Polen das ›Brot‹ des Gotteswortes in ihrer Muttersprache gebrochen! Nach dem Hochamt kommt es zu tumultartigen, unwürdigen Szenen in der Sakristei. Ich lasse die Aufgebrachten stehen und gehe in die Kirche, um zu beten. Die Wellen des Hasses drohen ihre Opfer zu verschlingen. Im Laufe des ersten Ostertages wird eine spontane Aktion organisiert, die meine sofortige Entfernung aus Zgorzelice zum Ziel hat.

Die für die ersten Maitage angeordneten Feldgottesdienste mit den anbefohlenen Predigtthemen kann und will ich nicht halten. Nein, diesen ›Preis‹ werde ich nicht zahlen. Es gilt, Würde zu wahren. Ich will mich nicht mitschuldig an dieser Umfunktionierung der Gottesdienste machen. Ich muß einfach weg von hier und werde den Mitbruder aus Innerpolen bitten, meine Stelle hier einzunehmen. Als geborener Pole wird er sich besser Rat wissen. Er kommt mir in dieser Lage wie ein Bote des Himmels, wie schade, daß er über die Ostertage ›draußen‹ weilt. Er beschwört mich, doch zu bleiben. Aber er versteht auch, daß ich nicht gegen meine Überzeugung bleiben kann.

Gemeinsam schreiben wir an die kirchlichen Behörden in Breslau (Wrocław) und in Innerpolen. Bis die Antwort kommt, will er auf eigenes Risiko hierbleiben und sich in die Bresche stellen, damit ich gehen kann.

Freilich, gehen, das heißt: menschlich gesehen mit nichts ins Nichts, mit dem unberechenbaren Risiko des Überganges über die Neiße. Ob er gelingt? Das wird jetzt die entscheidende Frage.

Ich entschließe mich, meine Gemeinde still am Samstag vor dem Weißen Sonntag (27. April 1946) zu verlassen. In Grunau (Grodowice), wo die deutsche Bahn von Görlitz nach Zittau neupolnisches Gebiet überquert, eröffnet sich vielleicht durch Bestechung der Grenzsoldaten ein Tor aus dem polnischen Herrschaftsbereich – er reicht hier in das alte Land Sachsen westlich von Schlesien (kirchlich: Diözese Meißen) hinein.

Bis zum letzten Augenblick steht das Gelingen in Frage. Ob die polnischen Soldaten auch Wort halten? Ob nicht noch ein ›Höherer‹ dazwischenfunkt? Im Abstand von drei Minuten geben wir unsere letzten Zlotys und den für diesen Zweck besorgten Wodka ratenweise, um sie bis zur Ankunft des Zuges bei Laune zu halten. Der Zug meldet zehn Minuten Verspätung, das kann für uns die Katastrophe bedeuten. Dann wehe uns! Doch es gelingt. Wir steigen ein, der Zug fährt ab, wir überqueren die Neiße, wir sind ›drüben‹. Gott sei gedankt! Wir sind auf ›deutschem‹ Boden. Deutscher Abkunft und deutscher Art zu sein, gilt hier nicht mehr als eine unvergebbare Seinsschuld. Mit dankbaren Empfindungen betreten wir diesen Boden westlich der Neiße, die sowjetisch besetzte Zone Deutschlands.«[63]

Ein zweiter Bericht dieses Typs aus einer ganz anderen Gegend zeigt die Einheitlichkeit des Vorgehens, das es leider nicht mehr gestattete, nur von »örtlichen«, »temporären« Übergriffen zu reden. Das zeigt auch der folgende Bericht über die Lage der Deutschen in Glogau und Umgebung (Schlesien) nach der Übernahme der Zivilverwaltung durch die Polen:

»Am 25. Juni (1945) begann die Vertreibung der Deutschen. Am 26. Juni 1945 wurden fast 1000 Glogauer binnen zwei Stunden aus der Hindenburgkaserne gejagt. Die polnischen Soldaten überboten sich in ihrem brutalen Vorgehen. Mit Peitschenhieben wurden zumal die Älteren, die nicht so schnell fertig wurden, bearbeitet. In vielen Orten war eine viel kürzere Frist gesetzt. Oft nur 15 Minuten. Die Durchführung des Trecks war in keiner Weise vorbereitet. Ohne Ärzte und Krankenschwestern, ohne genügend Nachtquartier, ohne jegliche Verpflegungsgabe, oft im Eiltempo bei sommerlicher Hitze, so daß viele Ältere zusammenbrachen und starben, dazu von den zum Schutz mitgegebenen polnischen Soldaten vielfach geplündert, unter mancherlei Schikanen (...)

All diese Maßnahmen geschehen, wie immer gesagt wird, als Vergeltung. Freilich, wenn heidnische SS-Soldaten solche Grausamkeiten verübten, ist es verwerflich und furchtbar. Aber wenn katholisch sein wollende (polnische) Milizsoldaten sich kein Haar besser zeigen, dann ist uns deutschen Katholiken eine solche ›katholische Haltung‹ einfach unfaßbar. Trotz aller katholischen Äußerlichkeiten hat das mit Christentum nichts mehr zu tun. Es bleibt meist bei überkommenen religiösen Äußerlichkeiten.

Was sind nun die Folgen der Maßnahmen der polnischen Zivilverwaltung? Das Furchtbarste, ein ganz unbeschreibliches Flüchtlingselend der vertriebenen Schlesier. Diese finden in den anstoßenden deutschen Gauen – Sachsen und Brandenburg – keine Aufnahme. Mecklenburg ist überflutet.

Auf den Landstraßen hin und her irrend verkommen diese armen heimatlosen Menschen. Die Hungersnot ist bereits da und wächst von Tag zu Tag. Die Sterblichkeit der Älteren und Kinder ist erschreckend emporgeschnellt. Krankheiten und Seuchen, vor allem Ruhr und Hungertyphus, können kaum noch in Schranken gehalten werden. Auf den Landstraßen sind die Vertriebenen immer noch der Plünderung ausgesetzt, verlieren oft ihre letzten Habseligkeiten, ja wurden sogar ihrer Anzüge, Schuhe usw. entkleidet. Alle Rückkehrversuche nach Schlesien, um diesem Elend zu entgehen, verhindert der Pole.

In Teuplitz, der polnischen Grenzstation bei Forst, werden die Deutschen von den Zügen geholt, ihres Gepäckes fast ganz beraubt und zu Fuß zurückgejagt. Die beginnende Hungers- und Elendskatastrophe geht auf die Verantwortung der katholischen Polen. Die Behandlung der deutschen Arbeitskräfte ist brutal und viel, viel härter als von seiten der Russen, so daß öfters Deutsche alles im Stich lassen und über die Grenze (Lausitzer Neiße) fliehen.

All diese harten, oft unmenschlichen Maßnahmen geschehen nun durch die als ›katholisch‹ gelten wollenden Polen, man könnte sagen im Namen des Gekreuzigten. Denn äußerlich gebärden sich diese Polen tatsächlich als Katholiken. Der Verantwortliche für die polnische Verwaltung von Niederschlesien und Südbrandenburg ist ein Msgr. Stanislaw Piaskowski. In den Büros (der Polen) hängt fast überall das Kreuz. An den Wagen und Autos der Soldaten sind Kreuze, Herz Jesu- und Marienbilder befestigt. Der polnische Soldat trägt vielfach den Rosenkranz und Medaillons bei sich. ...

Bei der Fronleichnamsprozession in Brostau-Glogau stellte die polnische Miliz die Ehreneskorte. Dieselben Soldaten taten sich in den folgenden Tagen durch Plünderungen im Dorf hervor. Das siebente Gebot scheint nicht zu gelten. Das Wenige, was der Russe den Deutschen gelassen, nimmt der Pole. Ebenso befolgen sie das Liebesgebot Christi durch unbeschreibliche Haßorgien gegen die Deutschen.«[64]

Solch ein Mißbrauch der Gottesdienste zu national-patriotischen Zwecken war für uns unbegreiflich. Erschüttert fragten wir nach den Resten katholischer Gemeinsamkeit.

5. Kirchenamtliche Beurteilung von polnischer Seite

Die Aktivitäten des Primas Hlond haben die Axt an die Existenz der deutschen Erzdiözese Breslau gelegt. Mit ihr werden alle kirchlichen Gemeinschaften Ostdeutschlands durch Gewalteingriff aufgelöst und die Menschen verjagt. Was die Opfer in der Substanz traf und ihre diözesane, aber auch pfarrliche und menschliche Heimat zerstörte, bot für die andere Seite keine Probleme. Zwei Darstellungen von renommierter polnischer Seite, die inhaltlich als repräsentativ für Hierarchie und Kirchenvolk gelten können, mögen uns das vermitteln:

Weihbischof Vincenty Urban, der Leiter des Erzbischöflichen Archivs[65] in Breslau, bemerkt:

»Den im Jahre 1945 in das Vaterland heimkehrenden Kardinal Hlond hat der Apostolische Stuhl mit der Vollmacht ausgestattet, die Kirche in den nach den Vereinbarungen von Jalta in Potsdam Polen zugeteilten Bereichen in der Weise, die er selbst für angemessen und angepaßt hält, zu organisieren.«[66]

Mit fast hymnischem Schwung, der seine Kraft aus dem geheimnisvoll angedeuteten ewigen »Wort« erhält, hat Kardinal Dr. Kominek bei der 25-Jahr-Feier der Errichtung der polnischen Kirchenverwaltung im Mai 1970 in Breslau die Entwicklung beschrieben:

»Im Anfang war das Wort... im polnisch kirchlichen Leben war es das Wort des Apostolischen Stuhles. Der Pilger während des Krieges, der damalige Primas Kardinal Hlond, brachte es nach hier, nach dem zerstörten, verlassenen (!) Land. Er befahl den im Namen der Cathedra Petri (Stolicy Piotrowej) eingesetzten Administratoren die Errichtung einer polnischen Kirchenorganisation und ihren Einbau (wbudowywanie) in die Zukunft der West- und Nordgebiete.«[67]

Man sieht, wie weit Empfindungen des Herzens, Urteile und Gewissensüberzeugungen auseinanderlagen.

6. Ein innerpolnisches Nachspiel zum 15. August 1945

Kardial Hlond hatte seine Vorbereitungen absolut geheimgehalten. Vor allem sollte neben den betroffenen deutschen Jurisdiktionsträgern (Überraschungsschlag) auch die Regierung vorher nichts erfahren. So wurde die Ernennung der Administratoren unter dem 15. August 1945 gezielt ohne Information der polnischen Regierung vollzogen.

Marek bemerkt dazu: »Über seine Absicht, Ernennungsdekrete auszustellen und eine vorläufige kirchliche Verwaltung zu errichten, ... hat Kardinal Hlond die ›vorläufige Regierung der nationalen Einheit des Volkes‹ vorher nicht in Kenntnis gesetzt. Er tat das erst nach der Übergabe der Dekrete an die Neuernannten. Unter dem 16. und 25. August 1945 richtete er zwei Briefe an den Minister für die öffentliche Verwaltung. In dem zweiten erklärt er den kirchenrechtlichen Status der Administratoren präzise als ›vorläufig‹. Daher sei das polnische Konkordat, das nur für Bischofsernennungen eine Einschaltung der Regierung vorsieht, nicht verletzt worden.«[68]

Obwohl Hlond meinte, den Konfliktstoff bereinigt zu haben, hörte nach einem Beschluß des Ministerrates vom 25. August 1945[69] das Konkordat von 1925 auf, für die Regierung weiter verbindlich zu sein. Der Vatikan hätte es einseitig zerrissen. Ferner sei die jetzige polnische Regierung vom Vatikan, im Gegensatz zum Verhalten vieler anderer Regierungen, noch nicht anerkannt worden. Daher werde auch die Einsetzung der Administratoren vom 15. August 1945 amtlich nicht zur Kenntnis genommen. Hlond hatte also durchaus nicht alle Erwartungen der Regierung erfüllt. Am

27. Januar 1951 wurden im harten Zugriff der Regierung alle fünf Administratoren zum Protest gegen die Vorläufigkeit »ihrer Ämter enthoben« und durch sogenannte Kapitelsvikare ersetzt, was hier nicht weiter verfolgt werden kann[70].

Diese Entwicklung mag uns ins Bewußtsein rufen, daß die polnische Kirche unter einem totalen Regime lebt, das die Freiheit der Meinungsäußerung einschränkt, sei es durch Verbot, etwas, was der Wahrheit entspricht, zu sagen, sei es, daß es die Wahrheit manipuliert, d. h. etwas so darstellt, wie es den Parteiinteressen – Staatsräson genannt – entspricht. Tragisch für uns Deutsche ist die Lage dadurch, daß wir im Hinblick auf die »heißen Eisen« viele Fakten als schweres Unrecht empfinden (z. B. Umdeutung der Potsdamer Beschlüsse zuungunsten Deutschlands, Einsetzung polnischer Jurisdiktionsträger zumindest im kanonischen Zwielicht u.a.m.) und daß die polnische Kirche trotz aller Spannungen wieder eine leidenschaftliche Geschlossenheit von Regierung, Partei und Kirche an den Tag legt, wenn es um antideutsche, sogenannte »patriotische« Positionen geht.

7. Situationsbericht des päpstlichen Sonderbeauftragten

P. Zeiger hat unter dem 20. September 1945 über seine vom 1. bis zum 20. des Monats durchgeführte Reise zu vierzehn süd- und westdeutschen Bischofssitzen über die unvorstellbare Lage der Menschen und der Kirche in dem in Zonen aufgeteilten Deutschland berichtet. In das »Totenland« östlich Oder/Neiße konnte er nicht vordringen. Bestürzende Einzelnachrichten erreichen ihn. Für Ostdeutschland ist folgendes bedeutsam:

1. Die Oder-Neiße-Gebiete werden vereinfachend noch zur sowjetischen Besetzungszone gezogen, ja sogar das Sudetenland.

2. »Der Zugang nach Berlin und den übrigen deutschen östlichen Gebieten war unmöglich.«

3. Der Bischof von Danzig ist sicher verhaftet.

4. »In der russischen Zone herrscht vollendetes Chaos. Polen und Tschechen gehen mit einer solchen Grausamkeit gegen die Deutschen vor, daß selbst die russischen Truppen Mitleid haben

und den Deutschen gegen Polen und Tschechen helfen. Leider muß gesagt werden, daß der polnische und tschechische Klerus sich an diesen Grausamkeiten weitgehend beteiligt und daß selbst hohe Kirchenfürsten dort die Rechtseinrichtungen der bisher von Deutschen besetzten Kirchenstellen einfach zerschlagen, Prälaten und Priester absetzen und verjagen, Ordenskonvente aufheben und beschlagnahmen, und das in so grausamen Formen, wie es die SS gegen die Juden nicht besser tun konnte.«[71]

P. Zeiger konnte damit wenigstens allgemein auf die menschliche und kirchliche Notlage hinweisen. Dr. Kaps hat im Oktober 1945 das düstere Bild inhaltlich auffüllen können.

Dieses Kapitel wollte die blitzartig vollzogenen, mit großer Sorgfalt vorbereiteten geschichtlichen Akte in Erinnerung bringen: die Resignation der deutschen Jurisdiktionsträger und die Übergabe der kirchlichen Gewalt an polnische Geistliche. Angesichts der soziologischen Zerstörung eines unvergleichlichen, friedlichen Aufbauwerkes von über 700 Jahren war des Schmerzes der Opfer und der an ein »vae victis« in der Kirche erinnernden Lage zu gedenken.

In diese Darstellung sind auch die menschlichen Folgen eingeflossen, die etwa mit der polnischen Kirchenpolitik, eine »reine polnische Wirklichkeit« in einem soeben noch rein deutschen Lande zu schaffen, verbunden waren. Die Übergabe kirchlicher Gewalt ist hier mit ähnlichen Fällen kirchlicher Praxis nicht vergleichbar, weil eine katholische Gliedkirche (Diözese) soziologisch zunächst einmal von der Basis her bis hinauf zur Spitze ihrer Gesellschaftspyramide »beseitigt« werden mußte. Dabei sind Millionen, darunter auch zahlreiche aktive Christen, ohne jede persönliche Schuld mit einer Strafe belegt worden, die unter Kulturvölkern als eine der härtesten nach der Todesstrafe gilt. Aber auch der so »gereinigte« Boden »ruft« nach seinen Menschen, mit denen er in weit über 600 Jahren organisch verbunden war. Hier wird ein Pfahl im Fleisch offenbar, der sich durch die bloße Berufung auf die Fakten während des Krieges nicht herausziehen läßt. Was die neueste polnische Kirchenpolitik an Leid, Verzweiflung, Ärgernis mit der Dauerfolge der Entheimatung für über acht Millionen Menschen erst bürokratisch beschlossen, dann auch durchgeführt hat, hat sich in ein Meer von Not und Elend umgesetzt, ohne daß die polnische Kirche auch nur einmal gefragt hätte: Co się stało z tymi Niemcami? (Was ist denn aus diesen Deutschen geworden?)[72] Die kanonischen Vollmachten sind dazu ein Hebel geworden. Hat man diese festgeplante Zukunftsperspektive in Rom verheimlicht, nachher aber den Anschein erweckt, als ob Rom selbst zu allem, was und wie es geschehen ist, Segen bzw. sogar Auftrag gegeben hätte?

Alles hier kurz erinnerte Leid und Weh mit seiner Unbegreiflichkeit für die Betroffenen sollte noch einmal zum Bewußtsein kommen. Unsere polnischen Brüder, die im Krieg im deutschen Namen ähnliches Elend erlitten haben, wissen doch um die Reaktionen des menschlichen Herzens. Sie wußten doch auch, daß, zumal in apokalyptischen Zeiten, dem Menschen zuerst der Mensch, besonders wenn er Christ ist, aufgetragen ist.

III.
Die Vollmachten des polnischen Primas

1. Die weltweite Ächtung Deutschlands und der Deutschen

In Rom waren die Nachrichten aus dem russisch besetzten Teil Deutschlands spärlich und unzuverlässig. Die erste Kunde von der Vertreibung erschien als unglaubwürdiges Gerücht. Durch Stalins Interpretation der Potsdamer Konferenz (2. August 1945) ist es aber bestätigt worden. P. Leiber SJ, naher Mitarbeiter Papst Pius XII., war daher schon am 3. Oktober 1945 davon überzeugt, daß der Papst bald *speziell* »zum deutschen Problem« sprechen werde. Aber nichts tat sich. Im Gegenteil, eine von den Breslauer Diözesanpriestern Dr. J. Kaps und Prof. H. Jedin in Rom angefertigte Denkschrift zu Ostfragen, die für den »Osservatore Romano« bereits zum Druck gesetzt war, ist entgegen heißen Erwartungen vom Papst selbst zurückgezogen worden, der Polen nicht »verstimmen« wollte. H. Jedin hält dazu in seinem »Tagebuch« unter dem 27. Oktober 1945 fest: »In jedem Fall ist es ein Hintansetzen der kirchlichen hinter die politischen Gesichtspunkte... Damals hätte eine Kundgebung des Papstes vielleicht einiges verhindern können; als er später in seinem bekannten Brief an die deutschen Bischöfe[1] zur Austreibung Stellung nahm, waren die Fakten nicht mehr rückgängig zu machen... in dem Brief wurden die Grundsätze klar herausgearbeitet; an den (radikal gegenläufigen), von Polen geschaffenen Tatsachen zu ändern, war nichts mehr.«[2]

Für Dr. Kaps war es auch unmöglich, einen vatikanischen Ausweis zur Sicherung seiner Rückreise nach Breslau zu erlangen. Der Vatikan war eingeschüchtert. Das zeigte auch das für Kardinal Bertram von Breslau († 6. Juli 1945) angesetzte Requiem in seiner Römischen Titelkirche St. Agnese; kein einziger Kardinal nahm daran teil, nur Nuntius Borgongini war erschienen. Ängstlich hat der Vatikan alles unterlassen, was als Zeichen des Mitgefühls mit den Deutschen gedeutet werden konnte. Als früher, bald nach der Kapitulation, im Campo Santo Teutonico ein Requiem für die Gefallenen angesetzt war – man hatte zunächst unterlassen, auch der Opfer des Naziterrors zu gedenken und wollte das durch eine zusätzliche Erklärung und durch ein deutsches Vaterunser im Anschluß an das Requiem nachholen –, drohte ein kleines Erdbeben. Der Rektor des Campo Santo hatte den Gebrauch der deutschen Sprache verboten. Nur Priester, keine Laien durften daran teilnehmen, ausgeschlossen waren damit vor allem die Mitglieder der in der Nähe untergebrachten deutschen Vatikanbotschaft. Nicht einmal die deutschen Hausschwestern des Campo Santo wurden zugelassen, aber 54 deutsche Priester waren doch erschienen. Die römische Presse überschlug sich in Haßtiraden gegen Deutschland. Der »Osservatore Romano« übte eine gewisse Zurückhaltung, seine Abneigung gegen Deutschland verbarg er aber nicht. Dr. Hubert Jedin aus Breslau, seit Jahren als Naziverfolgter in Rom tätig, weltbekannter Forscher des tridentinischen Konzils, erklärte darauf, er werde den vom »Osservatore« von ihm als Fachmann erbetenen Artikel über das Konzil von Trient – es waren gerade 400 Jahre seit Eröffnung des Konzils vergangen – nicht schreiben. »Solange der ›Osservatore‹ sein Schweigen über das, was in Schlesien und Ostdeutschland geschieht, nicht aufgibt, schreibe ich keine Zeile für ihn!« Auch fast »die gesamte Weltpresse schwieg über die unerhörten Vorgänge in Ostdeutschland«.[3] Dr. Johannes Kaps aus Breslau, den Professor Jedin in Rom aufgenommen hatte, wollte diese Mauer des Schweigens durchbrechen.

Hier spiegelt sich der Stimmungshintergrund für das wohlwollende Umgehen mit Kardinal Hlond an der Kurie. Man wollte auch im Vatikan alles vermeiden, was als Sympathie für die allgemein geächteten Deutschen gedeutet werden konnte. Adolf Kardinal Bertram, der als Vorsitzender der Fuldaer Bischofskonferenz die Speerspitze des Kampfes der Kirche mit der NS-Regierung war[4], fiel dieser Welle der Ablehnung alles Deutschen noch über den Tod hinaus zum Opfer. In dieser Stimmung sind dann die Fakten geschaffen worden, die nun längst kanonisch »endgültig« sind.

Papst Pius XII. hat seine besorgte Zurückhaltung gegenüber der deutschen Kirche bald aufgegeben. Das zeigte sich bei seinem hier folgenden Hirtenwort.

Fünfter Exkurs: Papst Pius XII. an die geschlagenen Deutschen

Endlich, am 1. November 1945, richtete der Papst ein Wort an die Deutschen. Im polnisch besetzten Ostdeutschland wurde es nicht verkündigt. Von Mund zu Mund wurde es von den in Angst und Sorge, Hunger und Wehrlosigkeit dahinvegetierenden Menschen weitergegeben, soweit es überhaupt durchdringen konnte. In einem Handschreiben[5] beklagt Papst Pius XII. die Verwüstungen »in jenen blühenden Provinzen«, die »Beleidigungen und Mißhandlungen, die nicht wenige deutsche Frauen... erlitten haben«. Er erinnert an den »lebendigen und begeisterten Glauben«, den er auf den Katholikentagen in Berlin, Breslau, Magdeburg erlebt hat. Er ruft »das göttliche Erbarmen besonders für jene herab, die viele Meilen weit aus ihrem häuslichen Heim verstoßen, unglücklich, wo immer umherirren«. An alle wird die eindringliche Mahnung gerichtet, »daß nicht Gewalt gegen Gewalt zurückschlage, ... daß die Kraft des Rechtes antworten (möge)« und ebenso, daß »ein unparteiisches Urteil in Gerechtigkeit gefällt« werde.

Dann wendet sich der Papst gegen die Kollektivschuldthese und hofft, daß »doch der gemeinsame katholische Glaube, ... die Feuersgluten des Hasses, der gegenseitigen Spannung... zurückhalte und ein Weg gebahnt werde zur Versöhnung und Liebe«.[6]

Freilich, es war im Vergleich zu dem sehr konkreten und lebensnahen Gutachten, das Dr. Jedin und Dr. Kaps für den »Osservatore« ausgearbeitet hatten und das der Papst meinte, zurückziehen zu sollen, allgemeiner und abstrakter, aber immerhin ein Wort der Kirche, die es nach den täglichen, unbegreiflichen Erfahrungen – auch mit Berufung auf »unvorstellbare« päpstliche Vollmachten aus Rom – im Lande eben mit den Siegern zu halten schien. Hier erreichte die Opfer das erste Vaterwort aus Rom. Noch spürbarer wirkte ein anderes »Zeichen« der Zuwendung des Papstes zu Deutschland, natürlich zu dem »anderen« Deutschland: Im Weihnachtskonsistorium 1945 ernannte Papst Pius XII. drei Deutsche zu Kardinälen der Römischen Kirche: Erzbischof Frings (Köln), die Bischöfe Graf von Galen (Münster) und Graf von Preysing (Berlin). In fast totaler Finsternis erglänzte nun wenigstens in der Kirche ein Hoffnungslicht.

Als Graf von Galen am 21. Februar 1946 der rote Hut aufgesetzt wurde, ging durch den Petersdom ein Sturm des Beifalls. Das war ein gewaltiger Schritt in Richtung auf die moralische Wiedergleichberechtigung der deutschen Kirche. Leider haben die neuerwählten Kardinäle, wie Jedin bemerkt, die Gelegenheit, von ihren Titelkirchen aus zur Welt zu sprechen, wenig wahrgenommen. Möglicherweise hielten sie es für unklug[7].

Die entscheidenden Entschlüsse für Ostdeutschland und die ostdeutsche Kirche aber waren schon früher gefallen, als Deutschland und seine Kirche noch nicht als Adressaten und Gesprächspartner angenommen waren. In diese stumme Zeit führt die Darstellung zurück.

2. Die schicksalhaften Vollmachten für Kardinal Hlond

In den reichlich zehn Wochen vom 25. April bis 10. Juli 1945, die der polnische Primas in Rom zubrachte, hat er eine rege kirchenpolitische Tätigkeit entfaltet. Papst Pius XII. sprach mit ihm am 30. April 1945[8]. Auch mit Msgr. Tardini (Staatssekretariat) konferierte er, sehr einvernehmlich, wie Pietrzak bemerkt. Die entscheidenden Anliegen legte der hohe Bittsteller in drei Briefen vor. Am 20. Mai 1945 erbat er sich das Recht, für die in den westlichen Besatzungszonen Deutschlands verbliebenen Polen[9] eine eigenständige Seelsorge unter dem bisherigen polnischen Feldbischof Gawlina zu organisieren. Am 5. Juni 1945 erhielt er dafür positiven Bescheid.

Unter dem 26. Juni 1945 erbat er Sondervollmachten für die Bischöfe Polens. Dazu Kosiński: »Praktische Folge war die Erteilung der... außergewöhnlichen Vollmachten..., die im Dekret vom 8. Juli 1945 enthalten sind.«[10]

Auf das »heiße Eisen« der Vollmachten für die deutschen Ostgebiete (»Oder/Neiße-Land«) kommt er in einem weiteren, ebenfalls am 26. Juni 1945 datierten Schreiben zu sprechen. In Rom hatte er wohl sein Organisationskonzept im Grundriß abgeschlossen. Bei ihm bildete sich eine neue Sicht Polens, in der er den Schwerpunkt vom Osten nach dem Westen verlegt hat. Das Jagiellonische Konzept, dem Polen seine größte Machtentfaltung verdankt, wurde unter dem Druck der Verhältnisse (Verlust der Ostgebiete) von einer exzessiven Übernahme des sog. Piastischen Modells (Erweiterung und Schwerpunkt im Westen) abgelöst. Für die grundlegenden Schritte im neuen Westraum (= Ostdeutschland) brauchte er »grünes Licht« von Rom. Es fällt auf, daß er keinen Antrag gestellt hat, die ostdeutschen Jurisdiktionsträger, besonders Kardinal Bertram, der damals noch lebte, und Bischof Kaller (Ermland), zur Resignation drängen zu dürfen. War er entschlossen, es einfach »unter der Hand« zu tun? Er hätte damals damit offensichtlich nicht viel riskiert. Dr. Piontek erklärte er ja, daß die polnischen Apostolischen Administratoren in jedem Fall eingesetzt würden. Ob er das auch Kardinal Bertram zu sagen gewagt hätte, steht dahin. Im einzelnen forderte (postulował) er die Vollmacht, »im Osten wie im Westen vorläufige Leiter« (tymczasowych rządców) zu ernennen. Um seine Erwartungen in milderem Licht erscheinen zu lassen, werden »Osten und Westen« (Polens) auf ein und dieselbe Rechtsebene gestellt. Eine Suggestion, der die Kurie mit der Formel »in tutto il territorio polacco« offensichtlich nicht erlegen ist. So lenkte Kardinal Hlond die Aufmerksamkeit des Vatikans auf die Notwendigkeit, die (Rest-)Teile der Diözesen westlich der Curzonlinie, deren Zentren sich außerhalb Polens (weiter östlich) befinden (Wilna mit Pińsk und Lemberg mit Luzk), mit einer vorläufigen kirchlichen Verwaltung zu versehen.

Das gleiche forderte er (tego samego domagał się) zum Wohl der polnischen Bevölkerung, und zwar sowohl der Autochthonen wie der Siedler, die sich kraft der Abreden von Jalta in den früheren (!) deutschen Gebieten niedergelassen haben. In zwölf Punkten legt er gerafft und sachgerecht (zwięźle, rzeczowo) die (geplante) Ordnung der kirchlichen Organisation im Osten wie im Westen (Polens) dar. In aller Klarheit (wyraźnie) stellte er folgende Forderungen (postulował): Es müssen vorläufige Verwalter ernannt werden (należy). Im Hinblick auf die Wanderbewegungen der polnischen Bevölkerung muß man auch die geistliche Betreuung in den (früher deutschen) neuen Gebieten sichern... Hier dachte der Primas... an Ermland und Masuren (Südostpreußen), wo sich polnische Siedler angesetzt hatten. Mit gleichem religiösen Beistand müßten folgende Gruppen betreut werden: die aus den Gebieten jenseits des Bug (polnische Ostgebiete) aussiedelnden Polen, die polnischen Repatrianten (aus dem Ausland) und die, die aus ganz (Inner-)Polen in die Gebiete der Diözese Berlin, der Erzdiözese Breslau und der Freien Prälatur Schneidemühl einströmten[11]. Im Zusammenhang damit bat er den Heiligen Vater auch um Errichtung einer eigenständigen Diözese Oppeln und um Ernennung von Apostolischen Administratoren für die Westgebiete[12].

Der Kardinal hat den Inhalt der Vollmachten sehr einseitig, ohne die seelsorglichen Bedürfnisse von Millionen von verelendenden Deutschen zu berücksichtigen, vorbereitet. Nirgends wird bemerkt, daß der Vatikan auch einen kompetenten deutschen Prälaten herangezogen hätte[13].

In dem antideutsch aufgeheizten Klima waren begreiflicherweise Türen und Herzen für den Repräsentanten des von Hitler brutal geschundenen polnischen Volkes weit geöffnet. Man hörte auf ihn, suchte bei ihm Suggestionen für eine Zukunftsgestaltung, die den berechtigten Ansprüchen des polnischen Volkes entsprechen sollten. Als ein Pole, der große Opfer für sein Volk gebracht hatte, als einer, der sich in polnisch-deutschen Grenzkonflikten auskannte, dem man von der Kattowitzer Bischofszeit her (1925–1926) wenigstens Gerechtigkeit gegenüber den nicht geliebten Deutschen bescheinigen konnte, erschien er dem Vatikan offensichtlich als jetzt geeigneter Sendbote. Freilich hat er sich dann bei der Konzeption und Durchführung der Vollmachten einseitig als polnischer Kardinal erwiesen, dem die Entheimatung von 8,5 Millionen Deutschen aus ihren seit Jahrhunderten besiedelten, eben noch rein deutschen Stammesgebieten vorzüglich in sein Konzept gepaßt hat. Sie ist überhaupt die Voraussetzung, ja weithin das Mittel für die Realisierung seines Konzeptes einer »polnischen Wirklichkeit«. Immer wieder wird betont, daß die maßgebliche Urkunde amtlich noch nicht veröffentlicht sei. Bei Pietrzak wird sie jedoch schon weitgehend ausgebreitet. Daran hat sich Brzoska mit Recht gehalten, zumal ihm ein Forscher, der Zugang zu den Acta Hlondiana in

Gnesen hat, die Übereinstimmung der Angaben Pietrzaks mit dem Urtext verbürgt hat. Irgendwie werden sie kirchlich noch unter Verschluß gehalten. Brzoska meint, daß sie noch nicht zur Forschung freigegeben seien, was wirklich zu bedauern wäre. Hier wird der ins Deutsche übersetzte Gesamttext des Reskriptes vom 8. Juli 1945 – er stammt aus dem »Hlond-Archiv« – vorgelegt. Der Leser kann sich selbst ein Urteil über die umstrittene Interpretation des Schriftstückes verschaffen[14].
Nun folgen die Kardinal Hlond als Primas von Polen am 8. Juli 1945 von der Römischen Kongregation für außerordentliche Angelegenheiten erteilten Vollmachten:

Heilige Kongregation
für die
außerordentlichen kirchlichen
Angelegenheiten *Vatikan, 8. 7. 1945*

Prot.N. 4167/45

Ehrwürdigste Eminenz,

da Eure Ehrwürdigste Eminenz sich anschicken, Ihr edles Vorhaben, auf den eigenen Bischofsstuhl zurückzukehren, durchzuführen, hat der Erhabene Papst gedacht, sich des eifrigen Primas von Polen zu bedienen, um auf bestmögliche Weise die heikle Materie der kirchlichen Vollmachten in jener geprüften Nation zu ordnen. Zu diesem Zweck hat seine Heiligkeit mir aufgetragen, Eurer Eminenz das Folgende mitzuteilen:

1. *Im Verlaufe des neuen Konfliktes, in Hinblick auf die speziellen Bedingungen, in die die polnischen Diözesen gekommen waren, hat der Hl. Stuhl mehrfach an jene Ordinarien besondere Vollmachten erteilt: Jene, die nach dem Wortlaut der den einzelnen Schreiben beigefügten Klauseln noch in Geltung sind, sollen nicht widerrufen werden.*
2. *Außer in den in der vorhergehenden (Text-)Nummer vorgesehenen Angelegenheiten werden sich die polnischen Ordinarien, die Vollmachten benötigen, über die Vermittlung Eurer Eminenz an*

den Hl. Stuhl wenden oder (und?) Sie werden sie davon angebracht unterrichtet halten.

3. *Eure Eminenz dagegen werden sich, wenn Sie die Möglichkeit haben, mit dem Vatikan telegraphisch in Verbindung zu treten, an das gewohnte Reglement halten, in analoger Weise wie die päpstlichen Vertretungen, nämlich:*
   a) *Sobald Sie die Gesuche der Ordinarien erhalten haben, teilen Sie durch Telegramm an das Staatssekretariat die Zahl und die Natur der gewünschten Vollmachten mit und tragen dafür Sorge, daß auch das zuständige römische Dikasterium, wenigstens dann, wenn darüber Zweifel auftauchen könnten, angeführt ist.*
   b) *Sobald Sie vom... Staatssekretariat die entsprechende Antwort erhalten haben, wird Eure Eminenz zur Ausstellung der einzelnen Reskripte schreiten, der Praxis der römischen Kurie folgend. (Verbunden mit diesem Schreiben finden Sie die gängigen Formulare der Reskripte, wie sie bei den verschiedenen Kongregationen in Gebrauch sind.)*
   c) *Am Ende des Jahres, wenn möglich oder sonst später, werden Sie an dieses Sekretariat einen genauen Bericht über die Vollmachten und Dispensen, die auf diese Weise gewährt worden sind, senden, die Originale der Gesuche beilegen und den Betrag der Spenden angeben, die von den Gesuchsstellern gemacht wurden.*
4. *Im Falle jedoch, daß es Ihnen unmöglich ist, telegraphisch mit dem Hl. Stuhl Kontakt aufzunehmen (oder wenn es die besondere Feinheit der Materie nicht erlaubt) et simul in mora sit periculum gravis damni (wenn gleichzeitig die Gefahr eines großen Schadens gegeben ist), gewährt seine Heiligkeit Ihnen »specialissime facoltà« (außerordentliche Vollmachten), die nur so lange in Geltung bleiben, als perdurantibus peculiaribus circumstantiis de quibus in casu (solange die besondere Situation besteht):*
   a) *Diese Vollmachten umfassen alle und die einzelnen Gnaden und Dispensen, die der Hl. Stuhl zu gewähren pflegt. Ausgeschlossen bleiben aber:*
      - *die Vollmacht, die Priester vom Zölibatsgesetz zu dispensieren,*

- *die Vollmacht, von der nichtvollzogenen, sakramentalen Ehe zu dispensieren,*
- *die Vollmacht, vom Ehehindernis der Schwägerschaft im 1. Grad der geraden Linie bei vollzogener Ehe (s. c. 97 § 1) zu dispensieren.*

b) *Ausgeschlossen bleibt ebenfalls die Vollmacht, echte und eigentliche (veri e propri) Bischöfe zu ernennen. Für die vakanten Bischofsstühle wird vorgesorgt werden – falls es nicht möglich sei, sie einem Kapitelsvikar anzuvertrauen oder anvertraut zu lassen – durch die Ernennung von Apostolischen Administratoren ad nutum S. Sedis.*
Sowohl den Kapitelsvikaren als auch den Apostolischen Administratoren können die Vollmachten des Residentialbischofs verliehen werden.

c) *Ich mache Eure Eminenz darüber hinaus aufmerksam, daß es die erhabene Auffassung des Papstes ist, daß Dispensen vom Mangel des erforderlichen Alters für die Priesterweihe über 18 Monate nicht gewährt werden, wie auch, daß es nicht erlaubt ist, die Priesterweihe zu spenden, bevor die vorgeschriebenen Studien nicht abgeschlossen sind.*

d) *Eure Eminenz werden – entweder selbst oder durch die Ortsordinarien – geeigneten Personen die dem Hl. Stuhl reservierten Benefizien verleihen können, jedoch nur, wenn die Übertragung nicht ohne schweren Schaden (Unbequemlichkeit) hinausgeschoben werden kann. Sobald wieder normale Kommunikationsmöglichkeiten bestehen, werden Eure Eminenz oder die Ordinarien, die aufgrund subdelegierter Vollmacht das dem Hl. Stuhl reservierte Benefizium übertragen haben, sich an die Dataria wegen der Ausstellung der Apostolischen Bulle wenden müssen, mit der die Verleihung selbst bestätigt wird.*

e) *Von diesen besonderen Vollmachten wird Eure Eminenz im ganzen polnischen Territorium (in tutto il territorio polacco) Gebrauch machen.*

f) *Bei der Gewährung der verschiedenen Gnaden wird, soweit es möglich ist, dem Kurialstil gefolgt werden müssen, sei es was die Art und Weise, sei es was die Kautelen oder Bedingungen*

betrifft, die in den verschiedenen Fällen beizufügen sind. Zu diesem Zweck werden die Formulare dienen, die hier beigelegt sind, von denen oben die Rede war.
Für die Verleihung der Vollmachten und Dispensen, die kraft dieser Depesche erlassen werden, werden die Ordinarien an den Hl. Stuhl eine angemessene Spende, soweit es die Zeiten erlauben, abführen.

g) *Im Falle der Notwendigkeit (z. B. wofern es Eurer Eminenz unmöglich wäre, ihre Funktionen auszuüben) werden die »besonderen, außerordentlichen Vollmachten«, von denen hier die Rede ist, sowohl teilweise als auch ganz subdelegiert werden können.*
h) *Vom Gebrauch dieser »besonderen, außerordentlichen Vollmachten« werden Eure Eminenz oder die Personen, die von Ihnen subdelegiert sind, genau Buch führen, um später, zu seiner Zeit, ausführlichen und vollständigen Bericht dem Hl. Stuhl vorzulegen.*

Indem ich Ihnen das Vorausgehende mitteile, gebeugt zum Kuß des Hl. Purpurs, beehre ich mich zu verbleiben, mit dem Gefühl tiefster Ergebenheit,
Eurer Ehrwürdigsten Eminenz,
Demütigster, Ergebenster, Gehorsamster Diener

(gez.) Domenico Tardini

Dieses formell bis heute noch nicht veröffentlichte Dokument, das inhaltlich von Dr. Jerzy Pietrzak treffend dargestellt worden ist (Nasza Przeszłość (Unsere Vergangenheit) XLII, Krakow 1974, 199–200), ist mit Hilfe polnischer Freunde im italienischen Urtext fotokopiert in die Hände des Verfassers gelangt.

Dr. Puza, Professor für Kanonistik an der Universität Tübingen, hatte die Güte, die Übersetzung ins Deutsche zu besorgen.

3. Was bedeutet »in tutto il territorio polacco«?

Am 8. Juli 1945, als das Reskript ausgefertigt worden ist, kann damit nur Altpolen ohne Einbeziehung des Oder-Neiße-Gebietes gemeint gewesen sein.

Im Potsdamer Protokoll vom 2. August 1945 werden die Flüsse Oder und Neiße erstmalig in einem Konferenzbeschluß der drei Großen genannt. Diese Flüsse bilden eine Linie, die die sowjetische Zone Deutschlands von dem früher dazugehörenden, nun neuen polnischen Verwaltungsgebiet trennt. Das aber nur vorläufig. Die endgültige Beschlußfassung soll auf der bald erwarteten Friedenskonferenz erfolgen. Am 8. Juli 1945 war deren Ausgang natürlich noch ungewiß. Sicher war nur die allgemeine Absichtserklärung von Jalta, Polen im Norden und im Westen erheblichen Gebietszuwachs zuzugestehen. Über das Ausmaß waren Ost und West sehr verschiedener Meinung. Stalin plädierte für die radikalste Lösung, die Westverschiebung Polens bis an die beiden Flüsse. Das bedeutete einen Verlust von 24 Prozent des im Versailler Frieden dem damals besiegten Deutschland zugestandenen Staatsgebietes. Ist es nun wahrscheinlich, daß die Kurie wenige Wochen vor Potsdam ihrerseits für den exzessiven, zu unmenschlichen Folgen führenden Plan Stalins gegen die milderen Pläne der Westmächte votiert hätte? Es mußte doch als ein für die Sowjetunion günstiges Präjudiz wirken, Polen kirchenpolitisch bereits *vor* der politischen Entscheidung bis an die beiden Flüsse auszudehnen. Es ist nicht vorstellbar, daß der Vatikan so kurz vor Potsdam eine solche Entscheidung getroffen hätte. Er hat das auch nachher nicht getan. Um wieviel weniger vorher. Das ergibt: Am 8. Juli 1945 kann das Reskript mit seiner Formel nur die alten polnischen Westgrenzen gemeint haben.

Inhaltlich befaßt sich das Reskript nur mit Anliegen im Rahmen der alten polnischen Grenzen.

In der einleitenden Nr. 1 ist von Diözesen die Rede, die im Kriege in ungewöhnliche Situationen gekommen sind und römische Vollmachten erhalten haben.

Das »Päpstliche Jahrbuch 1942« deutet den umfassenden Regelungsbedarf an: Im Jahre 1942 waren die polnischen Bistümer

Plock, Siedlce, Tarnów und Warschau ihrer Oberhirten beraubt. Bis 1946 kamen die Diözesen Kulm, Lublin, Sandomir dazu[15]. Die Diözesen in Ostdeutschland hatten dagegen alle ihre rechtmäßigen Oberen und waren funktionsfähig. Der im Reskript umrissene Raum war Polen in seinen alten, völkerrechtlich für Rom durchaus noch gültigen Grenzen. Das Reskript geht solche fundamentale, durch die Hitlerbesatzung bisher nicht zu regelnde Notstände an. So wird sehr deutlich, was die Kongregation für außergewöhnliche Anliegen mit »territorio polacco« im Auge hat. Der gleiche Kreis polnischer Ordinarien soll, falls neue Vollmachten erforderlich werden, diese über den Primas beantragen und vermittelt bekommen. Die Analyse des Schriftstückes läßt keinen Punkt erkennen, an dem der Bereich der apostolischen Fürsorge territorial erweitert wird. Es handelt sich um die Behebung kirchlicher Notstände in Altpolen, dessen Umfang durch das Konkordat von 1925 völkerrechtlich festgelegt ist.

Daß Rom den Geltungsbereich nur so gedacht hat, tritt durch einen Vergleich dessen, was Kardinal Hlond für die Oder-Neiße-Gebiete beantragt, mit dem, was er nicht gewährt bekommen hat, noch deutlicher hervor.

Im Schreiben vom 26. Juni 1945 stellt, wie oben mitgeteilt, Kardinal Hlond seine Anträge auf Vollmachten, auch für Ostdeutschland[16]. Er ersucht um Sicherung der pastoralen Betreuung für die in die »einst deutschen Gebiete« einwandernden Polen (na poniemieckich terenach). Schließlich sollte für die Autochthonen in der alten Provinz Deutsch-Oberschlesien (Zentrum Oppeln) ein eigenes Bistum errichtet werden[17]. Nochmals sei festgehalten: Keinem der Ostdeutschland betreffenden Anträge wird entsprochen[18]. Das Reskript schweigt von ihnen. Wer das Gegenteil behauptet, dem fällt die Beweislast zu. Das Reskript bietet an keiner Stelle auch nur einen Ansatzpunkt, um auf eine Vollmacht zu schließen, den Besitzstand der deutschen Kirche im alten Reichsgebiet in seinem Wesen und den damit verbundenen Funktionen zu schmälern oder zu behindern. Wenn auch unter Ziff. 4b von der Möglichkeit, sich gegebenenfalls mit Apostolischen Administratoren zu behelfen, die Rede ist, so wird doch nirgends angedeutet, daß der Geltungsbereich dieser Ziffer sich weiter erstreckt als das gesamte Reskript, nämlich auf Polen in seinen Vorkriegsgrenzen[19]. Einem Übergreifen Hlonds auf Ostdeutschland wird damit geradezu ein Riegel vorgeschoben. Wenn er gegen das deutsche Kirchentum vorgeht, handelt er auf eigene Faust – ohne Auftrag und Vollmacht von Rom. Der Primas hat hier offensichtlich inneren Mut aus den Ideen des polnischen Messianismus geschöpft. Ob der Primas geahnt hat, daß er diesen »revolutionären Weg« doch erfolgreich gehen kann? Er wußte, daß Rom nichts übrigbleiben würde, als das ohne kanonische Rechtsgrundlage Geschaffene später, wenn auch widerwillig, zur Vermeidung größeren Unheils in Kauf zu nehmen.

Aber Rom gab seinem Widerspruch doch, wenn auch, wie wir im Kapitel IV sehen werden, verhalten Ausdruck. Die Kurie setzt sich sehr deutlich vom Tonfall des Primas und der polnischen Hierarchie ab, die sich oft und intensiv auf römische Sondervollmachten berufen haben. Vergessen wird nicht, daß er auch Dr. Piontek in Breslau und Bischof Maximilian Kaller, Ermland, mit wiederholter Berufung auf den »Willen des Heiligen Vaters« die Resignation abgenötigt hat. Rom distanziert sich hier von Theorie und Praxis des Primas[20], ohne aber im Bereich der Realitäten die geringste Änderung bewirken zu können.

Die gleiche Linie zeichnet sich ab, wenn man die »Päpstlichen Jahrbücher« studiert. Unter dem Stichwort »Breslavia« erscheint unter dem Strich ebenso wie in den Ausgaben von 1960 bis 1967 eine Anmerkung, die erst seit 1972 wegfällt. Sie zeigt uns die Richtung, in der die Lösung der Frage nach dem Geltungsbereich des Reskriptes von 1945 (was bedeutet »in tutto il territorio polacco?«) zu suchen sein könnte. Dort lesen wir:

»Wie bekannt, hat der Heilige Stuhl die Gewohnheit, Diözesangrenzen nicht endgültig zu ändern, solange nicht eventuelle Rechtsfragen, die diese Gebiete betreffen, durch Friedensverträge geregelt sind und volle Anerkennung gefunden haben. Die genannte Rechtslage liegt vor in Breslau, Ermland, Schneidemühl. Um nun religiösen Beistand für die zahlreichen Gläubigen, die sich dort niedergelassen haben (assistenza religiosa), zuzusichern, hat er Sr. Eminenz Kardinal Stephan Wyszyński... die Aufgabe anvertraut, diese Gläubigen in religiöse Obhut zu nehmen.«

In den Jahren 1960, 1963 und 1965 sind jeweils auch die vier

»Apostolischen Administratoren« nach Kardinal Wyszyński als dessen Helfer genannt.

Ergebnis für unsere Frage:

Was ergibt sich daraus für die »gefeierten« Aufträge an Kardinal Hlond? Rom übergeht sie im entscheidenden Zusammenhang. Aber unterstellt man methodisch – obwohl keine Beweise dafür vorgelegt worden sind –, Primas Hlond hätte die gleichen Aufträge erhalten, so ändert das nichts. Denn seelsorgliche Aufträge für eine Sondergruppe schließen nicht das Recht ein, die kanonisch bestehende Territorialorganisation eines Landes zu unterminieren. Die Erteilung eines seelsorglichen Sonderauftrages, der zu einem kirchlich errichteten Personalverband führt, tastet in keiner Weise die Territorialdiözesen an. Wie wenig das der Fall ist, hat Kardinal Hlond auch anderswo völlig selbstverständlich unterstellt: Am 20. Mai 1945 hatte er ein Memorandum an die Kurie gesandt, in dem er für die 1,5 Millionen in den deutschen Westzonen verbleibenden Polen eine eigene, unter dem polnischen Bischof Gawlina stehende Seelsorge beantragt. Die Genehmigung wurde am 5. Juni 1945 erteilt. Daraufhin wurde unabhängig von der deutschen Kirchenorganisation ein besonderes Ordinariat unter Bischof Gawlina in Dachau-Freimann eingerichtet, für die »Anliegen der seelsorglichen Betreuung«. Es wäre absurd gewesen, aus diesem Auftrag zu schließen, daß der polnische Leiter irgend einen Auftrag oder eine Vollmacht gehabt hätte, deutsche Diözesanbischöfe zu bedrängen und zur Resignation zu nötigen, deren Diözesen mit neuen »Päpstlichen Administratoren« zu besetzen und Kirchenvolk vertreiben zu lassen. Aber nur eine solche, sehr »domestizierte« Vollmacht hat Primas Wyszyński erhalten. Was in Ostdeutschland darüber hinaus geschehen ist, ist durch Rom nicht gedeckt. Nach kanonischem Recht wäre eher die Bezeichnung »Rechtsanmaßung« angebracht.

Rückblickend hält also das »Annuario« fest: Im Hinblick auf die ostdeutschen Diözesen ist noch nichts endgültig entschieden. Sie zählen für Rom keinesfalls zum »territorio polacco«. Kardinal Wyszyński hätte freilich einen Auftrag erhalten, die polnischen Gläubigen, die sich dort niedergelassen haben, »in religiöse Obhut« zu nehmen. Das ist kanonisch durchaus ohne Verdrängung der Ortsordinarien möglich. Ähnliche Vollmachten, die Kardinal *Hlond* bereits früher für dieses Gebiet erhalten hätte, werden nicht erwähnt, schon gar nicht solche, die das Recht gäben, die ostdeutschen Ordinarien zur Resignation zu drängen und polnische Territorialdiözesen vorzubereiten. Konnte die Kurie ihren Einspruch gegen die in Polen emphatisch gefeierten, angeblich fast grenzenlosen und umstürzenden Vollmachten[21], deren Geltung bis zur Oder-Neiße als völlig selbstverständlich unterstellt worden ist, deutlicher zum Ausdruck bringen? Polnischer Patriotismus mit seinen ideologischen Vorgaben im Hinblick auf nationale Ansprüche stoßen hier mit dem nüchtern-kanonischen Denken Roms hart aufeinander. Die polnische Hierarchie hat es nun verstanden, diesen nach außen nie artikulierten Konflikt den Gläubigen im Lande zu verheimlichen. Im Gegenteil, sie tat so, als ob alles, was der Primas mit Berufung auf die übertrieben interpretierten Vollmachten bewirkt hat, unmittelbar im Namen des Heiligen Vaters bzw. der Kurie geschehen sei[22].

Dr. Komineks Geschichtsbild versteht es, dem Apostolischen Stuhl die Urheberschaft für die von Kardinal Hlond aus patriotisch-nationalen Beweggründen bewirkten Umwälzungen[23] als Bürgen der Pläne Gottes zuzuschreiben. Obwohl die Verdrängung der deutschen Ordinarien wie die Einsetzung diözesanfremder Priester als »Apostolische« Administratoren gegen den Willen des Papstes erfolgt sind, sehen Dr. Kominek und die polnische Hierarchie keine Probleme. Die Ursprungslinie für die neue polnische Wirklichkeit klingt an: »Apostolische« Administratoren, Kardinal Hlond, der Papst und dahinter Gott selbst, der die »uralten polnischen Gebiete« durch seinen Stellvertreter wieder an Polen zurückgebracht hat. Im Zusammenhang mit der Darstellung des Messianismus im Kapitel V wird näher darüber zu sprechen sein. Diese Ursprungslinie schneidet schnell alle möglichen Gewissensregungen ab: Gott hätte eben dahintergestanden, und die polnische Hierarchie sei – von Rom gleichsam angestoßen – nur dem von Gott kommenden »Ruf der Stunde« »gehorsam« gewesen. Dabei könne dann auch kein Unrecht geschehen sein. In dieser Überzeugung ist das polnische Kirchenvolk belehrt worden. Der fromme Durchschnittspole kann sich daher einen Menschen, der solches bezweifelt, nur als unfromm und der göttlichen Pläne und Ratschlüsse unkundig vorstellen, weshalb er kaum ernst zu nehmen sei[24]. Und doch handelt es sich um im Sinne des Messianismus romanhaft umgeschriebene, patriotische Geschichtsklitterung. Schon bei den Nachfragen zu den Vollmachten Kardinal Hlonds für Ostdeutschland ist das deutlich geworden. Und doch bleibt es – wenn auch in Polen systematisch verdrängt – Wirklichkeit, daß der Primas eigenmächtig gehandelt hat, daß er mit der Wahrheit mehr als großzügig umgegangen ist, daß er das Minimum an Fairneß gegenüber Dr. Piontek verweigert hat, daß er eine Entwicklung bewirkt hat, die nicht im Sinne Roms gelegen hat. Freilich mußte die Kurie aus den früher erwähnten Gründen »gute Miene zum bösen Spiel« machen.

Um noch größeren Schaden für die Kirche zu vermeiden, hat sich der Papst Schweigen auferlegt, das auf der anderen Seite die verelendenden Ostdeutschen nicht verstehen konnten. Wie das auf »Anwendung des Evangeliums« herauskommen und mit dem Segen der »allerheiligsten Mutter« geschehen sein soll[25], bleibt unerfindlich. Zur eigenen Rechtfertigung hat Dr. Kominek auf das »verlassene Land« hingewiesen, das im Sinne des Kulturauftrages[26] nach Menschen gerufen hätte. Er verschweigt dabei, daß die Nachfahren derer, die das Land vor Jahrhunderten urbar gemacht hatten, aus dem Lande getrieben worden sind bzw. beim Versuch, nach Kriegsschluß in die Heimat zurückzukehren, in Görlitz, wo der Verfasser damals Pfarrer gewesen ist, mit Gewalt am Überschreiten der Neiße in östlicher Richtung gehindert worden sind. Dr. Kominek hat die harte, oft unmenschliche Wirklichkeit zu einem Heldenepos der unbefleckten polnischen Herzen umgestaltet, das natürlich auch die Gewissen der Akteure entlastet. Wer als Christ auch den anderen, in der Stunde Zertretenen sieht, kann dazu nicht schweigen. Wie wenig sich die polnische Hierarchie auf Aufträge und Vollmachten zur Schaffung der polnischen Wirklichkeit berufen kann, zeigt gerade auch die oben erwähnte Notiz des »Annuario Pontificio«. Noch 1958 schweigt sie über die von Kardinal Hlond vorgenommenen Änderungen. Die Kurie übergeht damit in abwehrendem Schweigen jene »Wirklichkeit«, die Dr. Kominek über Rom auf Gott selbst zurückgeführt hat. Gerade die von

Kardinal Hlond bewirkten Grundfakten, die in Polen als Anbruch einer neuen Zeit galten und übertriebenen Dank an die Kurie ausgelöst haben, werden im »Annuario« übergangen. Sie sind für das Rechtsdenken der Kurie nicht existent. Rom ist davon überrascht und gleichsam überrannt worden, weil es solche Vollmachten für Ostdeutschland niemals erteilt hatte. In das Geltungsgebiet des Reskriptes vom 8. Juli 1945 waren eben keine Vollmachten für die deutschen Ostgebiete eingeschlossen[27].

In dieser in Polen mit Emotion und ideologischen Vorgaben befrachteten Frage fällt eine Bemerkung J. Pietrzaks wohltuend auf. Er schreibt: »Unbestritten ist die Tatsache, daß sich die Vollmachten des Primas auf alle im Konkordat von 1925 umrissenen polnischen Diözesen erstreckt haben. Gewisse Unklarheiten können sich in bezug auf die wiedererlangten Gebiete ergeben« (Pewne niejasności rodzić się mogą w odniesieniu do Ziem odzyskanych).[28]

Offen bleibt die Frage, woher der Primas selbst in dieser Frage Gewißheit erhalten hat, so ein Erdbeben auslösen zu dürfen. Auch Pietrzak weist nüchtern darauf hin, daß die Kardinal Hlond erteilten Vollmachten – hier beschränken wir uns auf den Geltungsbereich – noch »Gegenstand einer gründlichen Analyse werden müssen, für welche wir noch nicht über hinreichendes Material verfügen«[29]. In derart gewichtigen Fragen gilt aber »pars tutior est eligenda«, d.h., man darf nur den sichersten Weg gehen, und »factum non praesumitur, sed demonstrari debet«. Eine Tatsache wie die Erteilung von Vollmachten muß nachgewiesen werden, sie darf nicht ohne Beweis unterstellt werden.

Man muß befürchten, daß die Mißachtung dieser sogenannten reflexen Prinzipien sowie das großzügige Übergehen deutlicher Evidenzlücken mit den durch den Messianismus bereitgestellten Vorgaben logisch und psychologisch dann möglich wird, wenn Sachargumente nicht aufzutreiben sind. Die Kurie distanziert sich jedenfalls durch die Fußnote im »Annuario« davon, daß Kardinal Hlond für Ostdeutschland römische Vollmachten zur Auflösung des deutschen Kirchentums erhalten hätte.

Kardinal Wyszyński hat einen Auftrag zur assistenza religiosa der zugewanderten Polen erhalten. Er schließt kein Recht ein, die deutsche Kirche zu schmälern. Die Römische Kurie hat also Ostdeutschland am 8. Juli 1945 eindeutig als deutscher Souveränität unterstehendes Staatsgebiet angesehen.

Die Analyse der Entstehungsgeschichte des Reskripts vom 8. Juli 1945, in dem Papst Pius XII. Kardinal Hlond außerordentliche Vollmachten zur Reorganisation der Kirche »im ganzen polnischen Staatsgebiet« erteilt hat, gelangt zu der gleichen Feststellung, die Emil Brzoska 1984 mit kanonistischen und staats- wie völkerrechtlichen Argumenten getroffen hat[30].

Sechster Exkurs: Was »tutto il territorio polacco« für einen Polen bedeutet

Ein national eingestellter Pole – dazu zählen sehr viele, nicht zuletzt zahlreiche polnische Hierarchen und Priester – kommt freilich – ohne mühselige Argumentation und ohne die betroffene Gegenseite anzuhören – aufgrund seiner Empfindungen zu einem entgegengesetzten Ergebnis. Mit dieser Formel könne nur Polen mit den ihm endlich faktisch zugefallenen »Westgebieten« (= deutsche Ostgebiete) gemeint sein. Auch Rom könne hier nicht anders »empfunden« haben. Denn in dem weitverbreiteten Denkschema handelt es sich um einen in der Geschichte Polens angesiedelten (ideologischen) Rechtsanspruch auf die Gebiete, die es je besessen hat. Manche setzen das Jahr 1000, manche den Tod Kasimirs des Großen († 1370) als »Idealnorm« für polnische Ansprüche im Westen an. Durch einen letztlich auf Gott selbst zurückzuführenden Eingriff (»Göttliche Vorsehung«) hätte sich Polen i. J. 1945 die Gebiete und Menschen wieder zurückholen können, die ihm viele Jahrhunderte durch Deutsche widerrechtlich vorenthalten worden wären. Daher sei Polen jetzt erst wieder im Sinne seines historisch-territorialen Solls »ganz«. So ist es naheliegend, in der Formel »tutto il territorio polacco« von vornherein das zu sehen, was man im Geist der patriotisch-nationalen Ideologie als das *ganze* Polen zu verstehen gewohnt ist. Dabei entstehen keine ethischen und völkerrechtlichen Probleme; wer im »fremden« Land wohnt, müsse damit rechnen, eines Tages von den ursprünglichen »Eigentümern« an die Luft gesetzt zu werden[31].

Die »Überzeugung« hat sich auch literarisch niedergeschlagen. Das zeigen einige typische Beispiele:

(1) Der polnische Historiker J. L. Wyrozumski

Dieser dem volksdemokratischen Regime offensichtlich verbundene, fleißige Historiker weist darauf hin, daß zur Zeit König Kasimirs des Großen[32] die »Krone des Königtums« Polens zum Träger der überzeitlichen, d.h. die einzelnen Herrscher überdauernden Ansprüche Polens auf die von ihm »losgerissenen« Landesteile geworden sei. Diese müßten (und wollten) »eigentlich« wieder zum polnischen Staatsverband gehören, würden aber von Deutschland daran mit Macht gehindert. So wird »die Krone des Königtums« eine überzeitliche Instanz, die die Generationen übergreifenden Ansprüche Polens zeitlos reklamiert, bis sie endlich einmal eingelöst werden. Soweit Wyrozumski, der eine weithin dominierende Herzensneigung bezeugt.

(2) Die gleiche Tendenz wird in einem Geschichtsatlas, der von einem staatlichen Unternehmen herausgegeben wird, bekundet. Auf einer Karte Polens zur Zeit des Todes Kasimirs des Großen[33] liegt das nach dem Vertrag von Trentschin (1335) aus dem polnischen Staatsverband vertraglich ausgeschiedene Land Schlesien, wie Ostbrandenburg und Stettin, dem damaligen Stand entsprechend, außerhalb der Grenzen Polens. Das ist ein Bekenntnis zu den in gegenseitigem Einvernehmen bewirkten Realitäten. Aber einige 100 Kilometer weiter westlich, ungefähr der heutigen Oder-Neiße-Linie entsprechend, tritt eine viel stärker markierte Grenze hervor, die schon nach dem damaligen politischen Gebietsstand mitten durch deutsches Gebiet gezogen worden war. Diese Linie bezeichne erst »die (West-)Grenze des polnischen Territoriums, das unter dem Merkwort ›Königtum Polen‹ zusammengefaßt wird«. Trotz staatsrechtlich verbindlicher Abmachungen wird ein Land, für das Polen Böhmen gegenüber die Zession (Freigabe, natürlich nicht ohne gleichgewichtige Gegengabe) ausgesprochen hat, doch als irgendwie zu Polen gehörig erklärt. Woran soll man sich halten? »Vertrag« kommt von »sich vertragen«. Das Naturrecht verlangt: Pacta sunt servanda (Abkommen müssen gehalten werden!). Tatsächlich ist es dann schwer geworden, sich zu vertragen.

Werbeblatt des polnischen Westmarken-Verbandes von 1930: Polens Grenzen bis vor Berlin einschließlich Ost- und Westpreußens, Pommerns und Schlesiens. (»Jeder von Euch trägt in seinem Herzen das Saatgut zukünftiger Ansprüche und zukünftiger Grenzen.«)

(3) Auf der gleichen Linie liegt ein Bild der »eigentlichen« Westgrenze Polens, das der Polnische Westmarken-Verband i. J. 1930 im Land als politisches Flugblatt und als Werbeplakat unter die Leute gebracht hat. Auch hier erscheint eine Grenzlinie mitten durch Deutschland, ein Ruf nach der Oder-Neiße-Linie im Jahr 1930, vor Hitler und seinen Untaten. Die im Frieden von Versailles (1919) und durch den Völkerbund (1922)[34] festgelegte deutsche Ostgrenze (= polnische Westgrenze) ist dünn eingetragen. In dikken Trennstrichen wird aber eine bis vor Berlin und Dresden reichende Zone, die Schlesien, Ostbrandenburg, Stettin, Hinterpommern, Ostpreußen, ja Sudetenland und die Slowakei umfaßt, als »eigentlich« zu Polen gehörig eingetragen. Es handelt sich um Gebiete, die in der Vergangenheit (vor 1370) einmal kürzer oder länger dem polnischen Staat eingegliedert gewesen sind (Ostpreußen aber z. B. nie). Es geht hier aber nicht darum, an eine politische Phase zu erinnern, vielmehr soll ein den aufgezeigten territorialen Verlusten (betr. Schlesien durch Verträge) verbundener, nationaler Appell an die kommenden Generationen ergehen. Dazu wird Mickiewicz († 1855) bemüht: »Jeder von euch trägt das Saatgut künftiger Ansprüche und zukünftiger Grenzen in seinem Herzen!«[35]

(4) Zusammenfassung

Die seit Jahrhunderten lebendige Mentalität, auf Ostdeutschland unverjährbare Ansprüche zu erheben, ist in der Romantik des 19. Jahrhunderts zu neuem Leben erwacht und beim Zusammenbruch im Jahr 1945 geradezu glutvoll übersteigert worden. Jetzt wurde das, was bisher als wenig reale Hoffnung der jeweils jungen Generation weitergegeben worden ist, politisch und machtmäßig möglich. So wird der Aufbau der »polnischen Wirklichkeit« und die »Repatriierung« der Deutschen zum Akt »geschichtlicher Gerechtigkeit« (sprawiedliwość dziejowa) und die Oder-Neiße-Linie mitten durch Ostdeutschland zur »Grenze des Friedens« (granica pokoju). Wem am Abbau des »Schuttes« zwischen den Völkern liegt, muß diese Mentalität kennen und es auch ertragen, daß sie mit weithin »gutem Glauben« vertreten wird. Nur von wenigen ist zu erwarten, daß sie die dem Herzen des Volkes so tief eingeprägte Ideologie in ihrer Einseitigkeit und Unzulänglichkeit zu durchschauen vermögen. Von diesem »anderen Polen« wird im Kapitel V die Rede sein. Im deutschen Namen – das hat nichts mit deutscher Kollektivschuld zu tun – ist die Seele des polnischen Volkes während der unglücklichen und ungerechten Besetzung sehr tief verletzt und gedemütigt worden. Das haben die deutschen Freunde Polens mitgefühlt und miterlitten. Als Reaktion auf polnischer Seite ist ein Rückgriff auf seelische Prägungen, die seit Jahrhunderten in lebendiger Tradition weitergegeben worden sind, verständlich, zumal diese durch die psychische Traumatisierung während des Krieges reaktiv elementar vertieft und verstärkt worden sind. Auf der anderen Seite wäre zu wünschen, daß Polen, dem es an Tapferkeit nicht fehlt, auch den Sprung über die Barrieren geschichtlich unhaltbarer Mythen wagte. Viele hüben und drüben wollen diesem harten, aszetischen Weg ausweichen und sich diese schmerzliche Phase der Ausheilung ersparen. Das kann zu keiner Heilung, keinem Frieden führen. Höchstens zu dem Zustand, von dem die Schrift sagt: »Sie sprechen von Frieden, und es ist doch kein Friede.«[36]

Wir haben ein Grundproblem unserer Untersuchung, die Frage nach dem von der Kurie mit der Formel »in tutto il territorio polacco« umrissenen Geltungsbereich des Reskriptes, untersucht. Im einzelnen wird gezeigt, daß am Tag der Ausfertigung des Reskriptes, am 8. Juli 1945, damit nur Altpolen gemeint sein konnte, worauf auch die behandelten, typisch altpolnischen Materien hinweisen. Als ergiebig hat sich ein Vergleich zwischen den Vollmachten, um die Kardinal Hlond nachgesucht und die ihm versagt worden sind, erwiesen. Angaben im »Päpstlichen Jahrbuch« runden das bisherige Ergebnis bestätigend ab.

Schließlich wird auf eine beim polnischen Geschichtsschreiber Johannes Długosz († 19. Mai 1480 in Krakau) angedeutete Vorstellung, die vom 16. bis zum 19. Jahrhundert abgeklungen ist, aber mit der polnischen Romantik und dem polnischen Messianismus des 19. Jahrhunderts mit neuem, gestaltendem Leben erfüllt wird, hingewiesen, auf das Idealbild der »eigentlichen« polnischen Westgrenze, die dem Volk aber durch Jahrhunderte durch Schuld der deutschen Nachbarn vorenthalten worden sei. Diese auf Seite 108 dargestellte Grenze stünde Polen im Westen »eigentlich« zu.

Damit werden auch psychologisch die Hintergründe weit über das Ziel hinausschießender Gebietsforderungen für uns verständlich. In dieser Vorstellung ist auch die Frage, »was gehört zu tutto il territorio polacco«, eindeutig beantwortet. Wo die Frage in Polen konkret gestellt wird, liegt eine im geschichtlichen Bewußtsein vorgegebene Antwort bereit.

4. Hatte Kardinal Hlond das Recht, deutsche Ordinarien zur Resignation zu drängen?

Es fällt auf, daß Rom keine Vollmachten, deutsche Ordinarien zum Verzicht auf die Ausübung ihrer kirchlichen Amtsgewalt zu drängen, gegeben hat. (Kardinal Bertram, dessen Tod in Rom noch nicht bekannt war, Bischof Kaller, Ermland, und Prälat Hartz, Schneidemühl, wären davon betroffen gewesen.) Der Primas hat dieses Recht auch nicht beantragt. Das Dekret spricht (Nr. 4b) von dem »Behelf«, Apostolische Administratoren einzusetzen, wenn sich vakante Diözesen keinem Kapitelvikar[37] unterstellen lassen. Rom hat hier vorsorglich an staatliche Einmischung und mögliche Fälschungen des Wahlergebnisses gedacht. In den drei genannten deutschen Jurisdiktionsbereichen waren diese Voraussetzungen nicht gegeben, falls, wie die polnische Seite (zu Unrecht) unterstellt, das römische Reskript auch für Ostdeutschland gegolten hätte. Sie hatten ihre rechtmäßigen Oberen. Der Primas hat durch das Drängen auf Resignation erst die Voraussetzung schaffen müssen, unter denen die Vollmachten Geltung hatten. Solches Vorgehen hatte Rom keinesfalls vorgesehen.

Dr. Piontek hätte als gewiegter Kanonist diese Mängel wohl bald festgestellt, wenn ihm der Kardinal sein Bevollmächtigungsdekret fairerweise vorgelegt hätte. Er hat es nicht getan. Ob er wußte, warum? Hätte sich Dr. Piontek evtl. eines anderen besonnen? Der Hinweis in Ziff. 4b, sich gegebenenfalls mit einem Apostolischen Administrator zu behelfen, besagt nicht, daß der Primas diese nach dem allgemeinen Recht nur dem Papst zustehende Vollmacht für diesen Eventualfall auch schon mit diesem Dekret erhalten hätte. Da der Primas als Empfänger nur die Rechte erhält, die ihm ausdrücklich zuerteilt werden, unterstand dieser Fragenkreis weiterhin dem Papst als Leiter der Konsistorialkongregation. Der Primas hätte erneut um eine solche Vollmacht einkommen müssen und sie nicht einfach voraussetzen dürfen[38]. Er hat sich hier über das reflexe Prinzip zur Lösung von Tatsachenzweifeln hinweggesetzt: »Eine Tatsache muß bewiesen sein, es genügt nicht, sie einfach zu unterstellen.« Auf dieses Risiko hin hat er die Ernennungen vorgenommen. Die späteren »kritischen Winke« Roms reden hier ihre deutlich einfordernde Sprache.

5. Woher stammt der von Primas Hlond vorgelegte Resignationsentwurf?

Nach Notizen Dr. Pionteks vom 6. April 1946 hat Primas Hlond am 12. August 1945 auf die Frage des Kapitelvikars: »Ist das der Wille des Heiligen Vaters?« geantwortet: »Ja, und diese Erklärung ist in Rom im Staatssekretariat abgefaßt«. Damit könnte die obige Frage als beantwortet gelten. Man war anfangs auch dieser Meinung. Aber spätere Einsichten[39], Erkenntnisse und Indizien aus Rom legten doch nahe, genauer zu differenzieren. Warum?

Der Primas hatte, wie schon erwähnt, in seinem Schreiben vom 26. Juni 1945 keine Vollmacht, Kardinal Bertram und Bischof Kaller zur Resignation zu drängen, beantragt. Auch das Dekret vom 8. Juli 1945 schweigt darüber. Nach einer Bemerkung P. Robert Leibers SJ, Rom, war die Kurie über das Vorgehen Kardinal Hlonds in Breslau »überrascht«[40]. Wie kann die Kurie dann die zur »Überraschung« führende Resignationsformel bereits mitgegeben haben? Nach dem Informationsstand in Rom am 8. Juli 1945 mußte sich die Aufforderung, zu resignieren, an Adolf Kardinal Bertram von Breslau richten. Man konnte im damaligen Nachrichtenchaos am 8. Juli 1945 nicht wissen, daß der Breslauer Kardinal am 6. Juli 1945 verschieden war. Ist es vorstellbar, daß die Römische Kurie mit einem der ältesten, dem Papst aus seinen 25 Jahren in Deutschland gut bekannten Kirchenfürsten so ungewöhnlich, fast verächtlich umgehen könnte? Soll die Kurie ihm wirklich dieses Vorgehen – ohne jede Vorbereitung, ohne Beischreiben, ohne Rückfrage-

Dr. Ferdinand Piontek (1878–1963)

Am 16. Juli 1945 zum Kapitelsvikar der Erzdiözese Breslau gewählt. Er ist der letzte deutsche Oberhirte des Bistums, der am 12. August 1945 durch Kardinal Hlond zur Resignation gedrängt worden ist. Gest. 2. November 1963 in Görlitz. (Archivaufnahme) möglichkeit, ohne schriftliche Bestätigung – zugemutet haben? Das ist nach der Tradition der Römischen Kurie undenkbar. Das Vorgehen Kardinal Hlonds weist eher darauf hin, daß hier auch »unter der Hand« gearbeitet worden ist. Kardinal Bertram hätte das sofort »gerochen«. Er hätte wohl seinem Besucher in aller Ehrerbietung das »Papier« mit dem Bemerken zurückgegeben, daß er damit erst nach Autorisierung durch Rom etwas anfangen könne. Bis dahin sei es eben »Papier«[41]. Doch diese Begegnung blieb Kardinal Hlond erspart. Mit dem Kapitelsvikar Dr. Piontek, dessen tragische Situation schon dargelegt worden ist, hatte er es leichter.

Wer rechtserhebliche Tatsachen behauptet (es sei der Wunsch des Heiligen Vaters, daß Dr. Piontek dieses Resignationsformular unterschreibe), muß, wenn er konkrete Ansprüche damit begründet, den Beweis dafür antreten. Oder brauchen Sieger auch in der Kirche nur zu behaupten und gegebenenfalls auf ihre Macht zu verweisen? Vom ethischen Standpunkt aus hat Dr. Piontek in der völlig ungewöhnlichen, in den vielen Jahrhunderten der Breslauer Kirchengeschichte auch nicht annähernd einmal aufgetretenen Lage einen natürlichen Anspruch auf schriftliche Legitimation gehabt. Keinesfalls war Kardinal Hlond berechtigt, sein ihm formal zustehendes Kardinalsprivileg hier gegenüber einem natürlich sittlichen Anspruch seines Partners auszuspielen. Natürliche Forderungen haben gegenüber positiven Privilegien vor allem dann, wenn diese in der konkreten Lage zu unchristlichem Druck führen, eindeutig die Vorhand. Im Kollisionsfall dominiert daher der vorpositive, sittliche Anspruch. Wer eine Person, die monatelang von allen objektiven Informationen abgeschnitten war, kurzfristig zur Entscheidung in einer ungewöhnlichen »res gravis« drängt, hat die sittliche Pflicht, dem Bedrängten in der im kanonischen Recht üblichen Form die erforderliche Gewissensinformation in zuverlässiger und sicherer Weise – also schriftlich – zu bieten.

Am wenigsten darf er, ethisch gesehen, drängen. Nicht informieren und gleichzeitig drängen ist ein ungewöhnliches, höchst problematisches Verhalten.

Auch Pietrzak bemerkt kritisch: »Die Sache des Resignationsschreibens, das der Primas in Breslau vorlegen sollte, ist nicht klar. Es gehört nicht als Anlage zu den Vollmachten vom 8. Juli 1945, wie einige polnische Historiker wollen...«[42]

Auch hier schließen polnische Gelehrte und Geistliche die Beweislücke allzugern dadurch, daß sie unbewiesene, mündliche Vollmachten ins Spiel bringen. »Er hatte plein pouvoir. Man muß bedenken, daß er zuerst einen der ältesten Kardinäle zur Resignation bewegen sollte.« Was an Vollmachten erforderlich wäre, um den Widerständigsten der angeblich zu Verdrängenden zur Resignation zu bewegen, kann niemals begründen, daß er überhaupt Vollmachten, geschweige solche im Sinne eines plein pouvoir, erhalten hatte. Auch hier gilt: Behauptete Tatsachen müssen nachgewiesen werden. Es genügt nicht, sie zu behaupten. Hier ist einfach die Methode der Argumentation angefragt.

6. Die von Rom seelsorglich motivierten Vollmachten ohne Anwendung auf die Deutschen

Unterstellen wir rein pragmatische, seelsorgliche Aufträge für die zuwandernden Polen, so stellt sich angesichts der kanonisch nicht legimierten Zerstörung des deutschen Kirchentums die Frage, warum dabei auch rein seelsorglich nichts für die Deutschen geschehen ist.

Hier wird wiederum deutlich, daß Kardinal Hlond polnisch-patriotische Ziele vor Augen hatte. Die Forderungen der Staatsräson beherrschten sein Vorgehen. Das biblische Gebot, sich aller der Verelendung preisgegebenen Glieder der Kirche irgendwie anzunehmen, lag offensichtlich außerhalb seines Blickfeldes. Er lebte und arbeitete für die Schaffung der polnischen Wirklichkeit in Ostdeutschland. Über die dabei fest eingeplante Verdrängung der bisherigen Bewohner als conditio sine qua non seiner Planung hat er in Rom offensichtlich kein Wort verloren. Auch im Reskript ist von Deutschen keine Rede. Die Kurie beließ es bei der Erfüllung der von Kardinal Hlond einseitig vorgetragenen Wünsche und überging die Deutschen, die gerade jetzt seelsorglichen Beistand in ganz besonderem Maß benötigt hätten. War es nicht vorauszusehen, daß Kardinal Hlond dieses Schweigen Roms über Millionen Deutscher in extremer Lebensnot einfach als ein »Fallenlassen«, als ein »für die Vertreibung Preisgeben« seitens der Kurie interpretieren würde? Und das alles, obwohl die Kurie Kardinal Hlond keine Vollmacht gegeben hatte, die ostdeutsche Kirche in ihrem Sein und Wirken anzutasten.

Deutsche Berater der Kurie, die sich in der Geschichte und in der konkreten Lage Ostdeutschlands auskannten, hätten hier informieren können. Man hätte der exzessiven Einseitigkeit Kardinal Hlonds vorbeugen können.

Man steht einfach vor dem Rätsel, warum der Vatikan den fundamentalen Rechtsgrundsatz »Audiatur et altera pars« hier nicht ins Spiel gebracht hat. Durch den 5. Juni 1945 waren Deutschland und die Deutschen politisch handlungsunfähig und stumm geworden, der Willkür der Sieger – besonders der östlichen – ausgeliefert. Daß sich solche Mentalität auch im Raum der Kirche so ungebrochen durchsetzen konnte, drängte die besorgte Frage nach ihrer lebensmäßigen, nicht nur ihrer rituellen und kanonischen Katholizität immer quälender auf.

7. Das Reskript vom 8. Juli 1945 als Speerspitze radikaler Polonisierung

»Für Schlesien (hat sich) die deutsche Zeit (staatsrechtlich waren es 610 Jahre) dem Ende zugeneigt ... Ein neuer Abschnitt der Erzdiözese beginnt.«[43] Die polnische Hierarchie hat die Vollmachten von vornherein als Instrument der Vertreibung der Deutschen und als Intensivmittel für die Schaffung der »polnischen Wirklichkeit« eingesetzt. Diese Kirche trat jetzt – für die Opfer unbegreiflich – im Dienst der Vertreiber auf. Tröstet man sich mit dem unchristlichen Gedanken von der deutschen Kollektivschuld?

Man war sich über dieses Vorgehen in Polen politisch und kirchlich schon *vor* dem Erscheinen Kardinal Hlonds einig. Das Feld für ihn war bereitet. Ein staatlich gelenkter, radikal deutschfeindlicher, polnischer Westmarkenverband erarbeitete schon im März 1945 zur Information der Funktionäre des »Oppelner Landes« Direktiven, die *Kirche und Klerus* betreffen, um die Polonisierung möglichst effektiv zu gestalten[44].

Wenige Tage nach dem Fall der Festung Breslau (6. Mai 1945) erschien in der trostlosesten Stunde der Bischof der Nachbardiözese Kattowitz, Dr. Adamski. Ein Deutscher kann sich einen Bischof nur als einen Mann des Evangeliums vorstellen. Aber die schon völlig Zertretenen sahen sich durch den Mann der Kirche in noch tieferes Elend gestoßen. »Bischof Adamski hielt dem deutschen Domkapitel (in Breslau) Ansprachen. In diesen tat er ihnen ohne die geringste Zurückhaltung kund, daß Polen dieses Land nicht wieder aufgibt, daß es dieses ohne deutsche Minderheit (!) bewirtschaften werde. Die Deutschen (seit Jahrhunderten als alleinige, geschlossene Stammbevölkerung) müssen daraus die Folgerung ziehen und von sich aus das Land verlassen, sonst warte die Aussiedlung auf sie!«[45] Das war der Gruß für die, welche die Festung überlebt hatten.

Dieses Radikalprogramm war gleich nach dem Einmarsch der »Roten Armee« durch nationalistisch-radikale Kräfte vorbereitet worden. Dr. Kominek wirkte noch in der Diözese Kattowitz und nahm mit polnischen Abstimmungsfunktionären (von 1920/21) sowie mit dem Kommandanten der polnischen Aufstände (1919–1921) regelmäßig Verbindung auf, um die Polonisierung des nach der Abstimmung (20. März 1921) bei Deutschland verbliebenen Teiles Oberschlesiens (Regierungsbezirk Oppeln) zwar phasenverschoben, aber dafür um so energischer in die Wege zu leiten[46]. Es ist mehr als symptomatisch, daß die erste Nachricht von der Einsetzung der polnischen Administratoren für die »Westgebiete« in Oberschlesien auf einer Versammlung des schon erwähnten »Westmarkenverbandes« am 19. August 1945 in dem noch soeben deutschen Beuthen O/S veröffentlicht wurde. Dabei trat der schon genannte Bischof der Diözese Kattowitz, Adamski, mit seinem Weihbischof Bieniek Arm in Arm mit den Repräsentanten der kommunistischen Regierung, dem Woiwoden[47] General Zawadski und dessen Stellvertreter Arka Bożek, auf. In dieser Allianz zwischen Rotem Stern und Kreuz nahm Bischof Adamski, der selbst Vorsitzender dieses Westmarkenverbandes war, die Erstverkündigung des historischen Geschehens vor. Am nächsten Tag, am 20.

August 1945, war im Kattowitzer »Dziennik zachodni« als Titelüberschrift zu lesen: »In diesem Land wird es keine Deutschen mehr geben!« Aus der Ansprache B. Adamskis hielt die Zeitung fest, Papst Pius XII. hätte im Augenblick der endgültigen (!) Festlegung der polnischen Westgrenze in Potsdam (!) polnische Apostolische Administratoren ernannt. Bischof Adamski sprach auch – weit in die Zukunft vorgreifend – von der Errichtung neuer polnischer Diözesen. Die nationale Funktion des von der Kurie erteilten Auftrages wurde als völlig selbstverständlich hingestellt. Mit der Einsetzung polnischer Administratoren höre endlich ein »brennender Schmerz« auf, nämlich die Gegenwart des deutschen Klerus in diesen Gebieten. Sie war ein Hemmnis bei der Entdeutschung dieser Gebiete[48]. Die Tatsache, daß der Kattowitzer Bischof gleichzeitig Vorsitzender des Westmarkenverbandes war, die enge Allianz zwischen kommunistischer Regierung und Hierarchie, die Zusammenfassung der gemeinsamen Absichten, »es wird in diesem Land keine Deutschen mehr geben«, und schließlich die Hetze gegen die deutschen Priester sind für die Situation charakteristisch. All das wird sich mit Hilfe der Vollmachten nun leichter betreiben lassen. Die Betroffenen fragen sich, ob denn das polnische Blut alles, der gemeinsame Glaube aber nichts mehr gelte... Die römischen Vollmachten sind in Polen jedenfalls als Speerspitze einer radikalen Polonisierung eingesetzt worden.

8. Der Druck der polnischen Öffentlichkeit

Die radikale Polonisierung wie die Verwischung aller an deutsche Vergangenheit erinnernden Spuren war ein Herzensanliegen der Hierarchen. Was allerdings das Tempo anging, standen sie noch unter zusätzlichem Druck der leidenschaftlich erregten, eben erst eingewanderten Volksmassen. Die Presse drängte zu schnellem Vorgehen gegen die Deutschen. Das hatte natürlich auch praktische Folgerungen für die Leitung der Kirche im Land. Die Pressestimmen zeugten davon, wie brandeilig die Übernahme des Kirchenregiments in den wiedererlangten Gebieten sei. Darüber hinaus waren in Polen seit der Hitler-Okkupation Urteile über die prodeutsche Einstellung Papst Pius XII. weit verbreitet. Nicht ohne Gewicht ist auch die Tatsache, daß der Vatikan die von Thomas Arciszewski geleitete Regierung in London als einzige legale Regierung Polens anerkannt hat. Der am 12. August 1945 an die Bischöfe Polens gerichtete Brief des Papstes wurde von der Regierungspresse sehr kritisch aufgenommen[49].

Das Organ der PPS (Polnische Sozialistische Partei) brachte auf der Titelseite einen Artikel – das gleiche tat das Organ der PPR (Polnische Arbeiterpartei) »Volksstimme« (Głos ludu) – unter der vielsagenden Schlagzeile: »Wohin gehst du, mein Herr?« Dem Papst wurde darin vorgeworfen, daß seine Stimme nicht so erklinge, wie man es erwartet hat. Der Brief enthalte nämlich keine Verwerfung des Hitlertums und dessen Verbrechen. Es sei auch kein Wort über das wiedererstandene Polen und seine (Volks-)Macht zu hören (głucho w nim). »In dieser Lage konnte jedes Zögern, die kirchliche Gewalt in den wiedererlangten Gebieten zu übernehmen, ernste Folgen für die Kirche und die Lage des Papsttums in Polen nach sich ziehen.«[50] Dieses Drängen bestimmt das weitere Vorgehen mit. P. Leiber hatte in seinem Brief an Bischof Preysing, Berlin, auch gefragt: »Mußte der Kardinal so schnell und so durchgreifend handeln?«

Eine Resignationsverweigerung Dr. Pionteks als Zeichen des Widerspruches seitens der deutschen Jurisdiktionsträger hätte auf die Dauer und im ganzen wie ein Fanal des Rechtes und der Würde gewirkt. Auch andere Hierarchen, wie Dr. Kominek, konnten eine baldige volle Polonisierung, ohne jegliche Chancen für Deutsche, gar nicht schnell genug erwarten und haben das rasche »Tempo« durchaus begrüßt. Die römischen Vollmachten boten für Hand und Herz der polnischen »Patrioten« ein wirksames Instrument.

Kardinal Hlonds Vollmachten sind in der Zeit absoluter Wortlosigkeit und Ohnmacht Deutschlands in Rom völlig einseitig vorbereitet worden. Ihr Ziel war für den »Boten« des Vatikans die radikale Polonisierung Ostdeutschlands. Die weltweite Welle der Ablehnung und Ächtung alles Deutschen hat auch, wie wir gesehen haben, den Vatikan erreicht, gerade in der Zeit, in der die Vollmachten vorbereitet und genehmigt worden sind. Angesichts der doch unübersehbaren Absichten Kardinal Hlonds, in Ostdeutschland eine »polnische Wirklichkeit« mit Hilfe römischer Seelsorgevollmachten zu errichten, wäre im Hinblick auf die Lage in Ost-Mitteleuropa eine gezielte Vorsorge nötig gewesen. So ist leider der Eindruck entstanden, daß die Kurie zusammen mit der polnischen Hierarchie auch die deutsche Kirche fallengelassen hätte.

Diese Lage reflektiert knapp, aber treffend ein Brief der Breslauer Domvikare H. Thienel und G. Moschner an Bischof Stohr von Mainz vom 23. November 1945 aus Breslau: »Keine Hilfe von irgendwoher. Und auch Rom hat uns aufgegeben... Diese Tatsache ist für unser Volk die schwerste Belastungsprobe.«[51]

Ohne theoretische Erwägungen spürten es die zur Vertreibung bestimmten, verelendenden Opfer sehr klar: Das kanonische Recht hat das übermütige Siegerrecht – zumal in stalinistischer Version – nicht gemildert, sondern umgekehrt – das Siegerrecht hat in dem Überschwang der ersten Stunde das kanonische Recht überlagert. Ist das nicht eine Katastrophe für die eine heilige katholische Kirche, deren ius canonicum im Grunde ein ius caritatis sein soll und will?

IV.

Reaktionen auf das Vorgehen Kardinal Hlonds

1. Leidenschaftliche Zustimmung bei den Polen

Die erste Nachricht, daß der Primas Rom in Richtung Heimat verlassen habe, gab der römische Korrespondent der Reuter-Presseagentur am 11. Juli 1945. »Der Primas hat die Ewige Stadt verlassen und kehrt als Sondergesandter des Papstes zurück.«[1] »Kurz nach der Rückkehr verbreitete sich unter den älteren Geistlichen die Kunde von seltenen, im Lauf der Kirchengeschichte kaum je erteilten Vollmachten, mit denen der Heilige Stuhl den Primas ausgestattet hätte. Die Nachricht ging von Mund zu Mund und regte zu verschiedenen Ausdeutungsmöglichkeiten an.«[2]

Eine erste »ganz heiße« Reaktion stammt von P. Jasienica, der sich auf Informationen von Dr. Milik gestützt hat. Der Vatikan hätte den Primas mit so weitgehenden Vollmachten ausgestattet, daß sie einer »carte blanche« gleichkämen[3]. Der Sekretär des Primas, Baraniak, erklärte später: »Der Primas erhielt die Vollmacht, eine polnische Kirchenverwaltung zu schaffen. Mit diesem Petrusschlüssel kam er ins Land zurück[4]. Bischof Nowicki »war sofort der Meinung, daß der Primas ein Dekret mitbrachte, das ihn zur Einsetzung Apostolischer Administratoren mit Rechten von Residentialbischöfen in den wiedererlangten Gebieten befugt hat«.[5] Dr. Milik betonte, daß diese außerordentlichen Vollmachten »für das ganze polnische Gebiet Geltung« hätten[6]. Rückblickend hat er später erklärt, »daß der Primas die Freiheit hatte, die Organisation der kirchlichen Verwaltung... in den wiedererlangten Gebieten in der Weise vorzunehmen, die er in der gegebenen Lage für erforderlich hielt«.[7] Es handle sich hier um Vollmachten, wie sie seit Jahrhunderten keinem Kardinal in irgendeiner Sache erteilt worden seien. Die »facultates specialissimae« (»außerordentlichen Vollmachten«) gingen so weit, daß sie ihn... fast zum Papst (!) dieses Landes machten«.[8] Die Opfer aber beschlich die Angst, auch von der Kirche abgeschrieben zu sein.

2. Ergebung in die Verfügungen des Papstes bei den Deutschen

Der Kapitelsvikar Dr. Piontek bemerkt rückblickend in einem Bericht nach Rom[9] über seine Resignation am 12. August 1945: »Ich las die vom Primas (angeblich) aus Rom mitgebrachte Rücktrittserklärung laut vor... und fragte: ›Ist das der Wille des Heiligen Vaters?‹ Der Herr Kardinal (Hlond): ›Ja, und diese Erklärung ist in Rom in der Staatssekretarie abgefaßt.‹ Ich unterzeichnete die Erklärung.«[10]

Die Ergebenheit in den Willen des Papstes war für ihn entscheidend. Der Kapitelsvikar verblieb, wie am Tag der Unterzeichnung, bei seinem kirchlichen Gehorsam, trotz vieler innerer Widerstände. Diesen gab er gelegentlich Ausdruck: »Die Verfügungen des Primas sind mit Schmerz angenommen worden, aber wegen der Schnelligkeit, mit der sie durchgeführt worden sind, auch mit Überraschung. Warum ist die Diözese in fünf Teile zerrissen? Warum hat man polnische Administratoren eingesetzt, die leider auch die Rechte residierender Bischöfe besitzen? Warum geht Rom so übereilt vor? Ach, lebte unser alter Kardinal noch, dann hätte man sich das nicht erlauben können.«[11] Auf deutscher Seite konnte man nur noch eins: den kanonisch vorläufigen Charakter der ganzen Neuordnung betonen. Die Administratoren seien »ad nutum Sanctae Sedis« eingesetzt, d.h. auf den Wink des Papstes hin auch stets absetzbar.

Die amtlichen »Mitteilungen« haben festgehalten: Nach dem Tod von Kardinal Bertram sei Domdechant Dr. Piontek als Kapitelsvikar gewählt worden. »Jetzt haben, wie bekannt, die alliierten Mächte Polen das ganze Gebiet östlich der Oder/Neiße übergeben. Auf dieser Grundlage hat Se. Eminenz Kardinal Hlond aus Posen beim Heiligen Vater die Einsetzung Apostolischer Administratoren erlangt. So ist den Bischöfen (Kaller) und dem Breslauer Kapitelsvikar die Jurisdiktion über diese Gebiete weggenommen wor-

Bischof Maximilian Kaller von Ermland (Ostpreußen), geb. 1880 in Beuthen, gest. 7. Juli 1947 in Frankfurt am Main. Von Kardinal Hlond am 16. August 1945 zur Resignation gedrängt. (Archivaufnahme)

den oder besser: Sie üben sie nicht aus, solange der Heilige Vater das für begründet hält.«[12]

Der in Breslau pastoral und spirituell hochverdiente Pfarrer Dr. K. Metzger äußert sich dort ebenfalls, aber kritischer[13]. »Somit ist unsere Diözese faktisch in fünf jurisdiktionell selbständige Teile zerrissen, unsere Diözese, die 950 Jahre ungeteilt existiert hat. Das ist für uns schmerzlich, aber nicht weniger schmerzlich ist, daß die Administratoren nicht deutschen Blutes sind. Der Heilige Vater, der unserem Volk immer das Beste gewünscht hat, hat dies sicher gut durchdacht und hat auch an unser Wohl gedacht.«

3. »Diese Einstellung unterlag bald einem Wandel«[14]

Dr. J. Kaps' Berichte aus Rom durchbrachen als erste die schreckliche Isolation, in die sich die Deutschen durch die einseitige polnische Information getrieben sahen; sie hatte, wie sich nun zeigte, inzwischen auch das »Weltbild« der Opfer mitbestimmt. Dr. Kaps konnte sich im September 1945, als Repatriantenseelsorger getarnt, nach Rom durchschlagen. Am 10. Oktober 1945 erhielt er eine Audienz bei Papst Pius XII. Im Auftrag des Kapitelsvikars berichtete er über die unvorstellbare, apokalyptische Situation in der Erzdiözese[15]. Über die Entwicklung, die die deutschen Katholiken schmerzlich-ergeben hingenommen hatten, war der Papst »erstaunt«, besonders über die Ernennung polnischer Administratoren. Er habe nur an Priester der Erzdiözese Breslau gedacht, besonders an den früheren Generalvikar Dr. Negwer.

Dem Pilger aus der zerstampften Erzdiözese Breslau fiel es in Rom wie Schuppen von den Augen. Ähnlich erging es den in Schlesien dahinvegetierenden Deutschen. Sie erfuhren jetzt, daß die Dinge viel komplexer waren, als die kirchenamtliche, vereinfachende und vom polnisch-nationalen Überschwang geprägte Darstellung es wahrhaben wollte. Es brach eine elementare Skepsis in den tief verwundeten Herzen der Deutschen durch. Wenn in einem Punkt derartige Abweichungen von der Grundintention Roms bekannt wurden, wie war es da in anderen Punkten? War das Vorgehen des Primas gegenüber Kapitelsvikar Dr. Piontek am Ende gar nicht im Sinne Roms? Was hat dann die Versicherung des Primas, es sei so der Wille des Heiligen Vaters, für einen realen Kurswert? Steckte etwa eine »kluge« Restriktion dahinter? Fragen über Fragen. So schlug die resignierende Ergebung in den (vermeintlichen) Willen des Papstes in Kritik und Mißtrauen um, eine Haltung, welche die deutschen Katholiken ihren kirchlichen Oberen gegenüber nicht gewohnt waren. Wieder ging ein bisher noch fester Halt im Leben verloren, das bedingungslose Vertrauen auf die Führung der Kirche. Ohnmacht, tiefste, das Herz verletzende Enttäuschung und ratlose Trauer überkamen die wehrlosen Opfer polnischer Staatsräson, als deren engagierte Anwälte sich die polnischen Hierarchen immer besorgniserregender entpuppten. Freilich, auch der kommunistische Staat drängte, aber auch die Herzensneigungen der Hierarchie gingen hier allzu deutlich in die gleiche Richtung.

Aber im polnischen Klerus machen sich auch Besinnung und Kritik bemerkbar. Die dem Primas erteilten Vollmachten sind in Polen nur teilweise veröffentlicht worden. Das hat Übertreibungen und Legendenbildungen begünstigt, aber auch Zweifel machten sich breit. Nach Pietrzak[16] liefen schon gegen Ende 1945 auch unter den (polnischen) Geistlichen Posens Gerüchte, der Papst habe die Ernennung der fünf Administratoren zurückgenommen. Kardinal Hlond hätte aber in einer Denkschrift herausgearbeitet, warum das nicht durchführbar sei. Auch seien in Rom im Gespräch mit Papst Pius XII. offensichtlich nur mündlich zugestandene Vollmachten durch das Staatssekretariat verkürzt worden. Als der Primas noch einmal mit dem Papst selbst »sprechen« wollte, hätte Tardini vielsagend erklärt: »Ich rate es Ew. Eminenz nicht!« Das deutete eine gewisse Dramatik aufgrund abweichender Meinungen an, die zu der sonst betonten Herzlichkeit beider Kardinäle schlecht paßt. Aber es handelte sich hier um Gerüchte, die nicht verifizierbar waren. Man kann aber mit Pietrzak darin einen allgemeinen Hinweis darauf sehen, daß sich im Hinblick auf die so emphatisch begrüßten Vollmachten eine Skepsis breitgemacht hatte, in der sich schon gegen Ende 1945 gewisse Vorbehalte des Staatssekretariats niederschlugen. Bis nach Polen brauchten sie einige Zeit, um das Spektrum der Beurteilungen nach der kritischen Seite hin abzurunden. Nach »honigsüßen Zeiten«, so vermerkt Dr. Kominek, zuckten auch aus Rom »Blitze« der Kritik an Kardinal Hlonds Vorgehen.

Ein Artikel des »Osservatore Romano« im September 1945 zeigt noch keine Wendung an. In einer frühen, halbamtlichen Reaktion des »Osservatore« (26. September 1945) findet sich ein noch allgemein gehaltener Artikel über kanonische Gründe, die zur Ernennung von Apostolischen Administratoren führen können. Das geschah, um der Warschauer Regierungspolemik entgegenzusteuern; im Zusammenhang mit der Ernennung von »nur« vorläufigen Kirchenverwaltern hatte die Regierung das Konkordat von 1925 außer Kraft gesetzt. Die Ernennung vorläufiger Administratoren gehöre zur Gewohnheit des Apostolischen Stuhles, wenn sich die Notwendigkeit ergibt, außergewöhlichen Lagen vorzubeugen... Sie wurden tatsächlich für Gebiete ernannt, in denen die Ortsordinarien nicht (mehr) in der Lage waren, ihre Funktionen auszuüben(!)[17].

Kardinal Hlond schien also für schlichte Gläubige allgemein gedeckt. Pietrzak trifft wohl das Richtige, wenn er dazu bemerkt: »Diese Einstellung unterlag später einem Wandel. Man darf rechtliche Beweggründe für die Vorbehalte annehmen.«[18]

Eine das Vorgehen Kardinal Hlonds deckende Darstellung konnte sich damals bei kritischen Beobachtern aus Rechtsgründen nicht unangefochten halten.

Wie hat Rom sein Umdenken gegen Kardinal Hlonds Vorgehen in Ostdeutschland zum Ausdruck gebracht? Angesichts der innerpolitischen Lage in Polen verlangte ein solcher Schritt äußerste Behutsamkeit. Die vom Primas eingesetzten Apostolischen Administratoren für die Oder-Neiße-Gebiete werden im »Päpstlichen Jahrbuch« einfach nicht vermerkt. Dieses Jahrbuch erwähnt im Jahre 1950 nur Dr. Wronka für Danzig. Hier war eine kanonische Kirchenorganisation mit festen, endgültigen Grenzen vorhanden. Die Freie Stadt Danzig gehörte seit 1920 nicht zum Deutschen Reich. Von den anderen vier, d. h. von den neuen »Apostolischen« Administratoren östlich Oder-Neiße, findet sich keine Spur. Die leidenschaftlich vertretene Überzeugung, daß die Administratoren unmittelbar von Rom durch Kardinal Hlond als päpstliches

Werkzeug berufen waren, kam ins Zwielicht. Nur Dr. Wronka ist im »Annuario Pontificio« genannt. Warum die anderen nicht?

Da der deutsche Bischof Splett von Danzig[19] am 9. August 1945 wegen »Polenfeindlichkeit« verhaftet und später zu acht Jahren Gefängnis verurteilt worden war, hielt es der Primas für angebracht, die bis dahin in der Person des nunmehr Verhafteten bestehende Personalunion Danzig mit Chelmno (Kulm) durch einen Priester polnischen Blutes fortzusetzen[20]. Aber schon im März 1946 wurde diese Verbindung wieder gelöst und Dr. Wronkas Auftrag als Apostolischer Administrator auf die Diözese Danzig beschränkt, in die er aber schon gleichzeitig mit den anderen Administratoren durch Kardinal Hlond am 15. August 1945 eingewiesen worden war.

Am 7. Mai 1946 hat ihn Papst Pius XII. im eben erwähnten Zusammenhang nun nochmals unmittelbar als Apostolischen Administrator für Danzig berufen[21]. Der Papst hat damit dargetan, wie er über die von Kardinal Hlond vorgenommenen Berufungen denkt[22]. Langsam brach sich auch die Erkenntnis Bahn, daß Kardinal Hlond sich seine Vollmachten bei der Ernennung der Apostolischen Administratoren (die gleiche Frage erhebt sich bei seinem Verhalten gegenüber Dr. Piontek) eigenmächtig angemaßt hat. Die Übernahme von kanonischen Risiken mit der Gefahr, ungültig zu handeln, scheint zum Stil Kardinal Hlonds zu gehören. Er fragt dabei leider nicht, auf wessen Kosten diese »Großzügigkeit« geht.

Gegen die Sicherung der Seelsorge für die in den deutschen Osten hineingepumpten Polen durch den Primas war selbstverständlich in der gegebenen Notlage nichts einzuwenden. Einen Eingriff in die personale und territoriale Struktur der Diözesen, die durch Konkordate abgesichert waren, konnte Rom aber vor Abschluß des Friedensvertrages keinesfalls akzeptieren[23]. Seine Vertragstreue stand auf dem Spiel. Anders als für Dr. Kominek waren deutsche Ansprüche hier noch mehr als die Erinnerung an ein »Knochengerüst mit einem Totenschädel«. Die geschilderte kritische Reserve gegenüber dem Vorgehen von Kardinal Hlond führte auf polnischer Seite aber zu keinem Wandel der Gesinnung und zu keiner anderen Taktik. Da man Probleme mit dem kanonischen Recht hatte, verlegte man sich um so mehr auf das Schaffen von

Fakten, um diese dann als unangreifbar zu verteidigen. Man könnte einwenden, daß ein Typ Apostolischer Administraturen ja von vornherein dadurch gekennzeichnet ist, daß Teile von Diözesen losgelöst, stufenweise verselbständigt und dann endgültig eigenständig werden. Aber es ist singulär, daß dieser Vorgang unlösbar mit einer Massenvertreibung fast des gesamten bisherigen Kirchenvolkes verbunden ist.

In dieser Hinsicht mag die Politik wenig Skrupel haben. Das kanonische Recht kann seiner Idee nach keine Handhabe zu solchem Vorgehen bieten. Alles in allem trifft Pietrzak wohl ins Schwarze, wenn er seinen polnischen Lesern und wohl auch der Hierarchie gegenüber zusammenfaßt: »Bei der Lösung dieser Frage kann man nicht dabei stehen bleiben, daß dem Primas mit der Erteilung der Vollmachten auch die Billigung seiner Schritte de facto gegeben sei.«[24] Rom verdeutlicht das behutsam auf mehrfache Weise. Das »Päpstliche Jahrbuch« nimmt die von Kardinal Hlond umrissenen Kirchensprengel nicht zur Kenntnis. Nüchtern hält Pietrzak fest: »Tatsächlich . . ., im Jahrgang 1947 fehlt jede Erwähnung der polnischen Apostolischen Administratoren in den wiedererlangten Gebieten. Im Jahrgang 1950 erscheint nur der Name des Ks. A. Wronka als Verwalter der Diözese Danzig.«[25] Die Tatsache, daß Wronka in einer Diözese wirken sollte (Danzig), die kanonisch in festen Grenzen endgültig umrissen war – im Gegensatz zu den anderen von Kardinal Hlond vorläufig umrissenen Verwaltungsgebieten –, die außerdem nicht zu dem deutschen Konkordatsgebiet gehörte – sie unterstand dem päpstlichen Nuntius in Warschau! –, gab ihm eine rechtlich grundverschiedene Position. Er war wirklich ›Apostolischer Administrator‹, nicht nur »kirchlicher« wie seine Kollegen in den Oder-Neiße-Gebieten. Über den von Primas Hlond am 15. August 1945 errichteten polnischen Kirchensprengel Wrocław (Breslau) sowie über die von ihm ernannten Leiter Dr. Milik u. a. schweigt sich auch das Jahrbuch 1950 aus. Im Sinne des Preußischen Konkordates von 1929 werden die Diözesen Berlin, Ermland und die Freie Prälatur Schneidemühl immer noch als Suffragane der Erzdiözese Breslau aufgezählt, während die vom Primas Hlond geschaffenen Verwaltungseinheiten überhaupt nicht genannt werden. So wird immer noch, den gezielt geschaffenen

Fakten zum Trotz, der vor 1945 völkerrechtlich und kanonisch geltende Zustand ausgewiesen. Das kanonische Denken beugt sich nicht ohne weiteres den Fakten. Auch unter dem Stichwort »Polen« treten die vom Primas errichteten neuen Kirchensprengel sowie deren Leiter nicht auf, wohl aber die von der Sowjetunion besetzten ostpolnischen Erzdiözesen Wilna und Lemberg mit ihren Suffraganen. Später folgt unter dem Stichwort »Breslavia« die schon erwähnte Erklärung: »Wie bekannt, hat der Heilige Stuhl die Gewohnheit, Diözesangrenzen nicht endgültig zu ändern, solange nicht eventuelle Rechtsfragen, die diese Gebiete betreffen, durch Friedensverträge geregelt sind und die volle Anerkennung erlangt haben. Die genannte Rechtslage liegt vor in Breslau, Ermland und Schneidemühl. Um nun religiösen Beistand für die zahlreichen Gläubigen, die sich dort niedergelassen haben, zuzusichern, hat er Seiner Eminenz Kardinal Stephan Wyszyński die Aufgabe anvertraut, diese Gläubigen in religiöse Obhut zu nehmen.«[26] Diese Formulierung zeigt, daß nach dem Verständnis des Vatikans weiterhin die kirchlich-ostdeutschen Verwaltungseinheiten rechtlich existieren, die in den genannten Konkordaten umrissen worden sind. Kardinal Wyszyński ist nach dem Urteil der Kurie nur die »geistliche Leitungsordnung« über die einströmenden polnischen Gläubigen anvertraut worden. Welcher Kommentar zu der üblichen überschwenglichen Interpretation der Vollmachten!

Die Frage ist bei der Klärung des Geltungsbereiches (S. 99–105) bereits berührt worden. So wuchs die Kluft zwischen den dürftigen kanonischen Grundlagen und der zielbewußt angesteuerten Wirklichkeit immer mehr, bis die Spannung auch für Rom kaum noch zu ertragen war. Auf Kosten der deutschen Kirche wurde die Lage entspannt. Die widerrechtlich bewirkten Fakten setzen sich lebensmäßig durch.

»Ein weiterer Versuch, die Lage der Apostolischen Administratoren zu klären . . . , lag – nach Pietrzak – in der Durchführung einer Weisung (polecenia) des Heiligen Stuhles etwa um 1950 (bodaj z 1950 r).«[27]

Sie verlangte, daß die durch Kardinal Hlond nur mittelbar berufenen Männer und die ebenfalls nur mittelbar eingerichteten Verwaltungen (urzędy pośrednio powołane) nur die Bezeichnung

»kirchlich«, aber nicht »apostolisch« tragen dürften. Diese Bezeichnung stünde nur den unmittelbar vom Papst eingesetzten Verwaltungen[28] zu. Seitdem hätte man die Bezeichnungen entsprechend geändert und sich damit auch dem Wortgebrauch der zwischen Staat und Kirche – zweifellos unter Druck – »ausgehandelten Porozumienie« (»Verständigung« vom 14. April 1950) angeschlossen. Dieses Übereinkommen spricht von »*kirchlichen* Verwaltern mit den Rechten von Residentialbischöfen«.[29]

Rom hat jedenfalls später die direkten, den Absichten Roms entsprechenden Durchführungsakte, die in Vollzug und Ergebnis als »apostolisch« gekennzeichnet werden dürften, von den nur als »kirchlich« zu qualifizierenden Vorgängen und Institutionen abgesetzt. Nur die weitere Forschung wird ein letztes Wort darüber sagen können, ob z.B. neben der Ernennung der »Apostolischen« Administratoren auch die Aufforderung an Dr. F. Piontek zur Resignation letztlich nur auf der Ebene des »kirchlichen«, nicht des »apostolischen« Fundierten erfolgt sei. Damit hätte es sich präzise nicht um Gehorsam gegen den Papst, sondern um Erfüllung der Absichten einer fehlbaren kirchlichen Instanz, die sich in diesem Punkt aber nicht auf »apostolische« Anweisung berufen konnte, gehandelt.

Dann hätte die Frage des »Gehorsams« gegen den Heiligen Vater, die für Dr. Piontek maßgeblich war, eine Qualität bekommen, die möglicherweise zu einer anderen Entscheidung geführt hätte. Einem katholischen Theologen fällt es nicht leicht, einen polnischen Kardinal so ins Zwielicht zu bringen. Aber er hat diese Entwicklung selbst herbeigeführt.

Die Rückstufung von »apostolisch« zu »kirchlich« hatte eine sehr praktische Folge. Rom trat mit den von Kardinal Hlond errichteten »kirchlichen« Administratoren nicht direkt in Verbindung. »Es gab fast keinen Briefaustausch.«[30] Die Administratoren wurden von Rom nicht wie regierende Bischöfe, sondern eher wie Generalvikare, die von ihrem Bischof abhängig sind, behandelt. Sie erhielten ihre »Post« aus Rom daher auch über ihren »Chef«, den Primas.

Leider haben diese Winke aus Rom auf polnischer Seite zu keinem Wandel in der Beurteilung des Vorgehens Kardinal Hlonds geführt. Dafür gab es eben eine schon von Dr. Kominek erwähnte Erklärung:

»Die gewaltige deutsche Propaganda hatte... eine für uns sehr negative Wirkung. Die zentralen kirchlichen Behörden in Rom bezogen im Verhältnis zu den (von Kardinal Hlond eingesetzten) Apostolischen Administratoren in den Westgebieten eine größere Distanz, als das in der Anfangsphase der Fall war.«[31]

Aber die korrigierenden und mahnenden Signale aus Rom blieben ohne Wirkung. Eine Korrektur im Sinne Roms, im Geiste des Kirchenrechtes, hätte viel für die deutsch-polnische Versöhnung tun können. Aber man hat lieber Ausflüchte benutzt, um sich den Konsequenzen der »Zeichensprache« aus Rom zu entziehen. Einmal, so behauptete man, sei die Kurie in sich gespalten. Manche Kongregationen hätten »die Entscheidung Kardinal Hlonds akzeptiert«. Ferner, die römischen Einwände seien nicht sachlich begründet, sondern, wie oben bereits erwähnt, nur Folge westdeutschen Druckes auf den Vatikan.

Nach Pietrzak sah sich die Kurie Polen gegenüber in einer Klemme. Einerseits hatte sie Kardinal Hlond gewähren lassen, andererseits kamen Nöte wegen der deutschen Konkordate. Hier hätte sich die Kurie durch eine doppelgleisige Politik geholfen.

Das Staatssekretariat enthielt sich im Hinblick auf die Forderungen des Konkordates mit Deutschland des offiziellen Gebrauches der Bezeichnung »Apostolischer Administrator« hinsichtlich der von Kardinal Hlond eingesetzten Leiter und der ihnen unterstellten Gebiete mit Ausnahme von Danzig.

Den Hintergrund dieser Unterscheidungen stellt Pietrzak heraus: Im täglichen Umgang (potocznie) ist damit ein Bereich gemeint, der von einem Apostolischen Administrator verwaltet wird. Im engeren Sinn handelt es sich um eine vorläufige Einheit, die aus einem Diözesanverband ausgegliedert worden ist mit der Perspektive, eine neue Diözese zu werden. Es ist nicht klar, ob eine *derartige* Apostolische Administratur besonders errichtet worden ist. In jedem Fall hatten die Apostolischen Administratoren auf den wiedererlangten Gebieten nach polnischen Vorstellungen solche Funktionen zu erfüllen,[32] ohne aber als solche errichtet worden zu sein. Schon allein die von Rom gewählte Tatsachensprache, auf die hier hingewiesen worden ist, zeigt klar, daß mit dem Auftrag an Kardinal Hlond keine Errichtung neuer (polnischer) Diözesen angestrebt worden ist.

Aber kommen wir auf die »Lösung« der Doppelgleisigkeit der Kurie zurück. Das *Staatssekretariat* hat, wie gezeigt, auf die Kenntlichmachung der Rückstufung – mit Ausnahme von Danzig – gedrängt. Die *anderen* päpstlichen Behörden, die weniger durch Konkordatserfordernisse gebunden waren, sollen die Entscheidung Hlonds in Gänze angenommen (pozostałe urzędy... w pełni akceptowały decyzje kard. Hlonda) und die entsprechende Nomenklatur gebraucht haben[33]. Dabei dürfte es sich freilich eher um Schlamperei oder Kommunikationsstörungen innerhalb der Kurie handeln, für die aber in Fragen des Staatskirchenrechtes das Staatssekretariat – für alle Kongregationen verbindlich – die Federführung hat. Dieses allein ist im Zweifelsfalle maßgeblich, nicht der Informationsrückstand einzelner Kongregationen. Die »Winke« hätten die polnische Hierarchie zum Neubedenken bringen können. Aber in dem Arsenal der Ablehnung alles Deutschen boten sich bequemere Auswege, die auch publizistisch im Lande gut ankamen und keinerlei aszetische Bemühung erforderten. Nämlich: Auch die Kurie sei gespalten, einige Kongregationen würden der Sache nach auch jetzt noch das Werk des Kardinal Hlond, so wie es vollzogen worden ist, in allen Einzelzügen decken. Daß dies aber von den in unserer Frage inkompetenten, d. h. nicht maßgeblichen Kongregationen geschieht, wird verschwiegen.

Die Art, sich so der sauberen kanonischen Klärung zu entziehen, ist für die Opfer schmerzlich. Durch solche »Lösungen« sind zukunftsverheißende Ansätze einer deutsch-polnischen Versöhnung eher verspielt worden, obwohl Rom seinen Unwillen am Vorgehen Kardinal Hlonds deutlich genug bekundet hatte. Aber nicht Unkorrektheiten Kardinal Hlonds, sondern der Druck der Deutschen hätte diese Kritik des Vatikans hervorgerufen. Weiterhin werden bewußt kanonisch nicht gedeckte Fakten geschaffen, die später kaum widerruflich sind. Die von Rom deutlich angedeuteten Rechtsmängel wurden kaum zur Kenntnis genommen, der darin liegende Ruf nach Korrektur wird überhört. Die für seelsorgliche Anliegen erteilten Vollmachten wurden, »nach allem, was sie hergaben« (Dr. Kominek), doch zur Demonstration der Endgültigkeit der eben etablierten »polnischen Wirklichkeit« eingesetzt. Der Primas und der Episkopat Polens standen also in der Frage des kanonischen Ranges der Apostolischen Administratoren gegen Rom. Die Deutschen konnten natürlich nicht einsehen, daß ohne Friedensvertrag und ohne Ratifizierung eine endgültige völkerrechtliche Lösung vorliegen könnte. Man wollte auch nicht glauben, daß der polnische Episkopat sich hier – in problemloser Übereinstimmung mit der roten Regierung – auf den dort selbstverständlichen Standpunkt eines unchristlichen Rechtspositivismus gestellt haben könnte. Können denn auf dem Boden des abendländischen Naturrechtes und erst recht der göttlichen Offenbarung so elementare Grundsätze menschlichen Zusammenlebens wie »Auch die andere Seite muß (im Rechtsstreit) gehört werden!« oder darf das fundamentale »Jedem das Seine« bei der Gestaltung einer am Ende doch gemeinsamen Zukunft so radikal außer Kraft gesetzt werden? Der (meist) atheistische Rechtspositivismus kann das ohne Skrupel; aber ein an die Grundsätze christlicher Ethik und des Naturrechtes gebundener katholischer Episkopat?

In seinem ersten Wort an die deutschen Vertriebenen vom 1. November 1945 hat der Papst ein unparteiisches Urteil in Gerechtigkeit gefordert. Die polnische Hierarchie hat in Rückschlagstimmung das einseitig an sich Gerissene sehr schnell als gerecht erklärt. Es ist schwer, solchem Urteil in eigener Sache, ohne jeden Kontakt mit der betroffenen Seite, diese Qualitäten zuzuerkennen. Im Jahr 1963 ist es Dr. Kominek sogar gelungen, über Radio Vaticana in fünf Vorträgen die ahnungslose und noch stark antideutsch eingestellte Welt in seinem Sinne zu »informieren«.[34]

Hier ging es darum festzuhalten, daß die polnische Hierarchie die »kritischen Winke« Roms nicht beachtet hat. Nicht Unkorrektheiten des Primas im Zusammenhang mit dem Gebrauch von Vollmachten, sondern »unbegründete« Einsprüche der Deutschen hat man dafür herangezogen. Demgemäß ist die alte Linie, Fakten auch im Widerspruch zum kanonischen Recht zu schaffen, fortgesetzt worden. Soll man methodisch darin ein polnisches Erfolgsmodell sehen? Schon damals waren wir um die gemeinsame Zukunft besorgt und haben gefragt, welcher Beitrag zu einer späteren deutsch-polnischen Versöhnung damit geleistet worden sei. Dr. Kominek hat die Beziehungen zwischen der deutschen und der polnischen Kirche beim letzten Treffen der beiden Hierarchien in Breslau am 1. September 1945 mit denen zwischen Besiegten und Siegern verglichen. Wer den Vergleich übernimmt, wird als »Sieger«, der absolut rechtlosen »Besiegten« gegenübersteht, im Vorgehen Kardinal Hlonds nichts Fragwürdiges finden. Es diente der Begründung der völlig neu zu schaffenden, d. h. erst durch Vertreibung der deutschen Stammbevölkerung zu erreichenden »polnischen Wirklichkeit«. Die Traumposition des polnischen Nationalismus sollte im widerstandslosen Raum exzessiv und radikal ausgebaut werden. Kardinal Hlond hat das schon im Brief P. Leibers an Bischof Preysing, Berlin, kritisierte Vorgehen, ähnlich wie Dr. Kominek, als Auftrag Roms ausgegeben und schließlich alles auf das »Wort« Roms zurückgeführt. Diese politisch-taktische, massenpsychologisch ankommende »Rechtfertigung« hat die Gewissensfragen verdrängt. Die so durchgeführten Vollmachten wurden dann als eine wohlwollende Geste des Vatikans dargestellt. Der Vatikan wolle im Sinne nationalpolitischer Erwartungen die »Zeiger der Geschichte weder aufhalten noch zurückstellen«[35].

Zunächst schien alles in Harmonie mit Rom zu laufen. Die deutsche Kirche war einfach fallengelassen worden. Diese von Dr. Kominek als »honigsüße Monate« erlebte Zeit währte aber nicht lange[36]. Schon gegen Ende 1945 zuckten die ersten »Blitze« gegen das Vorgehen Kardinal Hlonds am westlichen Himmel[37]. Der beginnende Wandel in der Beurteilung hat aber auf die faktische Entwicklung keinen Einfluß mehr gehabt.

4. Die ostdeutsche kirchliche Tragödie in Druck und Presse

Langsam meldeten sich auch die Opfer aus dem Westen zu Wort.

Einige Aufregung auf polnischer Seite rief ein bereits im November 1945 erschienener Beitrag in den Schweizer »Apologetischen Blättern« hervor: Kardinal Hlond hätte für die ostdeutschen Gebiete keine päpstlichen Vollmachten erhalten, er hätte die deutschen Diözesanoberen hinterlistig zur Resignation gedrängt und die polnischen Administratoren widerrechtlich eingesetzt. Auch der Kapitelsvikar Dr. F. Piontek hätte nach Gesprächen mit seinen Domkapitularen die Befürchtung genährt, daß es mit der ihm abgenötigten Resignation seine Tücke haben könnte.

Der von deutscher Seite erhobene Vorwurf, der Primas hätte ohne Vollmachten gehandelt, muß präzisiert werden. Genau heißt das: Der Primas kann – bisher freilich nicht nachgewiesene – Aufträge seelsorglicher Art für die einströmenden Polen erhalten haben. Jedoch hatte er weder den Auftrag noch die Vollmacht, die deutsche Kirchenorganisation im Sein und Wirken zu schmälern. Da die Vollmachten nicht amtlich publiziert worden waren[38], kamen die Dispute auch nicht vom Fleck. Auf polnischer Seite haben J. Pietrzak und im Anschluß an ihn Kosiński sich bemüht, auf die Bedürfnisse und Notwendigkeiten hinzuweisen, die zusätzliche – angeblich mündliche – Vollmachten erforderlich gemacht hätten, ohne aber dazu etwas dokumentarisch Stich- und Hiebfestes vorlegen zu können. Hier handelt es sich um Postulate der polnischen Kirche, aus denen das Vorhandensein weitergehender, mündlicher Vollmachten nicht bewiesen werden kann.

Im Jahre 1952 hat Dr. Kaps seinen Dokumentarband »Die Tragödie Schlesiens« in München veröffentlicht. 1950 war in München bereits das Gedenkbüchlein »Vom Sterben schlesischer Priester 1945/46« herausgekommen, das neu bearbeitet von E. Brzoska (Köln 1987) in 2. Auflage erschienen ist. 1954 folgte in München »Vom Martyrium und Heldentum ostdeutscher Frauen.« Diese Werke enthalten zahllose, beglaubigte Zeugnisse von bitteren Einzelschicksalen. Die erschütternden Erlebnisse haben leider auf polnischer Seite zu keiner Revision über die einfach behauptete »humane und menschenwürdige Umsiedlung« geführt. Die tragische geschichtliche Wirklichkeit wird aus naheliegenden Gründen verdrängt.

Für die deutschen Katholiken war es am schmerzlichsten, daß sich hohe Repräsentanten der katholischen Kirche führend an solchen die Gewissen entlastenden Verdrängungsaktionen beteiligten. Dr. Kominek hat in seinen Erinnerungen festgehalten: Dr. J. Kaps habe durch seinen Originalbericht »Die Tragödie Schlesiens« Polen schweres Unrecht getan. »Die Deutschen hielten sich an einzelne Vorkommnisse und schufen eine Publikation neuen Stiles, nämlich ein Martyrologium des deutschen Volkes unter polnischer Herrschaft. Es wurde in Westdeutschland von Dr. Kups (sic!) herausgegeben, der aus Breslau stammt. Er tat den Polen schweres Unrecht (wysoce krzywdzący dla Polaków), die als Verfolger der (deutschen) Katholiken und der deutschen Priester abgestempelt wurden.«[39] Es mußte die seinerzeit völlig ausgelieferten Opfer sehr berühren, daß das unendliche, überall im Vertreibungsgebiet bezeugte Leid nun von einem Apostolischen Administrator einfach als im wesentlichen erfunden abgetan wird. Millionen von Zeugen wissen, daß Dr. Kominek hier die Wahrheit nicht trifft, sondern sie aus nationalem Interesse »frisiert« hat.

Im Jahr 1977 griff auch der für die vertriebenen Katholiken aus der Erzdiözese Breslau damals zuständige Apostolische Visitator, Hubert Thienel (Düsseldorf, Breslau, † 23. 12. 1987), das seit 1945 schmerzende Thema rückblickend auf. Später, in der Nr. 2 (1977) des »Heimatbriefes für die Priester und Gläubigen der Erzdiözese Breslau«, erinnerte er daran, daß Primas Hlond den rechtmäßigen Breslauer Kapitelsvikar Dr. Piontek am 12. August 1945 mit Berufung auf (nicht vorgelegte) vatikanische Vollmachten zur Resignation genötigt hätte. Später hätte sich dann herausgestellt, daß Papst Pius XII. von der Sache nichts gewußt und sie auch nicht so gewollt hat (S. 106–113). Diese brisante Nachricht entdeckte der Axel-Springer-Dienst (ASD), der sich sofort von Prälat Thienel weitere Einzelheiten mitteilen ließ. Prälat Thienel, der den Kapitelsvikar bald nach dem entscheidenden Treffen mit Kardinal Hlond am 12. August 1945 in Breslau sprechen konnte, war darüber bestens informiert[40].

Die dem ASD anvertrauten »Neuigkeiten« erschienen am 2. Juli 1977 in der »Kölnischen Rundschau« unter der Überschrift: »Ein polnischer Kardinal belog Papst und Nuntius«. Auch der damalige Apostolische Visitator für die Besatzungszonen Deutschlands, der deutschstämmige Bischof Muench aus USA, sei von Hlond nicht benachrichtigt worden. Papst Pius XII. selbst hätte sich niemals zu solchen Rechtsübertretungen hinreißen lassen, wie Kardinal Hlond sie durchführte. Er mußte sie aber post factum, um der Einheit willen, schließlich in Kauf nehmen. Für Dr. Kominek waren es dagegen »starke und oftmals ordinäre Hiebe, die die Spalten der Presse im Westen füllten, nicht immer dem polnischen Staat wohlgesonnen, der unter neuen politischen Bedingungen entstand«.[41] Die von seiten der deutschen Opfer erhobenen Einsprüche – gelegentlich verständlicherweise emotionalisiert – gegen das von der polnischen Kirche mitbetriebene Konzept der unterschiedlosen Entrechtung und Vertreibung und der zumindest zwielichtigen Art der Amtsübernahme hat Kardinal Kominek leider nur global als »Propaganda, als Übertreibungen, Verdrehungen und Erfindungen«, ohne auf Sachargumente einzugehen, zurückgewiesen. Alle Rechte Deutscher sind nach Dr. Kominek durch Schaffung der polnischen Wirklichkeit endgültig ausgelöscht. Sie sind nur noch ein »Knochengerüst mit einem Totenkopf«.[42] Die militärisch geschaffenen Fakten hätten alle Rechte der Deutschen innerlich ausgehöhlt.

Als Dr. Komineks Polonisierungskonzept verwirklicht war, hat er besonders im »Polnischen Tauwetter« (Ende 1956, als Gomulka zur Macht kam) den Restgruppen von Deutschen, die in den verhältnismäßig geschützten »Nischen« (Facharbeiterfamilien) den großen Sturm der Entwurzelung überstanden hatten, in einer unerwartet warmen und väterlichen Weise in Breslau (St. Hedwigskapelle) und in Waldenburg, besonders bei der Verabschiedung des langjährigen, apostolisch-armen deutschen Seelsorgers für Niederschlesien, Johannes Liebelt[43], Trost zugesprochen und das Gefühl, bei ihm gut aufgehoben zu sein, aufkommen lassen. Im Vergleich zu seinem regimefreundlichen Vorgänger Lagosz strahlte er religiöse Wärme und übernationale Verbundenheit aus. Diese Rest-Deutschen haben ihm das nie vergessen und in ihm aus dieser Erfahrung einen Vorkämpfer der Versöhnung mit Deutschland gesehen. Er hätte ungewöhnliche Chancen eines sich stufenweise versöhnenden polnisch-deutschen Miteinanders gehabt, wenn er sein einseitig nationales Konzept, das nun einmal das Leerfegen des Landes von den Deutschen in sich schloß, christlich modifiziert hätte.

So hat er leider einseitig als einer der Protagonisten eines zu polonisierenden Schlesien gewirkt. Auch das Werk R. Ströbingers

»Kreuz und Roter Stern« (ohne Jahresangabe) war damals bedeutsam. Es schloß an den Artikel in der »Kölnischen Rundschau« an. Die durch die Jahre geschleppten Vorwürfe gegen Kardinal Hlond, der 1948 indes gestorben war, lebten wieder auf[44].
Vor allem hat es die polnische Kirche bei bloßen, nur durch Macht gestützten Behauptungen belassen, ohne methodisch sauber historische Beweise auf den Tisch zu legen.

Siebter Exkurs: Warum wurde das Tischtuch radikal zerschnitten?

Unter den umgekehrten politischen Vorzeichen, unter denen das Hitlerregime intensiv mit der Vertreibung der polnischen Stammesbewohner aus dem »Warthegau«, bei gleichzeitiger religiöskirchlicher Verelendung, angetreten war, hat Rom jedenfalls am 5. Oktober 1941 durch den Nuntius für Deutschland, Caesare Orsenigo (Berlin), den polnischen Weihbischof und Generalvikar von Posen, Dr. Val. Dymek, als Apostolischen Administrator für die bedrohten polnischen Katholiken berufen. Freilich konnte er sein Amt unter dem braunen Terror nicht angemessen ausüben. Aber die polnischen Katholiken wußten sich in schwerster Bedrängnis nicht von der Kirche verlassen. Dr. Dymek arbeitete vertrauensvoll mit den deutschen Apostolischen Administratoren (Dr. Paech ab 2. Mai 1942 und P. Hilarius Breitinger OFM Conv., Posen) zusammen.

In der Diözese Kattowitz sind die beiden nach dem Einmarsch der Deutschen ernannten deutschen Generalvikare Strzyż († 3. Juni 1942) und Fr. Wosnitza († 4. Oktober 1979) dem Ortsbischof, auch als er nach Krakau ins Exil mußte, in Loyalität und Treue verbunden geblieben. Er hatte sie auch in voller Freiheit ernannt. An diesen Orten ist eine stille polnisch-deutsche Zusammenarbeit auf Vertrauensgrundlage entwickelt worden. Damit erhielten sich »Nischen« katholischen Denkens und Fühlens im Feuerbrand des Hasses. Restbestände von Katholizität wurden gerettet. Freilich waren solche »Nischen« stets bedroht. Aber sie haben ein den Ungeist der Zeit überwindendes Zeugnis abgelegt.

Die Verbindung zu Krakau wurde u. a. auch von Dr. Kominek von der Kattowitzer Kurie aufrechterhalten[45].

War es 1945 vermessen, unter genau umgekehrten Vorzeichen auf solche Auswege wenigstens hier und da zu hoffen? Hätte es dem bevollmächtigten Primas nicht gut angestanden, gleichzeitig sekundär deutsche Apostolische Administratoren für die gleichen Bereiche zu ernennen? Die neue kirchliche Führung fand nichts dabei, unbekannte Hunderttausende, vielleicht Millionen – darunter viele Menschen des gleichen Glaubens und Menschen ohne jede Schuld an den von Hitler verursachten Verbrechen – seelsorglich fallenzulassen. Die ungewöhnlichen Schwierigkeiten innenpolitischer Art sollen nicht übersehen werden. Warum hat man nicht wenigstens den Versuch gemacht, ein »Zeichen« in Richtung Versöhnung *innerhalb* der Kirche anzudeuten? Es hätte die leidige deutsch-polnische Versöhnung beflügelt. Galt hier auch: »Die Juden verkehren nämlich nicht mit den Samaritern«?[46]

Das Echo auf Kardinal Hlonds Vorgehen war also hüben und drüben diametral entgegengesetzt. Hier tiefe Trauer und ausweglos-ergebene Niedergeschlagenheit, dort Jubel und volle Zustimmung. Durch bessere Informationen änderte sich der Bewußtseinsstand der deutschen Seite. Erschütternde, neue Signale ließen erkennen, daß Kardinal Hlond nicht im Sinne Roms gehandelt hatte. Diese Entwicklung spiegelte sich auch in der Presse und in den dokumentarischen Publikationen, deren Wahrheitsgehalt von polnischer Seite einfach bestritten wurde. Es hätte keine »Vertreibung«, sondern nur eine legale »Umsiedlung« gegeben. Die Pressefehden blieben ohne Fortschritt und wurden zu einseitigen Monologen, auf deutscher Seite klagend berichtend, auf polnischer Seite rechtfertigend, zurückweisend und »frisierend«. Die »Fronten« bleiben somit verkrampft. Die Nichtveröffentlichung der Vollmachten, verbunden mit einer exzessiven Ausnutzung derselben durch den Primas, haben zur Verwirrung und Versteifung und leider auch zur gegenseitigen Verdächtigung beigetragen. Man durfte mit dem Propheten fragen: »Wächter, wie tief die Nacht?«[47]

V.
Die Frage nach Unrecht und Schuld beim Rückschlag 1945

1. Die Antwort aus deutscher Sicht

Reaktionen und Presseberichte über das Vorgehen Kardinal Hlonds waren diametral widersprüchlich (Kapitel IV). Noch krasser sind die Unterschiede hinsichtlich des ethischen Aspektes: Ist beim Rückschlag auch Unrecht geschehen? Wer hat es zu verantworten? Cum grano salis läßt sich, ohne daß hier auf das ganze Problem eingegangen werden kann, in etwa sagen, daß Polen in der Abwehr des Angriffs durch Hitler in gerechter Notwehr gehandelt hat und soweit ethisch integer geblieben ist. Die Verantwortung liegt bei den Entscheidungszentralen des sogenannten »Dritten Reiches« und bei allen, die sich in weitgegliederter Organisation bis an die Basis zur physischen und ideellen Unterstützung dieses Krieges – freilich nach raffinierten Propagandafeldzügen und gezielter Desinformation bei gleichzeitig unvorstellbarem Terror – bestimmen ließen. Theologisch sind jene, die rein materiell mitgewirkt haben, entschuldigt; Gott allein kann wissen, ob und wie weit das erforderliche Gewicht wirklich »entschuldigender Gründe« vorgelegen hat. Hier geht es nur um den Rückschlag 1945, ohne die vorausgegangenen Verbrechen Hitlers zu verharmlosen.

War das harte, oft als unmenschlich empfundene Vorgehen der Polen auf dem Hintergrund der Verbrechen Hitlers nicht etwa doch »verständlich«? Es ist zuzugeben: Vieles, was die Opfer als bitterstes Unrecht empfunden haben, wird dadurch tatsächlich »verständlich«. Das bedeutet aber nicht, daß es ethisch erlaubt ist. Auch Haß und Rache sind psychologisch »verständlich«, bleiben trotzdem als unchristliche Verhaltensweisen verwerflich, so sehr sich auch eine nationalistisch introvertierte Staatsräson ihrer bedient.

Ist also beim Rückschlag in Politik und Kirche Unrecht geschehen? Hören wir zuerst die deutsche Seite. Drei Zeugnis-Worte der deutschen Bischöfe sollen anklingen:

»Millionen sind schon von diesem entsetzlichen Schicksal ereilt... Die Austreibung ist mit furchtbarer Brutalität, unter Nichtachtung aller Menschlichkeit erfolgt.«[1] (Wir sahen uns veranlaßt, Stellung zu nehmen zu) »den himmelschreienden Vorgängen im Osten Deutschlands, vor allem in Schlesien und im Sudetenland, wo mehr als 10 Millionen Deutsche aus der angestammten Heimat in brutaler Weise vertrieben worden sind, ohne daß untersucht wird, ob eine persönliche Schuld vorliegt oder nicht. Keine Feder kann das namenlose Elend schildern, das dort unter Mißachtung jeglicher Menschlichkeit und Gerechtigkeit sich vollzieht.«[2] »Gerade die Vertriebenen waren es, denen großes Unrecht geschah...«[3] Manchmal werden diese klaren Aussagen heute zu leise ausgesprochen.

2. Die polnische Erwiderung

Dr. Karol Milik, Apostolischer Administrator von Breslau, erklärt in seinem Antrittshirtenwort:

»Das Ende jeder Barbarei ist Niederlage, Brandmal der Schande und der Verachtung, wie uns davon noch einmal zum Greifen deutlich der letzte Krieg überzeugt hat. Wer Verderben sät, wird Verderben ernten. Dem polnischen Staat war stets jede Barbarei fremd. Da, wo Gewalt war, Raub, Lüge, Rechtlosigkeit, Schändung der Friedhöfe, Auslassung der Wut an Lebenden und Toten, da war Polen nicht dabei!«[4] Für Kardinal Wyszyński ist die Schuldfrage von Gott selbst entschieden. Polen hätte nur das Seine zurückgeholt und eine gerechte Sühne gefordert. »Wir sind in unser Eigentum als rechtmäßige Eigentümer zurückgekommen. Wir kamen zurück aufgrund der richterlichen Entscheidung der göttlichen Gerechtigkeit... Es waltet Gerechtigkeit unter den Völkern, grausame und ... blutvergießende Völker müssen früher oder später den Völkern, die sie vergewaltigt haben, die gerechte Sühne leisten.«[5]

Auch bei ihm ist das Volksganze Träger von Schuld. »Völker« müssen Sühne leisten. Den Deutschen sei daher kein Unrecht geschehen. Also wieder eine verkappte Selbstabsolution. Anläßlich der 20. Jahresfeier der Errichtung der polnischen Kirchenverwaltung hatte der Primas in Allenstein, Ostpreußen, im Sommer 1965 erklärt: »Wir sind Zeugen wie das Unrecht, das dem Christentum einst angetan wurde, wiedergutgemacht worden ist. Zugleich sind wir voller Bewunderung für den gerechten Gott, der den Ruf des Blutes vernahm, des Blutes unserer gequälten Brüder, das aus diesem Land zum Himmel schrie. Denkt daran, wie reich das Land mit dem Blut unserer Väter getränkt wurde und ... wie selbstverständlich diese Strafe in unseren Augen und vor unserem *Gewissen* ist ... Wir stehen im *Gefühl*, daß Gott eingegriffen hat, wir stehen auf dem Standpunkt aller, daß diese Westgebiete im Sinne der göttlichen Gerechtigkeit unauflöslich mit dem Vaterland verbunden sind.«[6]

Diese Äußerungen bezeugen das »gute Gewissen«, das die Staatsräson verstärkt. Dazu kommt die Klitterung der Geschichte sowie die theologische Idealisierung, Gott selbst hätte eingegriffen. Diese problematischen Erklärungen sind in einem Land erfolgt, das Polen bei den Verhandlungen in Versailles 1919 als ethnisch eindeutig polnisch erklärt hat. Die von deutscher Seite geforderte und bewilligte Abstimmung brachte die Wahrheit an den Tag: Im Westteil des Abstimmungsbezirkes (Westpreußen) haben sich – unter internationaler Kontrolle – 92,5 Prozent, im ostpreußischen Teil 97,7 Prozent für Deutschland entschieden. Welches Blut rief zum Himmel? Welche Brüder wurden gequält?

Besonders schmerzlich und enttäuschend ist die im Hirtenbrief vom 10. Februar 1966 ausgesprochene Entsubstantiierung der am 18. November 1965 in Rom feierlich ausgesprochenen Bitte um Vergebung.

In dem erwähnten Schreiben bekennt sich der *polnische Episkopat* nach harten, tapferen Auseinandersetzungen mit der Regierung um das Recht der Versöhnungsformel »Wir vergeben und bitten um Vergebung!« schließlich zu einer den entscheidenden Ursinn aushöhlenden Kompromißlösung.

»Hat das polnische Volk einen Grund, seine Nachbarn um Vergebung zu bitten? Sicherlich nicht! Wir sind überzeugt, daß wir als Volk (naród) durch Jahrhunderte hindurch dem deutschen Volk weder politisches noch wirtschaftliches noch kulturelles Unrecht (krzywd politycznych, gospodarczych i kulturalnych... nie wyrządziliśmy) angetan haben. Aber wir bekennen den christlichen Grundsatz, der jüngst in einigen literarischen Werken betont worden ist (Albert Camus), nach dem es keine unschuldigen Menschen gibt. Wir sind überzeugt, wenn nur ein einziger Pole sich als unwürdiger Mensch gezeigt hätte, wenn nur ein einziger im Lauf der Geschichte etwas Böses getan hätte, dann hätten wir Grund zur Bitte: ›Wir bitten um Verzeihung, wenn wir ein Volk edler, großherziger Menschen, das Volk der besseren Zukunft sein wollen.‹«[7]

Die damit ausgedrückte Auflösung der Schuld im Bereich politischer Unternehmungen – hier vor allem beim Rückschlag – führt im Ergebnis für den Leser dazu, daß Polen als Ganzes in seiner Politik usw. kein Schuldkonto Deutschland gegenüber aufgehäuft hätte, und zwar nie im Lauf der Geschichte, also auch nicht beim Rückschlag 1945. Was soll dann die von Polen an Deutschland gerichtete Bitte: »Wir bitten um Vergebung!« substantiell aussagen? Das erwähnte, vergleichbar minimale Privatunrecht einzelner Polen gegenüber einzelnen Deutschen ist keine Verletzung der justitia internationalis. Im entscheidenden, politischen Raum brauche und könne Polen also nichts vergeben, weil es als politisch handelndes Volk gar nicht schuldig geworden sei. Es bleiben nur die Querelen zwischen Privatpersonen, an die bei der Versöhnung der Völker höchstens am Rande zu denken ist. In der Substanz gäbe es hier nichts zu vergeben, also hätte Polen auch nicht darum zu bitten. Die edle Vergebungsformel wird somit still ausgehöhlt. Es bleibt ein optisch-akustischer Versöhnungsvollzug, der keinen Inhalt hat. Die polnische Seite wird auf die quantitativ verschiedenen Ausmaße des Unrechts hinweisen. Hier heißt aber die Frage, ob größeres Unrecht durch geringeres Unrecht vergolten werden darf. Das ist ethisch nicht vertretbar, weil der Christ niemals Unrecht, auch nicht geringeres, tun darf.

Die Hirtenworte bringen letztlich das alte Schwarzweißschema, das auf das später zu behandelnde, romantisch-messianische Denken zurückgeht. Dieses läßt es nicht zu, daß der bis zum Rückschlag reine polnische Schild irgendwie befleckt wird. Dr. Miliks These klingt wieder an:

»Wo Unrecht usw. war, da war Polen (sozusagen ex definitione) nicht dabei.« Das ist aber eher ein Postulat der nationalen Ideologie als geschichliche Wahrheit. Um die edle Formel aber doch aussprechen zu können, wird sie auf einen Inhalt eingeschränkt, an den man bei der Frage der Versöhnung von Völkern kaum denkt, nämlich an die private Schuld einzelner Polen gegen einzelne Deutsche. Aber das ist eine in dem Zusammenhang der Versöhnung von Völkern und Kirchen allzu dürftige »Ersatzmaterie«, die für das stehen soll, was im Hauptpunkt nicht zugestanden worden ist. Polen hätte also nicht auf den Titel verletzter internationaler Gerechtigkeit um Vergebung zu bitten. So bleibt es bei der vom Messianismus vorprogrammierten, erhabenen Reinheit des polnischen Schildes in der gesamten Geschichte – auch beim Rückschlag. Darin ist aber nicht *die* Versöhnungsbitte enthalten, um die es im deutsch-polnischen Verhältnis zwischen den Kirchen geht. Natürlich wird dem polnischen Volk und der polnischen Kirche damit in keiner Weise eine Kollektivschuld unterstellt. Schuldig sind die politisch bei Planung und Durchführung Verantwortlichen sowie alle die, die in abgestufter Weise gestützt, geworben, gutgeheißen haben und, wo es möglich gewesen wäre, doch keinen Widerstand geleistet haben.

Es ist schwer vorstellbar, wie auf dem Boden christlicher Ethik Gruppen, die das menschenunwürdige Vorgehen nach dem Waffenstillstand zu verantworten haben, von allem Unrecht freigesprochen werden können. Ist »Polen«, wie Dr. Milik behauptet, wirklich »nie dabei gewesen, wenn Unrecht geschehen ist«?[8]

So wurde die richtige und bewegende Versöhnungsformel des polnischen Episkopates von 1965, »Wir vergeben und bitten (unsererseits) um Vergebung«, im zweiten Teil ihres Inhaltes beraubt. Diese so vielverheißende Formel gilt nicht für das durch die Politik und die amtlichen Organe Polens gesteuerte Vorgehen gegen die ostdeutsche Bevölkerung. Nach einem hoffnungsvollen Aufschwung endete alles wieder bei dem Schwarzweißschema, das Polen Deutschland gegenüber im Blut liegt. Die Staatsräson erlaubt dem Episkopat nichts anderes. Ein verbales Pflaster ohne Heilwirkung wurde auf die Wunde gelegt: Wir vergeben, aber wir weigern uns, eigene Schuld anzuerkennen.

Auch der Kirche sonst verbundene Kreise, z.B. die katholischen Abgeordneten der bischofstreuen Znak-Gruppe, die weitgehend das Vertrauen des Episkopats besaß, stellten sich auf die Seite der Regierung gegen den Primas. Der Episkopat mußte bangen, sich innerlich vom Volk entfernt zu haben. Das Ergebnis hat der Hirtenbrief 1966 gebracht: »Als Nation haben wir den Deutschen politisch, wirtschaftlich und kulturell keinen Schaden zugefügt.«[9]

Das deckt sich wieder mit der rechtspositivistischen Interpretation des (von Stalin verschärften) Potsdamer Protokolls. Kardinal Hlond war nach Pietrzak, einem guten Kenner der Szene, überzeugt, »daß die Beschlüsse der Potsdamer Konferenz eine ausreichende ›rechtlich internationale‹ Grundlage für sein Vorgehen in den wiedererlangten Gebieten darbieten. Dieses Vorgehen entspricht am besten den Interessen des Heiligen Stuhles, der polnischen Staatsräson und den seelsorglichen Bedürfnissen der polnischen Bevölkerung dieser Gebiete.«[10] Der utilitaristische Duktus dieses Arguments fällt auf. Er argumentierte von der Wirklung her. Die sittlich abwegigen Mittel werden im Widerspruch zu Röm 3,8 verschwiegen. Man fragt sich, wie Kardinal Hlond die vorbereitenden Absichtserklärungen von Potsdam als definitiv ansehen und dabei noch die vor allem von Stalin betriebene Version zugrunde legen konnte. Das ist freilich rechtspositivistisch möglich, hat sehr viel mit Machiavellis Mentalität zu tun – was aber mit christlicher Ethik?

Wer Schuldige in gebührender Weise bestraft, werde doch selbst nicht schuldig, ließe sich einwenden. Aber dabei ist eine neutrale Instanz zur Feststellung der Schuldigen vorausgesetzt. Trotz gegebener Härten, die unvermeidbar gewesen seien, etwa nach dem Modell: »Wo gehobelt wird, fliegen Späne«, hätte Polen beim Rückschlag gegen die deutsche Bevölkerung sich kein Unrecht zuschulden kommen lassen. Anders als die Deutschen beim Angriff, sei Polen beim Rückschlag eben völkerrechtlich und ethisch integer geblieben. Auch hier stoßen wir wieder auf die selbstsicher ausgesprochene Selbstabsolution, die sich freilich Sieger allzeit zu erteilen pflegen. Ihr sittlich-rechtlicher Wert ist damit von vornherein problematisch.

Was die Hierarchie denkt, setzt sich als gängige Meinung der Leute auf der Straße in Polen durch:

1. Deutschland hat den Krieg begonnen, es muß alle daraus sich ergebenden Folgen tragen.

2. Es handelt sich um Akte der Strafgerechtigkeit. Bestrafung kann hart sein, bedeutet aber gegenüber dem Bestraften kein Unrecht.

3. Hinter jeder Untat, die die Ostdeutschen erfahren haben, steht ein vielfaches an Polen begangenes Unrecht. Das gleiche sich mehr als aus.

Wird hier wirklich christlich argumentiert?

– Neben dem Verteidigungs-Exzeß im Krieg gibt es auch den Wiedergutmachungs-Exzeß nach dem Krieg. Was rechtlich integer begonnen hat, kann dadurch ins Unrecht gleiten. Der Rückschlag fand *nach* dem Waffenstillstand statt. Es lag keine Notwehrsituation mehr vor. Es gibt tatsächlich unvermeidliche Kriegsfolgen – diese betonen die Sowjetunion und Polen –, aber es gibt auch von der Freiheit der Sieger abhängige Folgen. Die Tatsache, daß die Dinge im Westen wesentlich anders verlaufen sind als im Osten, zeigt, daß die ostdeutschen Folgen nicht naturnotwendig, sondern von den östlichen Siegern frei bewirkt waren. Alles frei Bewirkte muß sich nach christlicher Überzeugung dem Tribunal der Gerechtigkeit stellen.

– Bestrafen kann man nur Schuldige. Die obige These unterstellt die Kollektivschuld. Wenn unterschiedslos Schuldige und Unschuldige getroffen werden, so liegt darin ein Unrecht gegen die Unschuldigen. Der zur Kollektivschuld ausgeweitete heidnische Gedanke der Sippenhaftung mißachtet den Eigenstand und die Eigenverantwortung der Person.

– Von anderen erfahrenes Unrecht (die SS hat sich selbst als ausgesprochen »heidnisch« bezeichnet) berechtigt Christen nicht, auch selbst Unrecht zu tun, am wenigsten an denen, die mit dem Erstunrecht nichts zu tun haben.

Ungewollt bietet Primas Hlond eine merkwürdige, die Integritätsthese zutiefst erschütternde Analyse der moralischen Verfassung weiter Kreise des Volkes, das niemals dort, wo Unrecht geschah, dabei war. Kardinal Hlond selbst gibt in einem seiner letzten Hirtenworte folgendes »Sittengemälde« der polnischen Gesellschaft:

»Die Gegenwart zeichnet sich durch ein bedrohliches Abweichen von den ethischen Idealen des Christentums ab. Die menschliche Schwäche hat in und nach dem Krieg gewaltig zugenommen. Verwerfliche Triebe traten ans Licht. Das Untermenschlich-Tierische im Menschen meldet sich. Verwilderung überkommt die Länder.

Zügellose Unsittlichkeit führt zu schamlosen Begierden, zu schamlosen Orgien. Totschlägereien, politische Morde, Angriffe auf Ungeborene zerstören das Leben und die natürliche Hochachtung vor ihnen. Unehrlichkeit, Diebstahl, Raub und Banditentum untergraben den Aufbau geordneter Verhältnisse. In Polen steht es zwar nicht zum allerschlimmsten, aber auch bei uns hat sich das Übel über das Maß vermehrt... mit einer solchen Belastung kann sich Polen nicht geistig erheben.«[11]

Untergräbt solcher Realismus nicht die idealen Vorstellungen, an denen der Episkopat hängt? Noch mehr indes werden sie durch das dem polnischen Volk und der Kirche staatlicherseits zugefügte, politische Unrecht beschädigt. Nur an zwei systematisch verdrängte Vorgänge in Oberschlesien sei erinnert; sie kamen fast auf Vertreibung heraus und sind vom Volk auch so bezeichnet worden (spędy): Im Jahr 1954 wurden schlagartig zwanzig seelsorglich bewährte oberschlesische Pfarrer aus ihren Gemeinden kurzfristig vertrieben. Das gleiche Schicksal traf 600 oberschlesische Ordensfrauen. Als pseudorechtliche Basis diente – das widerliche Unternehmen wurde optisch von Staat und vergewaltigter Kirche gemeinsam betrieben – der Kanon 2142,2 (CJC 1918), der eine Amtsenthebung vorsieht, wenn der Pfarrer von seinem Kirchenvolk »gehaßt« wird (odium plebis). Die Berufung auf diesen Canon war eine glatte Unwahrheit. Der Staat bestand auf der Verpflichtung der Kirche aus der sog. »Verständigung« vom 14. April 1950. Von Anfang an war sie zwielichtig und barg Möglichkeiten des Mißbrauchs, aber sie war leider von der Kirche unterzeichnet. Das schlagkräftigste Instrument war die rechtswidrige Verfügung vom 9. Februar 1953. Sie nahm der Kirche ihre innere Autonomie. Die Anstellung sowie Versetzung der Geistlichen wurde staatlicher Genehmigung unterworfen.

Der daraus erwachsende Schaden für Kirche und Seelsorge war enorm. An der Vigil von Peter und Paul 1954 wurden den zwanzig betroffenen Pfarrern die Dekrete vom »Generalvikar« Banach überreicht. Sie traten mit dem 10. Juli in Kraft, und zwar endgültig und unwiderruflich. Eine neue Vertreibung polnischer Staatsbürger innerhalb Polens wurde in Gang gesetzt. Alle Einsprüche, Proteste und versuchte Demonstrationen des empörten Kirchenvolkes blieben wirkungslos. Die vorgeschobene Begründung zwang die Gläubigen zur Vorsicht. Diese Priester seien wegen ihrer heimlichen Zuneigung zu Deutschland ein Hemmnis für die erfolgreiche Polonisierung Oberschlesiens. Sich für »Deutsche« einzusetzen, konnte niemand wagen. Das Volk lebte in Bestürzung, Empörung und der Furcht vor weiteren Brutalitäten und den Folgen des Verlustes ihrer Hirten. Solange sich dieser »Stalinismus« behauptete, wurden Lüge und Unrecht brutal durchgesetzt. Erst mit dem »Tauwetter« im Oktober 1956, das Gomulka an die Macht brachte, trat eine Entspannung ein. Am 31. Dezember 1956 konnten die seit zweieinhalb Jahren Vertriebenen heimkehren. Der seelsorgliche Schaden sowie die Zerstörung des Vertrauens zu kirchlichen und staatlichen Instanzen waren kaum wiedergutzumachen. Ähnlich, ja noch wesentlich leidvoller, erging es 600 oberschlesischen Ordensfrauen: »Zur gleichen Zeit wurde die Kirche in Oberschlesien durch ein großes Unglück heimgesucht, das der Seelsorge einen schweren Schlag versetzt hat.«[12]

Worauf stützt sich nun die immer wieder verkündete These von der Integrität in der politischen Auseinandersetzung mit Deutschland? Der merkwürdige Gedanke kann nicht aus dem katholischen Glaubensdepositum kommen. Die kirchliche Lehre von der auch nach der Taufe fortwirkenden Begierlichkeit schiebt einer sektoralen Heiligsprechung einen Riegel vor. Im übrigen erleben Polen durch ihr Regime so viel Unrecht, daß es fast gegen die Erfahrung wäre, die außenpolitischen Beschlüsse und Aktionen der Regierung Volkspolens im Jahr 1945 von vornherein als frei von jeglichem Unrecht zu bezeichnen.

Woher kommt eigentlich der Gedanke der Integrität im außenpolitisch-gesellschaftlichen Bereich? Der Verdacht, hier urteilbildend einzuwirken, fällt, wenn man sich in der polnischen Geistesgeschichte und ihrer Einwirkung auf die Gesellschaft umsieht, auf den sogenannten polnischen Messianismus[13]. Es handelt sich um eine Form polnischer Romantik.

3. Ideologische Hintergründe der polnischen Selbstabsolution: Der Messianismus

Im Klima des polnischen Aufstandes in Kongreß-Polen 1830/31 haben Männer wie Józef Maria Hoene-Wroński (1778–1853), August Cieszkowski (1814–1894), Karol Libelt (1807–1875) und Andrzej Towiański (1799–1878) eine polnisch-romantische Lebensphilosophie entworfen, der das Bewußtsein einer besonderen Sendung des damals gedemütigten Polen für die ganze Welt eigentümlich ist und die damit dem Messianismus den Weg bereitet. Die polnischen Philosophen fühlten sich mit ihren Fortschrittslehren als »Messias« der Völker. Im Rückschlag gegen die Aufklärung wandten sie sich dem warmen Gefühl und damit auch der Emotion zu. Verstand sei nicht der höchste Ausdruck des menschlichen Geistes. Wahre Philosophie habe sich daher nicht auf das nüchterne, diskursive Denken, sondern auf Intuition und Glauben zu stützen. Bald beginne auch das Zeitalter der Slawen, besonders Polens, auf das eine Sendung für die Völker warte. Diese Philosophen berührten aber kaum das Herz der einfachen Menschen. Die Massen wurden erst von Juliusz Słowacki († 1849, seit 1831 in Paris verbannt), Ignacy Krasinski († 1859), Mickiewicz und Sienkiewicz gewonnen.

Adam Mickiewicz (1798–1855) sowie der wesentlich jüngere Henryk Sienkiewicz waren begeisterte Patrioten. Beide konnten aber in der Zeit der Aufstände (1830 bzw. 1863) dem Vaterland nicht mit der Waffe in der Hand dienen. Dafür vollzogen sie ihren persönlichen Einsatz als Dichter und Romanschriftsteller. Sie haben ihr leidenschaftlich empfundenes, nationales Anliegen in Herz und Gemüt ihrer Landsleute eingeprägt.

Diese Art von Literatur erwies sich als siegreiche Waffe. Sie brachte auch die Leiden Polens in Verbindung mit dem Kreuzweg und dem Tod Jesu Christi und das Volk in die Rolle des Miterlösers der Welt. Polen ist der »Christus der Völker« (Chrystusem narodów). Mickiewicz tat das vor allen Dingen in »Die Ahnen« (Dziady 1833). Ein Mönch erschaut visionär »das Golgatha des gekreuzigten Polen, der Christusnation, und die Gestalt des zweiten Welterlösers, der Polen auferweckt und ein Reich des Friedens stiftet«[14]. Ähnlich ist das Anliegen der »Bücher der polnischen Nation und der polnischen Pilgerschaft«. Die Sache des geteilten Polen und besonders der Bedrückung im russisch besetzten Teil wurde zum Anliegen der ganzen Welt erhoben.

Die Wirkung war groß. Victor Hugo († 1855), Hugo-Félicité Robert Lamennais († 1854) stimmten ihm begeistert zu. Anstoß erregten die messianischen Ideen Mickiewicz' in Rom. Papst Gregor XVI. (1831–1846), der auch Lamennais scharf verurteilt hatte, ließ den »Pilgerkatechismus« auf den Index der kirchlich verbotenen Bücher setzen[15]. In der »Großen Litanei« (Wechselgebet aus vielen Anrufungen Gottes und der Heiligen zwischen Vorbeter und Gemeinde) findet sich auch die (fast verwegene) Anrufung »Um den allgemeinen Krieg« mit der Antwort der Gemeinde »Bitten wir Dich!« (O wojnę powszechną... prosimy Cię!)

Der wesentlich jüngere Henryk Sienkiewicz (1846–1916) betrieb die Anliegen des gedemütigten Vaterlandes in seinen großen Romanen »Feuer und Schwert«, » Die Sintflut« (1886) und »Herr Wołodyjowski« (1878 u. 1888). Die »Abrechnung« mit Deutschland erfolgt besonders in »Die Kreuzritter« (Krzyżacy 1900)[16]. Die Schlacht bei Tannenberg (Grunwald) im Jahre 1410, in der der Deutsche Orden der militärischen Übermacht der vereinigten Heere Polens und Litauens unterlegen ist, bietet dafür den geschichtlichen Hintergrund. Der von Gottes Strafgericht getroffene Hauptgegner, der Deutsche Orden, liegt hoffnungslos am Boden. Das Volk bricht in Jubel aus und schöpft neue Zuversicht. Generationen haben sich an diesen Romanen, die auch das Modellbild für den Umgang mit dem besiegten westlichen Gegner abgegeben ha-

JAN MATEJKO

wstęp napisał
JULIUSZ STARZYŃSKI

Wielce Czcigodnemu Ks. Dr Franciszkowi Scholzowi
Drogiemu Przyjacielowi z lat studiów na Katolickim
Uniwersytecie Lubelskim z wyrazami szczerej
wdzięczności i pamięci w modlitwach
ofiaruje + Henryk Strąkowski
Bp Sufragan Lubelski
Lublin 31. VIII. 1962 r.

WYDAWNICTWO · ARKADY · WARSZAWA

ben dürften, aufgerichtet. Hier wird die totale Niederlage dargestellt. Kein Gedanke daran, wie man später wieder eine gemeinsame Zukunft aufbauen oder welche Ansprüche auch ein besiegter Gegner noch haben könnte. Dafür bleibt in der Ekstase des Sieges kein Raum.

Aber nicht nur die Dichter und Romanschreiber, auch die Maler haben in dieser national aufmunternden Richtung gewirkt. Stellvertretend für viele nennen wir Jan Matejko (1839–1893) aus Krakau. Als genialer Maler trat er in den Dienst des Vaterlandes. Was Sienkiewicz in seinen weltbekannten »Kreuzrittern« dichterisch bewirkt hatte, das hat Jan Matejko im Jahre 1887 in seinem Großgemälde »Tannenberg 1410« (»Grunwald«) zum Ausdruck gebracht.

Tannenberg liegt nicht im damaligen Polen, sondern im Gebiet des Deutschen Ordens, der von den polnisch-litauischen Heeren *angegriffen* worden ist. Der Orden war hier auf seinem eigenen Boden in der Defensive. Weil die Rolle als Aggressor nicht in die polnische Geschichtsmystik hineinpaßt – Polen befinde sich ja immer in gerechter Abwehr gegen ungerechte, fremde Angriffe –, wird dieser Umstand auf polnischer Seite übergangen.

Das im Nationalmuseum in Krakau ausgestellte Bild wird nach polnischer Auffassung als Höhepunkt der ideologischen und künstlerischen Entwicklung Matejkos angesehen. Die heldenhaften polnischen Volksmassen überwältigen die Führer des Deutschen Ordens: Marquardt von Sulzbach, der Großkomtur Konrad Liechtenstein und der Hochmeister Ulrich von Jungingen fallen. Die Helden der anderen Seite, Jagiello, Witold u. a., kommen unversehrt durch das mörderische Getümmel, der Ausdruck der Gesichter ist entsprechend. Beim deutschen Orden Ohnmacht, Ende und Strafe – dort Sieg, Aufbruch und Lohn. Hier finden sich fast alle Momente des Messianismus: Polen steht im Glanz einer ihm nicht streitig zu machenden Zukunftsberufung, die Ordensritter sind gedemütigt, für immer geschlagen. Das heldenhafte polnische Volk tritt geschlossen als Träger der Handlung auf, wie es die Väter des Messianismus betont hatten. Gott selbst bewirkte gleichsam geschichtliche Gerechtigkeit. So spricht das monumentale Bild zum Betrachter, der sich während der Zeit der Teilungen seines

Vaterlandes in seinen Hoffnungen und Empfindungen tief angesprochen fühlt. Wie Juliusz Starzyński als Vertreter der Künstlergeneration nach dem Zweiten Weltkrieg »Grunwald« national-patriotisch interpretiert, hat er in der Einleitung zum Werk »Jan Matejko« zum Ausdruck gebracht: »In diesem Bild verbirgt sich eine grenzenlose Möglichkeit, geschichtliche Wahrheit zu entdecken. Erst unsere Zeit hat es verstanden, sie voll zu schätzen und auszuschöpfen (wydobyć)... Das Bild läßt das gemeinsame Bemühen der Menschenmengen, der namenlosen Helden, die die Geschichte gestalten, hervortreten. Überzeugend sind die mit ungewöhnlicher Sympathie gestalteten Volkskämpfer dargestellt. Nicht zufällig hat der Künstler es gerade ihnen überlassen, dem Hochmeister der Kreuzritter (gemeint ist der Deutsche Ritterorden, von dem sich Polen im Norden her bedroht sah) den tödlichen Stoß zu geben. Die Volkskämpfer (plebejscy wojownicy) stellen... die unbesiegbare Kraft der slawischen Völker im Ringen um die gemeimsame Sache dar.«
»Die Kreuzritter... mußten bei ihrem Überfall elend unter den Stößen der schlechter bewaffneten, aber von patriotischer Begeisterung ergriffenen Volksmassen, die ihren eigenen Boden und ihre unabhängige Existenz verteidigten, fallen... Bei diesem Kunstwerk Matejkos handelt es sich um eine bewußt patriotische Tat. Er wollte durch das Bild, das an den herrlichsten Triumph des polnischen Schwertes erinnerte, den Ruhm des polnischen Volkes der ganzen Welt verkünden.«[17] Das Gemälde trat einen Siegeszug durch fast alle Hauptstädte Europas an, Berlin eingeschlossen. Matejko erhielt vom polnischen Volk dafür die höchste, bis dahin noch unbekannte Auszeichnung. Ihm wurde das »königliche Zepter« (als Zeichen seiner Herrschaft im Reich der Kunst!) zuerkannt.

Eine einseitige, national-ideologische Interpretation geschichtlicher Fakten – sie kann hier nicht korrigiert werden – wird Basis für tiefe, kollektive »Überzeugungen« des Volkes, die keiner weiteren Beweise mehr bedarf. Manches davon wird Gewissensüberzeugung und schließt dann weitere, kontroverse Gespräche aus[18]. Bei Literaten tritt zusätzlich die Verbindung des Erlösungsleidens Christi mit den Leiden des polnischen Volkes hinzu: Es erwartet selbst eine messianische Rolle. Poesie, Romane und überwältigende Malerei vergegenwärtigen also eine heroische, ideal verklärte Vergangenheit und richten das entmutigte Volk auf. Immer kämpft Polen um sein Lebensrecht. Deswegen ist es selbstverständlich immer im Recht, denn die Unterdrückten sind schuldlos. Das Unrecht liegt ausschließlich auf der anderen Seite. Wir haben damit Merkmale, die sich dem polnischen Volk wie kollektive Archetypen eingebrannt haben. Das war der Dienst der messianischen Literatur und Malerei für das seiner staatlichen Existenz beraubte Vaterland.

In diesem Zusammenhang verdienen einige Bemerkungen O. Haleckis[19] festgehalten zu werden: »Eine Nation kann die Zerstörung des Staates überleben und sich weigern, in dem sie beherrschenden Siegerstaat aufzugehen.« Die von Idealismus und Vaterlandsliebe getragenen Aufstände von 1830/31 und 1863 gegen Moskau hatten trotz ihres damaligen Scheiterns eine hohe ideelle Bedeutung für das geteilte Polen. »Sie waren mit all dem von ihnen verursachten Leid ... das freiwillig übernommene Opfer (Sühne), in dem eine lange Reihe von Unterlassungssünden wiedergutgemacht wurde, die von der Selbstsucht des einzelnen oder der schuldigen Gesellschaftsklasse begangen worden waren.« Halecki übernimmt also wohl den Sühnegedanken, aber nicht den der »Unschuld« Polens bei seinen national-politischen Unternehmungen. Im Hinblick auf eine neue, internationale Ordnung, die auf Grundsätzen der Moral aufbaute, war Polen selbst nicht tadelsfrei. Es hätte aber in seiner Geschichte viel davon gesühnt. Halecki nimmt also von der 1945 wieder oft gehörten These der vollen, nationalen Unschuld Polens bereits behutsam Abschied. Die Hierarchie verharrt dagegen weiter bei ihr.

Bei den maßgeblichen Männern der polnischen Kirche sind Anklänge an den Messianismus unübersehbar: Die Freiheit von politischer Schuld, der besondere Schutz und Segen Gottes, das Erfaßtsein von einem besonderen Auftrag für Kirche und Welt und die hochgestimmte Verschlossenheit für mögliche Ansprüche des Gegners.

In einem seiner letzten Hirtenworte kommt Kardinal Hlond auf diese Sendung für die Zukunft zu sprechen. J. Pietrzak hat das in einem Resümee festgehalten. Der Primas war tief überzeugt, daß Polen nach dem Krieg nicht (nur) sein geschichtlich (überliefertes) Credo zu bekennen hat, sondern daß die Göttliche Vorsehung (Polen) eine besondere geschichtliche Sendung zubestimmt hat, nämlich den Beginn der Wiederverchristlichung der Menschheit (zu bewirken). Er würde damit einsetzen, daß Polen zuerst bei sich selbst »die Fülle des Christentums« verwirklicht. Mit dieser Ansicht stand der Primas nicht allein[20].

Dr. Kominek hat in seinen von Krucina veröffentlichten Erinnerungen gerade diesen Zug im religiösen Lebensgefühl Kardinal Hlonds festgehalten. Die religiös getragene, visionäre Schau des Kardinals bezog sich auch auf handfeste Kirchenpolitik, deren Erfolg der göttlichen Vorsehung unmittelbar zugeschrieben wird. Charakteristisch dafür ist etwa seine Ankündigung endgültiger, kanonischer Verhältnisse im Oder-Neiße-Gebiet binnen kurzer Zeit. Nach zwei bis drei Jahren würden nämlich die Administratoren zu Residenzialbischöfen erhoben werden. »Kardinal Hlond... (hatte) nicht die geringsten Zweifel im Hinblick auf die schnelle und endgültige Stabilisierung Polens in diesen Gebieten... Diese Überzeugung begründete der Kardinal nicht nur durch die polnische Staatsräson. Vielmehr unterstrich er das Moment des Wirkens der göttlichen Vorsehung.« Die polnisch-kommunistische Staatsräson und die göttliche Vorsehung kommen sich hier also sehr nahe, ja gehen fast ineinander über. Man müsse an die göttliche Vorsehung glauben, die in schweren und entscheidenden Augenblikken besonders greifbar auftritt. »Ich bin überzeugt, Polen hat das Schlimmste hinter sich.« »Fast hinreißend war sein Glaube an die Lebenskräfte des polnischen Volkes. Nach den makabren Erfahrungen gilt es, neu zu beginnen, Vertrauen in die Zukunft Polens zu haben, das in Europa noch eine große Sendung vor sich hat.« – »Manchmal verfiel er bei seinen Darlegungen in einen pathetisch-prophetischen Ton. In diesem Zusammenhang war das später ziemlich oft der Fall.«[21]

Zu den Elementen messianischen Fühlens gehört auch das Bewußtsein, besonders gewählt, geschützt und geschätzt zu sein. Den »erwählten Kindern« steht die göttliche Vorsehung bei. »Die heiligste Mutter hilft ihren auserwählten Kindern immer. Man darf sich nicht fürchten, sondern soll der Göttlichen Vorsehung vertrauen.«[22]

Bei den »auserwählten Kindern«, denen die »göttliche Vorsehung« und die »Heiligste Mutter« immer beisteht, denkt der Primas natürlich an das polnische Volk, das ja Maria zur Königin der Krone Polens erhoben hat. Übersieht die allzu stark auf die Gemeinsamkeit des Blutes eingeschworene polnische Kirche, daß das besondere göttliche Erbarmen nicht speziellen Blutgruppen, sondern allen Christen guten Willens und darüber hinaus allen gutwilligen Menschen offensteht und verbürgt ist? Was soll die Berufung auf besonderen Beistand der Mutter Gottes zu einem Werk, in das Unrecht an unübersehbaren Scharen von Verehrern Mariens anderen Blutes hineingewoben ist? Stehen sie im unverschuldeten Elend Gott nicht näher als die Sieger, die heute schon zäh festhalten, was sie gestern erst mit mehr als fraglichen Titeln besetzt haben? Die mit der Datierung der Amtsübernahme der neu eingesetzten polnischen Apostolischen Administratoren am 15. August 1945 angedeutete Symbolik, nämlich Beistand und Segen Mariens für die von diesem Tage an auf den Trümmern der bisherigen Kirchen zu errichtende »polnische Wirklichkeit«, ist angesichts des gleichzeitigen Flehrufes der Opfer, ihnen gegen solches Unrecht zu helfen, höchst problematisch[23].

Wer die Nationalgrenzen übersteigenden, religiösen Mächte bedenkt, dem ist es theologisch unmöglich, einzelnen Völkern einen besonderen Schutz gegen andere Glieder der christlichen Völkerfamilie zuzusprechen. Hier ist zu viel patriotisch »erfühlt« und zu wenig theologisch-christlich gedacht worden, wenn man die gemeinsame Basis der Zugehörigkeit zur einen Kirche ernst nimmt. Solche »Mißverständnisse« schaffen bei den jeweils Betroffenen tief verletzende Ärgernisse, und sie machen das Christentum unglaubwürdig. Hier bietet sich eine Theologie aus dem Nebelkreis der Kollektivschuldthese an, die allerdings vor Gott und vor der Mutter Gottes kaum Bestand haben kann.

Die Opfer, die auch der göttlichen Vorsehung vertrauen, meinen, daß die polnische Kirche, wenn sie sich auf die göttliche Vorsehung beruft, hätte ganz anders handeln müssen, nämlich nach Grundsätzen des Evangeliums, nicht nach der Weisung einer von

Moskau entworfenen Staatsräson. Die erwähnten, kollektiven Archetypen des Messianismus machen aber offensichtlich zu solch einem geradezu rätselhaften und unbegreiflichen Vorgehen bereit. Vernunft und Glaubensgründe hatten dagegen keine Chance, weil hier offensichtlich ein irrationaler, tief »erfühlter« und daher auch rational nicht zu widerlegender Mythos am Werk ist.

Selbstverständlich hat jede (nationale) Teilkirche Pflicht und Auftrag, im Rahmen ihrer eigentümlichen Begabungen und situationsbestimmten Sondermöglichkeiten am spirituellen Aufbau der Gesamtkirche durch Wachstum von Glaube, Hoffnung und Liebe mitzuwirken; selbstverständlich auch die polnische Kirche, die mit ihren Talenten wuchern sollte.

Man spürt deutlich, daß für die Messianisten des letzten Jahrhunderts und für ihre Adepten bis in unsere Tage hinein nicht der kritische Verstand, sondern Gefühl und Tatendrang die Führung hatten. Konkret war dabei Kirche nur die nationale Kirche, die zwar treu an dem fernen Rom hing, aber in der nächsten Nachbarschaft auch im kirchlichen Bereich viele Spannungen mit den Weißrussen, Ukrainern, Litauern und natürlich auch mit den Deutschen zu bewältigen hatte. Mit einem so stark national geprägten, weithin blutgebundenen Konzept ist genuines Christentum schwer zu verwirklichen. Hier gilt es vor allem festzuhalten, daß die »messianischen Urtöne des polnischen Herzens« in den Stellungnahmen, Urteilen und in dem praktischen Vorgehen der polnischen Hierarchien im Jahr 1945 bewußt oder unbewußt mitgesprochen haben[24]. In dieser Tatsache liegt die Erklärung für vieles Unbegreifliche und Ärgernisgebende am Vorgehen der polnischen Kirche 1945.

4. Die »Instrumentalisierung der Religion« im polnischen Katholizismus

Der Religionsoziologe der Katholischen Universität Lublin W. Piwowarski bringt dazu einen äußerst instruktiven, aber auch erschütternden Beitrag: Er stellt eine Instrumentalisierung der Religion für patriotische Zwecke als ein Charakteristikum des polnischen Katholizismus des letzten Jahrhunderts bis in die Gegenwart fest[25].

Piwowarski befaßt sich mit den Merkmalen des Katholizismus in der Geschichte Polens. Unter den von Historikern und Kulturexperten beschriebenen Eigentümlichkeiten nennt er an erster Stelle die erwähnte Instrumentalisierung der Religion für patriotische Ziele[26].

Abschließend wird bemerkt: »Es ist charakteristisch, daß nach dem Zweiten Weltkrieg dasselbe Modell des Katholizismus existiert.« Auch in der hier behandelten Zeit der Entscheidungen für eine neue polnische Wirklichkeit war der polnische Katholizismus offensichtlich zur Instrumentalisierung der Religion bereit. Wer nach dem Zusammenbruch 1945 den polnischen Katholizismus auf den verschiedensten Ebenen erlebt hat, wird W. Piwowarski für diesen Terminus »Instrumentalisierung« dankbar sein. Er umreißt knapp und treffend, was die Opfer der Vertreibung damals empfunden haben, ohne es schon artikulieren zu können. In dem Einsatz der Religion für politische Zwecke liegt der formelle Einheitsgrund für viele den Deutschen angetanenen, existentiellen Übel, für die Zerstörung aller ihrer Lebensgrundlagen, für die Herabwürdigung zu bloßen, rechtlosen Objekten der nationalpolnischen Politik. Opfer dieses Vorgehens sprachen es damals in tiefer Erschütterung angesichts der gleichzeitig an den Tag gelegten, gefühlvoll betonten Kirchlichkeit etwa so aus: »Sie sind zuerst Polen und erst viel später auch Katholiken«. Die schmerzliche Erfahrung, daß der gemeinsame Glaube zum Instrument der Schaffung einer polnischen Wirklichkeit geworden war, erschien unbegreiflich und war ärgernisgebend. Wie sollte es nach der rücksichtslosen Zerstörung aller kirchlichen Gemeinschaftsbande wieder zu einer Gemeinschaft kommen? Freunde Polens hatten es schwer. Wehmütig erinnere ich mich an typische Vorkommnisse, an greifbare Instrumentalisierung der Gottesdienste in der besonders zugespitzten Lage in Görlitz-Ost (Zgorzelec) unmittelbar an der Neißegrenze[27]. In meinem Görlitzer Pfarrtagebuch aus dieser Zeit »Wächter, wie tief die Nacht?«[28] habe ich darüber unter dem 12. April 1946 vermerkt: »Unerträglicher Mißbrauch von Gottesdiensten zu nationalistischen Exzessen.« Die haßerfüllt gesungenen nationalen Lieder, die sogenannte Rota, »Noch ist Polen nicht verloren«, stacheln den nationalen Haß gegen das deutsche Freiwild auf. Schon bei der Vorbereitung solcher repräsentativer Gottesdienste, die Polen in großer Menge anzogen, zeichnete sich die religiös bedrängende Situation ab. Typisch dafür ist das Geschehen vor dem Beginn des Monats Mai 1946. In der zweiten Aprilhälfte erschienen die maßgeblichen Männer der beiden sozialistischen Parteien (PPR und PPS, später zwangsvereinigt) mit ihren Forderungen für festliche Feldgottesdienste am 1. und 8. Mai. Hier im »fernen polnischen Westen« sei am 1. Mai in der Predigt unbedingt auf die Notwendigkeit der polnischen »Wacht an der Neiße« hinzuweisen. Den innerlich unsicheren Neusiedlern müsse die Rechtmäßigkeit der Vertreibung der Deutschen und die geschichtliche Gerechtigkeit der Oder-Neiße-Grenze überzeugend nahegebracht werden. Das die polnischen Stabilisierungsbemühungen untergrabende, unter den Neusiedlern herrschende »Vorläufigkeitsdenken« (duch tymczasowości) müsse die Kirche schnellstens überwinden helfen.

»Hier waren wir (bis vor 610 Jahren!), hier bleiben wir!« Kurz darauf ließ der Stadtkommandant seine Weisungen für den 8. Mai, den 1. Jahrestag der deutschen Kapitulation, mitteilen. Ich glaubte, der Geist von Sienkiewicz' »Kreuzrittern« und von Jan Matejkos Bild »Grunwald« nähmen wieder Gestalt an. Jedenfalls sei auf den greifbaren Segen Gottes für das polnisch-sowjetische Waffenbündnis hinzuweisen. »Armer Pfarrer«, habe ich notiert, »dabei kann ich beim besten Willen nicht mitwirken. Ich kann aber auch durch meine bloße Anwesenheit den Schein der Billigung geben.« Ich mußte weg von hier.

Damals konnte man massiv erleben, was... mit der Instrumentalisierung der Religion gemeint sein mag. Dabei schwinden alle idealen Blut- und Volkstumsgrenzen übersteigenden Gemeinsamkeiten des christlichen Glaubens. Es drängte sich die Frage auf die Lippen: Handeln Heiden nicht genauso? Das waren in härtester Zeit unbarmherzige Ärgernisse, mit denen die gläubigen Deutschen auch im Traum nicht seitens eines sich katholisch gebenden Volkes gerechnet haben. »Sie sind ein katholisches Volk, das unter Hitler auch um seines Glaubens willen viel gelitten hat.« So war das allgemeine Polenbild unter den gläubigen Deutschen, ehe wir sie selbst kennenlernten. Die Verbindungslinien zwischen der Instrumentalisierungs-Tendenz und den Archetypen des Messianismus leuchten auf. Für die Volksmassen haben beide »Ströme« massenpsychologisch in die gleiche Richtung gewirkt. Die Ziele des »Vaterlandes« stehen offensichtlich an oberster Stelle, auch wenn sie sich diesen Platz nur durch Verdrängung human-christlicher Werte erobern können.

Wie ist der religionssoziologische Begriff der Instrumentalisierung nun theologisch einzuordnen? Piwowarski begnügt sich, methodisch völlig einwandfrei, mit der Ermittlung der Tatsachen. Er enthält sich einer theologischen Bewertung des von ihm ermittelten Faktums. Wer eine ethische Einordnung versucht, wäre Piwowarski natürlich für einen Hinweis dankbar gewesen. So muß das ohne seine Hilfe versucht werden.

Theologisch ist die Instrumentalisierung der Religion sehr ernst zu betrachten. In ihr handelt es sich nicht um ein Abweichen in einem eingegrenzten Anwendungsbereich. Wird hier nicht das Grundverbot »Du sollst keine fremden Götter neben mir haben!«[29] verwässert? Falschen Göttern kann aber, auch ohne formelle Erklärung im lebendigen Vollzug, gehuldigt werden. Das kommt auf Abfall von Gott heraus, wenn die Forderungen des Patriotismus – sie kommen praktisch auf die Ansprüche der Staatsräson heraus – nicht mehr den von der Religion geforderten, unverrückbar abendländisch-christlichen Maßstäben über die Menschenwürde unterstellt würden, d. h. wenn sie sich rücksichtslos und autonom durchsetzen. Mangels einer sittlich fundierten Begründung des Einsatzes der Mittel erklärt sich auch die Neigung, es einfach mit dem bewirkten faktum brutum zu halten und sich dann auf die so erwirkte, aktuelle Wirklichkeit zu berufen, ohne die Frage nach der sittlichen Qualität der eingesetzten Mittel zu stellen oder stellen zu lassen. In der Instrumentalisierung liegt also die Tendenz, das politische Handeln von der Ordnung Gottes zu emanzipieren und autonom zu gestalten. Dabei verschafft sich die Politik ihre eigenen Bewertungsmaßstäbe. »Der Zweck heiligt aber nicht die unsittlichen Mittel!« Dieser Urkanon sittlichen Tuns und Lassens verblaßt. Der faktische Erfolg nebelt die Geister ein. Auf die gleiche, dem christlich-abendländischen Naturrecht völlig fremde Argumentationsart scheint die S. 44–47 vorgestellte diplomatische Interpretation gemeinsam vereinbarter Vertragstexte hinauszulaufen.

Ein Dialog über solche Reizthemen ist wohl unter Christen am ehesten möglich; für diese aber auch ein Ruf der Stunde. Mit Atheisten und Rechtspositivisten kann ein christlicher Ethiker über Fragen dieser Art nicht reden, weil die gemeinsame Gesprächsbasis fehlt, aber unter zwei Teilkirchen sind solche Nachfragen unverzichtbar, ja man könnte auch von einer Bruderpflicht sprechen, endlich den Dialog über diese sittlichen Grunddissonanzen im Geist des Evangeliums zu eröffnen. In der Instrumentalisierung der Religion liegt doch die Tendenz, Gott große Bereiche und Tätigkeitsfelder vorzuenthalten, wenn es das »Vaterland« verlangt. Unvermeidliche Folge ist, daß auch die Gebote der Religion und die durch diese Gebote Geschützten allzuleicht instrumentalisiert werden. Gerade das meinen wir bitter erfahren zu haben: zu erleben, was es heißt, nur noch Objekt – würdeloses Objekt – einer fremden Staatsräson zu sein. Ob sich die Vertreter der »einfachen Devotion der Massen« 1945 darüber Rechenschaft gegeben haben? Hier wartet eine innerpersönliche, mühevolle Aufgabe, die freilich selbstkritische Härte erfordert. Diese Bemühung kann nicht durch eine der natürlichen Neigung entsprechende Massendevotion ersetzt werden.

Mit imponierenden Massenveranstaltungen einer Seite, ohne das »Audiatur et altera pars« ernst zu nehmen, wird der inneren, aszetischen Aufgabe der Neubesinnung nicht entsprochen. Hier heißt es, auf beiden Seiten herzhaft zuzupacken. Über Trümmer einander beherzt entgegenzugehen. Dabei müssen die erwähnten kollektiven, seelischen Prägungen in ihrer Entstehung und ihre Bedeutung für das sittliche Handeln in Rechnung gestellt werden.

Denn *subjektive »Überzeugungen«* werden im Kontext messianischen »Fühlens« allzu leicht als *objektive Wahrheiten* angesehen. Messianismus und Instrumentalisierung sind tief eingewurzelte kollektiv-psychische Eigentümlichkeiten der polnischen katholischen Kirche. Sie lassen sich mit kollektiven Archetypen vergleichen. Es handelt sich um erworbene, eingeprägte Potenzen, die zum Fühlen, Urteilen und Agieren in der ihnen eigentümlichen

Weise geneigt machen. Die Väter des Messianismus haben bewußt das nüchterne, kritische und damit das objektive Denken durch Gefühl, »Herz«, d. h. durch Emotion verdrängt und das begeisterte Tun vor allem aus diesen Quellen gespeist. Das wird gefährlich, wenn das romantisch-nationale Empfinden nicht nochmals nüchtern-kritisch höheren Normen unterworfen wird. So wird die subjektiv »sichere Überzeugung« für objektive Wahrheit gehalten. Darin liegt eine Wurzel der Tragödie zwischen unseren Völkern und unseren Kirchen.

Hilfe kann nur durch die Überwindung der Geschichtsklitterung kommen. Der einzige Weg dazu ist der Mut zur objektiven Wahrheit, mag sie gelegen oder ungelegen kommen. Gern sei daher eine klare Stellungnahme des Neißer Professors A. Marcol gegen subjektiv-»schöpferisch«, romanhafte Umgestaltung geschichtlicher Fakten zitiert: »Wenn jemand die Darstellung der Belagerung Wiens ›schöpferisch‹ behandeln würde, würde er in dem Maß, in dem er schriftstellerisch schöpferisch wird, den Bereich wissenschaftlicher Geschichtsschreibung verlassen. Man könnte dann nicht mehr von Geschichtsschreibung, sondern vom Niederschreiben eines Romanes sprechen, der sich auf historische Fakten stützt. Die entscheidende Rolle spielt hier (aber) nicht die Vorstellungskraft, sondern der Bereich realer Fakten« – »Der Verstand verlangt nichts dringender, als die Wirklichkeit abzulesen. Wenn das Auge Farben aufnimmt, die in Wirklichkeit nicht da sind, dann sagen wir nicht, daß es kreativ oder autonom vorgeht, sondern daß es krank ist. Wenn der Erkenntnisakt keine adaequatio intellectus ad rem ist, haben wir es mit etwas anderem als mit Erkenntnis zu tun.« – »Der menschliche Geist kann an die Wirklichkeit nicht manipulierend herantreten, sondern muß sie annehmen, wie sie ist.«[30]

Das sind gemeinsame, christliche Wahrheiten, die die Methoden für die Entwicklung des eigenen Religionsstiles bestimmen sollten.

Jedes Volk sollte den ihm entsprechenden Religionsstil entfalten. Das entscheidende negative Kriterium liegt in den Rechten anderer. Denken wir dabei z. B. an den von Piwowarski als typisch polnisch herausgestellten marianischen Massenkult. Problematisch werden diese nationalen Ausprägungen einer Kirche erst dann, wenn das gemeinsame Glaubens- oder Sittendepositum verborgen wird, wenn andere Kirchen in ihrem eigenen Anspruch nicht mehr gesehen und deswegen verletzt werden, d. h. wenn anderen Unrecht geschieht. Es wird dabei sehr schwer sein, von einer Basis national-vaterländischer Ergriffenheit aus im Urteil neutral zu bleiben. Die Möglichkeit objektiver Fehlgriffe bei subjektiv »gutem Gewissen« nähert sich bedrohlich. Das führt zu einer kaum zu entwirrenden Lage. Einiges Licht könnte leicht durch einen uninteressierten, neutralen Schiedsrichter hineingebracht werden. Die völlige Einseitigkeit, in der die polnische Wirklichkeit errichtet worden ist, bestärkt schon allein die Vermutung, daß hier »unausgewogen« gehandelt worden ist. Es sei denn, die Repräsentanten seien Heilige gewesen.

Für die deutsche Seite bleibt zu beachten, daß die Frevel Hitlers die Macht der polnisch-messianischen Archetypen in Herz und Gemüt des Volkes verstärkt haben. Durch im deutschen Namen bewirktes Unrecht ist das polnische Volk kollektiv-psychologisch in eine Verfassung gekommen, in der es kaum objektiv zu urteilen in der Lage war. Freilich, Archetypen disponieren, sie zwingen nicht, belassen die Freiheit, erschweren es aber, sie recht zu gebrauchen. Deswegen wäre eine entschiedene Leitung der Hierarchie über das Verhältnis zu den früheren Gegnern auf der Basis des Christentums ein dringendes Gebot der Stunde gewesen. Solche Winke hätten haltbare Fundamente für eine spätere Versöhnung geboten. Diese Chance ist wohl kaum gesehen und damit verspielt worden. Wir haben es hier mit einem Knäuel von Schuld und Mitschuld zu tun, dessen Bereinigung wohl durch die Realisierung der Formel »Wir vergeben und bitten um Vergebung« – ohne deren Entsubstantiierung – möglich wäre.

5. Polnische »Pioniere« auf Wegen der Versöhnung

Zuerst hatte Sigmund Czycha in der katholischen Laienzeitschrift »Więź« Besatzungsgeschichten geschrieben, in der Deutsche überraschenderweise als Helden auftraten. Das war angesichts der polnischen Stereotypen eine erstaunliche Neuerung. Unter dem Eindruck dieser Geschichten entschloß sich Jan Turnau, der Redakteur von »Więź«, selbst in der Zeitschrift »Gość Niedzielny« (Sonntagsgast) so etwas wie ein deutsch-polnisches Weißbuch zu schreiben. Er legt es den Lesern vor. Das Echo war erstaunlich. Ungefragt erhielt er sofort vier Erinnerungen an »gute Deutsche«, die er dann im Krakauer »Tygodnik Powszechny« (Allgemeine Wochenzeitung) und in seiner Zeitschrift »Więź« in Warschau veröffentlichte. Er erfuhr dabei auch, daß manche Polen sich durch diese Veröffentlichung gedemütigt fühlten. In ihr Schema hätte es viel besser hineingepaßt, wenn alle Deutschen so gewesen wären wie die übelsten. Eine Zwangsarbeiterin, die nach Leipzig verschlagen war, meinte: »Wenn ich heute an sie (die Deutschen) denke, so möchte ich ihnen nun einen Teil meiner Schuld abstatten.« Da gab es Berichte über deutsche Soldaten, die elternlose Kinder wuschen, anzogen und »gefüttert« haben. Unter den 95 ausgewählten Beiträgen sind alle sozialen Gruppen vom Landarbeiter bis zum Professor und zum Bischof vertreten: Ärzte, Beamte der Besatzungsverwaltung, Priester, Katholiken und Protestanten, Wehrmachtssoldaten, manchmal sogar die SS. »In der Zeit der Leichenverbrennungsöfen wurde jede Geste von Güte von seiten eines Deutschen hochrangig eingestuft.« Unter ihnen fanden sich eben auch Menschen »mit dem großen L«. (»Menschen« heißt auf polnisch »Ludzie«, normalerweise mit einem kleinen »l« geschrieben, das große »L« weist also auf gute, edle Artgenossen hin. »Ludzie przez duże L«), das freilich in sehr verschiedenen Abstufungen. Selbstverständlich will diese polnische Edition nicht der Reinwaschung der Frevel Hitlers dienen. An den Verbrechen des Systems hält Turnau wahrheitsgemäß fest, aber mit Recht warnt er vor kollektiven Urteilen über bestimmte Gruppen. Die polnischen Erfahrungen über »gute Deutsche« entziehen der *alle* Deutschen belastenden Kollektivschuld-These weithin den Boden. Es kam schließlich zu Jan Turnaus Büchlein in der Reihe »Bibliotheka Więź« (Band 54), Warschau 1986, unter dem Titel »Zehn Gerechte« (»Dziesięciu sprawiedliwych«), Besatzungserinnerungen.

Nicht ohne Bewegung liest man am Ende das Verzeichnis der 95

Deutschen (Auswahl aus 120 handschriftlichen oder maschinengeschriebenen Originalberichten), deren Menschlichkeit und Güte hier von Polen nach 40 Jahren in Erinnerung gebracht wird. Die Besatzungserfahrungen waren nicht nur negativ. Das hätte zumindest die Hierarchie vor einer Begünstigung der allgemein unterstellten Kollektivschuld-These warnen können. Wie glücklich wären wir damals gewesen, wenn die Verkündungen der amtlichen polnischen Kirche sich mehr von den problematischen Stereotypen des Messianismus hätten lösen können, was allerdings einen beachtlichen, an Selbstverleugnung grenzenden aszetischen Aufschwung erfordert hätte. Ohne diesen kommt man aber aus solchen »Babylonischen Gefangenschaften« schwerlich heraus.

Daß dieses Buch Turnaus unter der Redaktion von Grzegorz Polak in Polen erscheinen konnte, macht es besonders wertvoll. Hier wird der Herzensboden für den Dialog und die Aussöhnung mit dem deutschen Volk vorbereitet. Dafür ist Jan Turnau zu danken[31].

Zu den heutigen Pionieren der deutsch-polnischen Versöhnung ist von der Grundeinstellung her wohl Władyslaw Bartoszewski (Warschau, Berlin-West) zu zählen. Seit seinem ersten Besuch in der Bundesrepublik Deutschland (1965) hat er das »andere Deutschland« entdeckt. Er ist Schriftsteller, Zeitgeschichtler, beim Ausbruch des Krieges sechs Jahre und sieben Monate in stalinistischen Gefängnissen, aber ungebrochen. Er wagt nach allen Grausamkeiten einen neuen Anfang und zeigt, daß der Mensch nicht nur des Menschen Wolf ist, sondern auch des Menschen Bruder. In vielen konkreten Fragen gehen die Ansichten auseinander. Aber er ist wohl der offene Partner für gegenseitig befruchtende, kritische Gespräche. Die hier kurz vorgestellten Autoren – unter ihnen wollen wir den im Vorwort erwähnten Freund nicht vergessen – sind für den Umschlag des Klimas gegenüber Deutschland bedeutsam. Sie bereiten der Verständigung – freilich in unterschiedlichem Grad – den Weg.

Besonders sei auf den Literaturhistoriker und Mitbegründer der KOR, Jan, Józef Lipski, hingewiesen, der nach längerem Aufenthalt im westlichen Ausland in seine Heimat zurückgekehrt ist. Er behandelt unsere Anliegen schon näher und wird bei seinen besinnlichen Volksgenossen eher Gehör finden als ein deutscher

Freund. Mit Freude lasse ich daher diesen Autor die Antworten geben, die mir selbst auf der Seele brennen[32].

Jan Lipski bietet eine existentielle, oft erschütternde und betroffen machende Diagnose des schwer erkrankten Verhältnisses Polens zu Deutschland. Sie ist so gehalten, daß die Therapie fast immer angedeutet ist. Bei der scharfen Unterscheidung zwischen einem blinden, sich selbst zugrunde richtenden und andere verletzenden Nationalismus einerseits und einem durch christliche Grundsätze geläuterten Patriotismus, der sich gegen das Eindringen der Instrumentalisierung der Religion wachsam wehrt, andererseits, kommt er auf die hier im Kapitel V berührten ethischen Fragen zu sprechen, die damit weithin ihre Beantwortung finden mögen. Was hat er zur ethischen Beurteilung der Vertreibung geäußert? »Wir beteiligten uns daran, Millionen von Menschen die Heimat zu nehmen... Die Aussiedlung von Menschen aus ihren Heimen kann im besten Fall ein geringeres Übel, nie eine gute Tat sein.«

Über die Ablehnung der Kollektivschuldthese auf dem Boden des christlichen Ethos schreibt er: »Entweder, man will Christ sein oder nicht... Wenn man es ist, dann weiß man, daß das Prinzip kollektiver Verantwortung nichts mit der Ethik gemeinsam hat, zu der wir uns bekennen. Die Zufügung von Bösem schafft eine moralische Verpflichtung, selbst wenn der, dem es von uns angetan wurde, hundertmal Böses mehr getan hat.«[33]

Der im Messianismus strahlend vorgestellte, ritterlich-humanitäre Stereotyp verzerrt die geschichtliche Wirklichkeit und erspart dem Volk die demütige Annahme der dunklen Seite der eigenen Geschichte. Dadurch wächst leicht ein hypertrophiertes, aber nicht voll fundiertes, ethisches Selbstbewußtsein. In Polen wollte man an die eigenen dunklen Flecke der Geschichte einfach nicht erinnert sein, z. B. an die Unterjochung anderer Völker.

»Das würde uns das Bild der polnischen Nation besudeln, die angeblich niemand unterjocht hat. Wir lieben es nicht, in unseren historischen Kompendien Meldungen über die Ermordung der Besatzung von Wielkie Luky nach der Kapitulation aufzunehmen – denn das verträgt sich nicht mit dem ritterlich-humanitären Stereotyp unserer Geschichte.

Wir vergessen die Methoden, mit denen die ukrainischen Rebellionen und Aufstände bekämpft wurden, den Feldzug unseres Nationalhelden Stefan Czarniecki, der Dorf um Dorf, bis hin zum Säugling gemordet hat; das wahnsinnige Durcheinander wechselseitiger Revanche und Gegenrevanche, die seit einigen Jahrhunderten den düsteren Inhalt der polnisch-ukrainischen Geschichte darstellen. Wir rühmen uns der polnischen Toleranz – nur um halblaut zu erwähnen, wann und wo sie geendet hat.«[34]

Unser Autor mahnt seine Landsleute, von der verengten, verbogenen nationalen Sicht abzukommen und den Mut zu haben, die ganze geschichtliche Wahrheit anzunehmen; sonst lasse sich die nationale »Krankheit« nicht heilen. Jedes Verschweigen wird für ihn zum Öl im Feuer nationalen Größenwahns, ist eine Krankheit.

Das Ergebnis des Verschweigens und Beschönigens ist ein einseitiges, durch die Wirklichkeit nicht gedecktes Bewußtsein über geschichtliche Vorgänge, die die andere Seite ganz anders erlebt und erlitten hat. Und die Tragik: Das im Geiste der polnischen Romantik (Messianismus) geschaffene und dem Volksbewußtsein eingeimpfte einseitige Bild macht es unmöglich, dem anderen Gerechtigkeit widerfahren zu lassen, auch wenn man es (formell) will und beteuert. Man ist eben nicht umfassend informiert, hat zu viele weiße Punkte, ohne es zu ahnen. Vielleicht wollte man es im tiefsten auch nicht. Es geschieht Unrecht im guten Glauben, an dessen Überwindung aber zumindest die Hirten des Volkes hätten arbeiten können.

Angst vor den geschichtlichen Fakten (die für die vom Messianismus infizierten Generationen charakteristisch ist) ist Flucht vor der allein Freiheit und »Gesundheit« bringenden Wahrheit. Wer vor der Wahrheit, wo auch immer, flieht, dessen Ethos ist in Gefahr, zu verkommen. »Jeder Versuch, der Anerkennung einer eigenen Schuld auszuweichen, nutzt das nationale Ethos ab.«[35]

Das Verschweigen – (erst recht natürlich das Ableugnen) der eigenen, dunklen Seiten sei zwar nicht so schlimm wie die Praktizierung des Bösen gegenüber dem Nächsten, aber es ist doch die Voraussetzung für das aktuelle Böse und ein Weg zu künftigem Bösen.

Lipski plädiert leidenschaftlich für einen geläuterten Patriotismus, der sich sittlichen Normen unterwirft und der sich nicht für politische Ziele instrumentalisieren läßt.

»Ich meine, Chauvinismus, nationaler Größenwahn... Haß gegen alles Fremde, lassen sich nicht mit dem christlichen Gebot der Nächstenliebe vereinen. Patriotismus dagegen läßt sich vereinbaren. So wie die besondere Liebe innerhalb der Familie kein Hindernis sein muß und darf für die (weiterreichende) Nächstenliebe..., so muß auch die besondere Liebe zu den Gliedern der gleichen nationalen Gemeinschaft dieser gleichen, vorrangigen Norm untergeordnet sein.«[36]

Zunächst bestätigt Lipski die hier vorgetragene These vom Messianismus in der Gegenwart. Er schreibt weiter: »In trostloser internationaler Lage, nach der Niederlage im Zweiten Aufstand (1863), blühte der polnische Messianismus auf. Unsere größten Denker und Dichter setzten sich für diese Idee ein. In ihm lag eine ursprüngliche Größe, die durch Genialität beflügelt war. Ich meine, er spielte eine gewisse Rolle beim Durchstehen der Niederlagen. Aber man muß fragen, ob nicht auch die nächsten dadurch bewirkt worden sind. Aber das Erbe davon, das sich bis heute in der durchschnittlichen Geistesverfassung der Durchschnittspolen erhalten hat, ist beklagenswert: Nämlich das Gefühl einer besonderen Überlegenheit nur auf den Titel hin, daß man Pole ist. Dieser Patriotismus muß zur Liebe aller Menschen führen. Dieses Überlegenheitsgefühl drapiert sich sehr oft mit religiöser Erhebung. Hier vielleicht ein zu hoch gegriffenes Wort. Es handelt sich mehr um eine Karikatur von Geisteserhebung in volkstümlich religiöser Vermummung.«[37]

»Im polnischen Bewußtsein unserer ... Beziehungen zu den Deutschen ist eine Masse falscher Bilder entstanden, die im Namen der Wahrheit und zum Zweck der Genesung einmal von Lügen gereinigt werden müssen. Die falschen Vorstellungen der eigenen Geschichte sind eine Krankheit der Seele der Nation, sie dienen hauptsächlich der Fremdenfeindlichkeit und dem nationalen Größenwahn. Die besondere Liebe zu den Gliedern des eigenen Volkes muß der gleichen, übergeordneten moralischen Norm unterworfen bleiben.« »Jede andere Gestalt stellt eine ethische Deformation dar.«[38]

Damit demaskiert er die Instrumentalisierung des Religiösen zugunsten des Politischen. Dem wahren Gott und seinen Weisungen wird wieder der ihm allein zukommende, erste Platz zugewiesen. »Erst so kommt patriotisches Fühlen in eine christlich unanfechtbare Ruhelage.«[39] Diese ist unser Ziel.

Lipskis Konzept hat sich vom »beklagenswerten Erbe des Messianismus« freigemacht. Nun stehen nicht mehr Deutsche gegen Polen, sondern auf der einen Seite das »andere Polen«[40] zusammen mit dem »anderen Deutschland«, auf der anderen Seite die, unter sich zerstrittenen, noch nicht (vom Messianismus und der Instrumentalisierungstendenz) Erlösten beider Völker. Sie wirken wie Menschen in Gefängnissen, aus denen sie sich (noch) nicht befreien wollen oder können. Aber die »Gefangenen« beginnen nun auszubrechen. Diese durch »Perestrojka« angestoßene Dynamik zur Freiheit und Wahrheit hat auch der polnische Schriftsteller Andrezej Szczypiorski in seinem eben erschienenen Roman »Die schöne Frau Seidenman« dramatisiert[41]. Auch hier fallen einige bisher unantastbare »Säulen« des Patriotismus und des Messianismus. Das Schwarz-Weiß-Schema fällt als erstes. Während die SS in Warschau gegen polnische Opfer wütet, jagen gleichzeitig auch Polen ihre Opfer, vor allem Juden; und das »unter dem Bilde der Mutter Gottes«. Bisher verdrängte Tatsachen werden drastisch beim Namen genannt. Jedenfalls entlarvt der Autor Grundsäulen des Messianismus als bloße Mythen. Ihnen wird die Wahrheit ungeniert gegenübergestellt. Beginnt hier nicht eine »Götterdämmerung«? Ob es solches Umdenken auch schon in der kirchlichen Hierarchie geben mag? »Nicht die Flucht in den Mythos rettet«[42], sondern: »Die Wahrheit wird euch frei machen!«[43] Auch gilt, was die frühere Moraltheologie über die später ins Zwielicht geratene »Sünde aus Unwissenheit« – mag diese schicksalhaft oder schuldhaft sein – gelehrt hat. Nicht jeder »im guten Glauben« vollzogene, abwegige Akt bleibt ohne Schuld[44]. Paulus belehrt uns darüber: »Auch richte ich mich selbst nicht. Denn obwohl ich mir nichts bewußt bin, bin ich darin nicht gerechtfertigt. Der Herr ist es, der mich richtet. Darum richtet nicht vor der Zeit.«[45]

Um eine gemeinsame Zukunft – trotz 1945

Wie im Untertitel angekündigt, sind die unser Thema betreffenden Fakten sowie deren Hintergründe aufgezeigt worden und Anfragen unter ethischem Gesichtspunkt gestellt worden. Als Fakten haben uns die allgemeinen, politisch-militärischen Voraussetzungen für das sich darauf stützende Vorgehen in der Kirche beschäftigt. Kardinal Hlond hat aus ihnen zielbewußt eine »polnische Wirklichkeit« gestaltet. Der »Preis«, über acht Millionen entheimatete Deutsche, erschien ihm gerechtfertigt.

An diesem Punkte setzt das Anliegen des Buches ein. Ist hier nicht Unrecht geschehen? Die quälenden Einzelheiten sind erwähnt worden. Besonders schmerzlich haben es die Opfer empfunden, daß auch der Episkopat in nationaler Hochstimmung, ohne jedes Gefühl für die von den überspannten Forderungen der polnisch-kommunistischen Staatsräson Betroffenen geblieben ist und daß dieses auch von Papst Pius XII. verurteilte Vorgehen, das auf eine empfindliche Verletzung der fundamentalen Menschenrechte herauskommt, zum Auftrag Gottes hochstilisiert wurde.

J. Lipski hat als Pole eine ungewöhnlich treffende Diagnose gestellt und damit auch die Therapie angedeutet. Freilich hat die deutsche Politik diese Schieflage der polnischen Psyche – Lipski hat von einer »Krankheit der Seele« gesprochen – mitverursacht. Die Auseinandersetzung mit ihm könnte dazu führen, daß der Episkopat nicht weiterhin Konzepte und Verhaltensweisen rechtfertigt, die ihre letzte Begründung in dem im Jahr 1945 im Osten dominierenden, jetzt höchst kritisch betrachteten Denk- und Umgangsstil Stalins haben. Er war entschlossen, Deutschland und Polen für alle Zeit so tief zu entzweien, daß ein friedlicher Ausgleich moralisch unmöglich wird. Diesem zynischen Vorsatz ist entgegenzuarbeiten. Ein weiterer Schritt läge darin, Sorge zu tragen, daß sich in der Kirche – wo auch immer – niemals mehr ein zweites »1945« Hlondscher Prägung, wonach eine Kirche die andere vertreibt, ergibt. In der Kirche muß auch eine völlig wehrlose Seite einen Halt gegen die finden, die im widerstandslosen Raum exzessive politische Träume ohne Rücksicht auf die Ansprüche der Stammbevölkerung verwirklichen. Die unheilvolle Diskrepanz zwischen überspannter Staatsräson und wehrlosem Evangelium durchzieht das Buch. Es geht dem Verfasser gleichwohl um eine gemeinsame Zukunft, die politisch nicht mehr mit den Bajonetten der (östlichen) Sieger von 1945 argumentiert. Dabei hätte der Verfasser seinen polnischen Freunden Unangenehmes gern erspart. Er hätte dieses Buch lieber nicht geschrieben. Aber es galt abzuwägen.

Reden oder weiterhin schweigen?

In einer für Fachleute bestimmten Ausarbeitung[1] hat der Verfasser das Werk Krucinas »Kardinal Kominek im Dienste der Westgebiete« in Erinnerung gebracht. Es ist schließlich zum Stachel für diese Arbeit geworden. Angesichts menschlicher Aussichtslosigkeit und auf polnischer Seite zu befürchtender Mißverständnisse stellte sich damals auch der Gedanke ein, die Feder hinzulegen und alles dem Herrn und seiner heiligen Mutter zu überlassen. Sollte ich nicht all das, was aus Einseitigkeit nationaler Übertreibungen stammt, was uns das Herz verwundet und uns heimatlos gemacht hat, wie die Vertreibung und deren (versuchte) Rechtfertigung, Gott zur Sühne für Hitlers Frevel aufopfern?[2] Ich habe lange gesucht, was wohl der Wille Gottes sei. Klarheit kam mir, als ich im genannten Buch den Abschnitt »Finis coronat opus – ein Rückblick«[3] durchgegangen war. Die hier dominierende nationale Engführung mit ihrer radikalen Siegerwillkür und Einseitigkeit scheint fast eine Bedrohung der christlichen Substanz – der Grundforderungen des Evangeliums – zu sein. All das ruft in unserer orientierungslosen Generation nach ergänzender Korrektur und zum Zeugnis für die Heimatdiözese Breslau, ihre Bischöfe, Priester und Gläubigen. Als lebenslangem Freund Polens erscheint es mir als eine Pflicht gegenüber meiner Heimatdiözese und gegenüber allen ostdeutschen Diözesen, doch die notwendigen Ergänzungen anzubringen.[4] Was den Verfasser im Hinblick auf seine polnischen Freunde bisher zur Zurückhaltung gedrängt hat, das drängt ihn, nachdem über 40 Jahre seitens der polnischen Hierarchie kein richtigstellendes, Unrecht anerkennendes Wort bekannt geworden ist, dazu, am Lebensende das Thema doch noch einmal aufzugreifen, zumal er davon überzeugt ist, daß es langfristig keinen anderen Weg zueinander gibt. Es sei denn, daß unter wechselnden politischen Vorzeichen – etwa wenn die Sowjetunion »ihren« Völkern mehr Freiheit geben sollte – die alten, leidenschaftlichen »Abrechnungen« zum Hohn des Evangeliums fortgeführt werden.[5] Daher plädiert der Verfasser leidenschaftlich für den einzig sinnvollen Weg, für das mutige Anfassen der »heißen Eisen«, die die Begegnung der Herzen vereiteln und nur oberflächliche Courtoisie zulassen. Wer den bequemeren Weg des Verdrängens geht, macht den verwegenen Versuch, das Haus einer gemeinsamen Zukunft auf vermintem Gelände zu errichten. Und was könnten unsere Völker, einmal ausgesöhnt, für Welt und Christentum leisten! Das wäre *der* Sieg des Evangeliums. Ihm könnten die später folgenden praktischen Anregungen für innerkirchliches Verhalten dienen.

Die Stunde der Kirche

Wenn alle Dämme brechen, kommt für die Kirche die »Stunde«, um über kirchenpolitische Arrangements hinaus sich als letzter Hort der Wahrheit und Gerechtigkeit, der Fairneß und des Ausgleichs zu erweisen. Der dogmatische Anspruch, Hort der Wahrheit zu sein, hat sich in der kirchenpolitischen Alltagspraxis nicht immer verifiziert, sehr oft, weil die Interessen einer Staatsräson die Ansprüche des Evangeliums verdrängt hatten. Das gilt für viele nationale Kirchen, auch für die deutsche, besonders für die Zeit vor und während des Ersten Weltkrieges und während des Nationalsozialismus. Auch hier hat mancher Theologe Weihrauch auf den Altar der Zeitgötzen gestreut. Mit Recht schreibt J. Köhler: »Diese Art pseudotheologischer Argumentation muß in der Kirche allgemein aufhören!«[6]

Das wäre eine Aufgabe würdig des nächsten Jahrtausends. Wir

müssen uns in neuer Gemeinsamkeit »in Anerkennung des Versagens und im Geständnis unserer Betroffenheit« (J. Köhler) finden. Solche befreienden Zielsetzungen schimmerten Deutschland gegenüber zum ersten Male in der Versöhnungsbotschaft des polnischen Episkopates an die deutschen Bischöfe in Rom am 18. November 1965 durch. Sie fanden in der Spitzenformel des Schreibens »Wir vergeben, und wir bitten um Vergebung!« ihren klassischen Ausdruck. Leider hat der polnische Episkopat bereits am 10. Februar 1966 in einem gemeinsamen Hirtenschreiben diese Erklärung in einem entscheidenden Punkte zurückgenommen.[7] Er hat sich damit geweigert, die Gemeinsamkeit des Versagens und des Betroffenseins im politischen Raume mitzutragen, und den zweiten, entscheidenden Teil (»Auch wir bitten [unsererseits für unsere Schuld] um Vergebung!«) zurückgenommen.

Eine vordringliche Aufgabe auf dem Weg zueinander liegt darin, diese Verweigerung im ursprünglichen Sinne zu widerrufen. Die Lösung könnte also heißen: Wiedererweckung der alten Versöhnungsformel nach dem Stand vom 18. November 1965.

Doch das liegt beim polnischen Episkopat, um dessen wachsende Aufgeschlossenheit wir nur beten können.

Das Streben nach durchgehender Anerkennung gemeinsamen Versagens und gemeinsamer Betroffenheit schmälert nicht das Erfordernis, die leidvollen Erfahrungen der früheren und späteren Opfer in Erinnerung zu bringen und damit der polnischen Seite Möglichkeiten zu bieten, dem bisher in Grundfragen kaum beachteten Grundsatz »audiatur et altera pars« eine Chance zu geben.

Desiderate für die Zukunft:

1. Erwiesene Fälschung politischer Beschlüsse darf keine Teilkirche eines Landes zur Grundlage ihrer Kirchenpolitik gegenüber der Kirche eines besiegten Volkes machen. Die Kirche hat gerade in aufgewühlten Zeiten das Licht und die Kraft des Evangeliums einzubringen, auch wenn sich im Augenblick politisch keine Erleichterung erreichen läßt. Sie stellt sich damit auf die Seite der Schwachen, denen Unrecht geschieht.

2. Römische Vollmachten müssen in einer klaren, unverfälschbaren Sprache abgefaßt sein, um auch in Sondersituationen von

vornherein jeder Fehlinterpretation den Boden zu entziehen. Sie sollten Mißbrauch als sträfliche Verfehlung charakterisieren.

3. Was völkerrechtlich und ethisch im Sinne des abendländischen Kulturgewissens als Verbrechen gegen die Menschlichkeit gilt, darf von keiner Teilkirche mitgetragen, verfochten oder gestützt werden. Niemals darf ein solches Vorgehen als »international-rechtliche Grundlage« kirchlichen Verhaltens gelten. Die Kirche darf nicht darüber hinwegsehen, wenn die Durchführung römischer Reskripte mit völkerrechtswidrigem Vorgehen kombiniert wird.

4. Zu den Vorverhandlungen über die Reskripte muß auch der Episkopat bzw. der Vorsitzende der Bischofskonferenz des Landes hinzugezogen werden, in dessen Bereich die zum Opfer gewordenen Oberhirten gewirkt und deren Gläubige gelebt haben. Die Kurie handelt unglaubwürdig, wenn sie der Kiche des besiegten Landes in schwerster Stunde das »Audiatur et altera pars« versagt und nur mit der Siegerseite »einig« wird. Bei kirchenrechtlich-politischen Regelungen müßte sich die römische Kurie allseitig und ausreichend über die Lage informieren und beide Seiten anhören.[8]

5. Die für die ethische Beurteilung maßgeblichen sogenannten reflexen Prinzipien »Factum non praesumitur sed demonstrari debet« (es genügt nicht, Tatsachen zu behaupten, sie müssen im Rechtsbereich bewiesen sein) und »Pars tutior est eligenda« (der Weg, der größere moralische Sicherheit bietet, muß eingeschlagen werden) müssen gewissenhaft beachtet werden. Die Beweislast müßte also bei dem liegen, der den bisherigen Rechtszustand antastet. Er muß hieb- und stichfeste Beweise auf den Tisch legen, wenn er behauptet, den konkordatsrechtlich gültigen, kanonischen Status possesionis ändern zu dürfen.

6. Vertreter der Kirche können sich nicht unbesehen auf gegebenenfalls dem Naturrecht widerstreitende Beschlüsse von Politikern berufen und ihre eigene Zustimmung darauf gründen, auch nicht durch Konsens, Ermutigung, »staatspolitische« Rechtfertigung, Schweigen und Stillhalten, wenn Widerspruch bzw. Widerstand möglich und sittlich geboten sind.

7. Der Mißbrauch päpstlicher Vollmachten müßte kanonisch geahndet werden. Die den Kardinälen in can. 239 § 1, n. 17 CJC

(1917) für den Rechtsbereich eingeräumte Glaubwürdigkeit bezüglich ihrer Wiedergabe von Äußerungen, die der Papst in ihrer Anwesenheit getan hat, ist im neuen CJC 1983 aufgehoben worden. Eine mögliche Gefahr des Mißbrauchs ist damit beseitigt.

8. Die Kurie darf ihre Medien – das gilt besonders im völkerrechtlichen Schwebezustand – nicht einseitig zur Verfügung stellen. (Vgl. die völlig einseitigen Informationen Dr. Komineks i.J. 1963 in Radio Vaticana.)

9. Einseitig gefärbte, geschichtlich unbewiesene oder widerlegte Thesen dürfen kirchenamtlich, besonders in Hirtenbriefen, nicht vorgetragen werden. Ein unparteiisches judicium superioris müßte zur Klärung bereit sein.

10. Vom Zentrum der Weltkirche erwarten Hirten und Gläubige, daß dieses im Geist des Evangeliums der Gerechtigkeit, dem Frieden und der Brüderlichkeit unter den Einzelkirchen diene, daß sie aufheizendem Klima gezielt entgegenwirke und kritische Situationen mit ihrer eigenen Klugheit entschärfe, keinesfalls aber die Schwachen den Siegern kanonisch ausliefert.

Sind diese Zielvorstellungen zu hoch gegriffen?

Sicher sind ungewöhnliche Geduld und Selbstkritik vonnöten. Doch das Evangelium hat die Verheißung bis zum Ende der Zeiten. Daher brauchen wir nicht nervös zu werden, wenn uns nur langfristig realisierbare Ziele heute zu überfordern scheinen. Gottes sind auch die Zeiten, die sich für bescheidene Einzelschritte anbieten. Freilich wäre es bequemer, die undispensierbaren Anliegen des Evangeliums, die ein Herz fordern, auf der Ebene der Kirche *politisch* zu paralysieren und solchem Vorgehen dann formal einen christlichen Anstrich zu geben.

Doch wird dabei immer nur das Ergebnis zustandekommen, das der Prophet Jeremias verurteilt: »Sie sprechen von Frieden, doch es ist kein Friede«.[9] Schwer vorstellbar ist, daß Gottes eschatologisches Urteil über unsere Völker so schwarzweiß ausfallen wird, wie es gelegentliche, leider nie modifizierte kirchenamtliche Äußerungen in Polen verkünden. Könnten aber nicht beide Seiten auf der Basis des Evangeliums sich dem letzten Worte Gottes stufenweise annähern? Wäre es nicht schon einer pilgernden Kirche möglich, im eigenen Innern (schiedsrichterlich) tätig zu werden, wie sie es im Laufe der Kirchengeschichte manchmal nach außen war?

Manch engagierter Friedenskämpfer hat sich bemüht, die deutsch-polnischen Beziehungen innerlich aufzulockern und über äußerlich-pragmatische Regelungen hinauszustoßen.[10] Das Echo war bisher eher entmutigend.

Doch die Kirche als fortlebender Christus darf ihr Talent, Frieden in Wahrheit und Gerechtigkeit zu stiften, nicht wegen ungewöhnlicher Schwierigkeiten veruntreuen. Wer sollte es dann tun, wenn die Menschen des Evangeliums sich weigern? Nur träge Knechte könnten ihr Talent vergraben.[11]

Die von solchem Eros Erfaßten könnten mit Newman († 1890) in gemeinsamer Betroffenheit beten: »Mein Gott! Ich bekenne, daß Du mein Dunkel erhellen kannst. Ich gestehe, daß Du es allein kannst! Ich verlange danach, daß meine Finsternis erhellt werde! Mit Deiner Gnadenhilfe will ich mich vor aller Selbsttäuschung hüten, die mich antreibt, eher das zu wählen, was der Naturneigung entspricht, als das, was die Vernunft gutheißt«.[12]

Anmerkungen
(nach Kapiteln geordnet)

(Sie werden bewußt knapp gehalten und sind zusammen mit dem Literaturverzeichnis am Ende (210–219) zu lesen. Dort werden alle bibliographisch erforderlichen Angaben geboten.)

ZU KAPITEL I

[1] Die Kapitulationsurkunde von Reims (8. Juli 1945) ist unter anderem enthalten in: US-Department of State Bulletin, Bd. 3, Nr. 315, S. 106. Die Berliner Urkunde in: Kontrollratsammelheft (viersprachig) Nr. III.

[2] Tygodnik Powszechny, Kraków 23. Juni 1985, Nr. 25.

[3] Art. Kapitulation, in: Staatslexikon, Freiburg 1959, col. 833–834.

[4] Fritzmaurice, früher Justitiar des britischen Außenministeriums, nach *Kraus,* Der völkerrechtliche Status 10.

[5] Ebd.

[6] 22. Februar 1944 vor dem Unterhaus, in: *Churchill,* Der Zweite Weltkrieg, Bd. 4, 618.

[7] Vgl. Kontrollratsammelheft Nr. IV. Auch bei *Kraus,* Der völkerrechtliche Status 14, Anm. 26. *Ratza, O.,* Die Berliner Erklärung. Sie war von Churchill, Roosevelt und Stalin unterzeichnet. Im Hinblick auf die Grenzen ging man theoretisch vom Stand von 1937 aus, ohne ihn aber festzuschreiben. Stalin nutzte diese Chance, um effektiv seine These durchzusetzen: »Deutschland ist das, was übrigbleibt«.

[8] Kontrollratsammelheft IV. Nach *Kraus,* Der völkerrechtliche Status 117. *A. Mertes,* Tragweite 17–18. Hinsichtlich der Grenzen hat Stalin die radikalste These verfochten – und durchgesetzt.

[9] Ebd. Am 15. März 1944 hat die antisowjetische polnische »Armee im Lande« über den »Rat der nationalen Einheit in Polen« eine Erklärung veröffentlicht, in der, verglichen mit dem Konzept Stalins, maßvollere Forderungen gestellt werden: Ostpreußen, Danzig, Ostpommern, Oberschlesien nebst einer westlich vorgelagerten polnischen Besatzungszone. In: Sily Zbrojne w drugiej Wojnie Swiatowej. Tom. III. Armia Krajowa (Die polnischen Streitkräfte im Zweiten Weltkrieg, Bd. III, Die Armee im Lande), London 1950, 67, in: *Rhode-Wagner,* Quellen Nr. 67.

[10] *Kraus,* Der völkerrechtliche Status 13–17; 85–86, Anm. 169. Der Verfasser übernimmt als Ethiker die Forschungsergebnisse renommierter Historiker und Völkerrechtler (Rhode, Kraus, Zayas), um die politisch-militärischen Voraussetzungen für das Geschehen in der Kirche klarzulegen.

[11] Die Formulierung zeigt deutlich, daß die Teilnehmer keine angemessene Vorstellung der territorialen Gegebenheiten Ostdeutschlands gehabt haben. Denn Ostpreußen und Oppeln sind bereits in dem zuerst genannten Gebiet enthalten. Sie brauchen nicht gesondert benannt zu werden, wenn man die Verhältnisse kennt. Der Text findet sich in *Churchill,* Der Zweite Weltkrieg, Bd. 5, Teil 2, 98.

[12] *Kraus,* Der völkerrechtliche Status 17–18.

[13] *Krupiński,* 19. Vgl. Anmerkung 43.

[14] Die prosowjetisch-polnischen Kommunisten, vor allem die PPR (Polnische Arbeiterpartei), engagierten sich demgegenüber entschieden für die Preisgabe der polnischen Ostgebiete an die Sowjetunion und für umfassende Kompensationen auf deutsche Kosten im Westen.
Deutsche und Polen (Informationen zur politischen Bildung) Bonn 1977, 43; *Mistal,* Ziemie odzyskane (wiedergewonnene *Gebiete)* 19–28; 24.

[15] Polen verlangt Garantien für die Annexion der deutschen Ostgebiete. Note der polnischen Exilregierung an das Foreign Office vom 23. Januar 1944. In *Rhode-Wagner*, Quellen, Nr. 61.

[16] Amerika hat dafür Garantien verweigert. Der Weg freundschaftlichen Ausgleiches sollte gewählt werden. *Rhode-Wagner*, Quellen, Nr. 62.

[17] *Krupiński,* 20.

[18] *Krupiński,* 21. Alexander Solschenizyn hat das ostpreußische Drama als sowjetischer Offizier mitgemacht. Er berichtet darüber dichterisch in »Ostpreußische Nächte« (1976). Der Zusammenbruch zeichnete sich endgültig ab, als die »Rote Armee« am 12. Januar 1945 von der Weichsel gegen Westen vorstieß, ohne auf Widerstand zu treffen. Völlig überrascht suchten Hunderttausende auf überfüllten Straßen, unter Fliegerbeschuß, notdürftig ausgerüstet, von Kälte, Obdachlosigkeit und mangelnder Hygiene geschwächt, die Rettung im Westen. In diesem apokalyptisch bedrängten Menschenstrom befand sich auch der am 1. Mai 1943 in Groß-Strehlitz geborene Franziskus Eisenbach, mit dem seine Mutter am 17. Januar nach Westen aufgebrochen war. – Heute, am 24. April 1988, da ich die 2. Auflage dieses Buches vorbereite, wird Dr. Eisenbach in Mainz zum Bischof geweiht.

[19] *Krupiński* 21.

[20] Betr. Churchill s. *Schickel,* Die Vertreibung der Deutschen, 58.

[21] Winston *Churchill,* Der Zweite Weltkrieg 5, 2, 38. Das US-Außenministerium stellte am 12. Januar 1945 für den Präsidenten Roosevelt und Minister Stettinius ein »Briefing Book« her, das auch die territorialen Zugeständnisse an Polen behandelt. Danach sollte Polen Ostpreußen, Danzig, Deutsch-Oberschlesien und 6812 Quadratmeilen von Ostpommern zur Verlängerung seiner Ostseeküste erhalten. Da Polen, wie zu erwarten sei, mehr fordern werde, wird die Auffassung vertreten, daß es für die Vereinigten Staaten tunlich wäre, sich solchen Vorschlägen zu widersetzen. In: Rhode-Wagner, Quellen, Nr. 10.

[22] *Rhode,* Ostgebiete 4.

[23] Reutermeldung vom 5. März 1945.

[24] Dziennik Ustaw (Gesetzblatt), Warszawa 1945, Nr. 9, Pos. 45.

[25] *A. Klafkowski,* Podstawy prawne 94.

[26] *Krupiński,* Co się stało 20, 21, 23.

[27] *W. Churchill,* The second world war, Bd. 6,498–499, in Rhode-Wagner, Quellen, Nr. 136.

[28] In: W. D. *Leahy,* I was there, London 1950, 466, bei *Rhode-Wagner,* Quellen, Nr. 143. Die völlig willkürliche Trennung der Bevölkerung von ihrem Boden spiegelt sich auch heute noch in der Bevölkerungsdichte. Während Polen nach dem Stand von 1984 nur 117 Menschen auf den Quadratkilometer hatte, drängen sich in der Bundesrepublik Deutschland 248 auf den gleichen Raum im Durchschnitt zusammen (Auskunft des Bundesministeriums des Inneren [Staatssekretär Dr. S. Fröhlich] vom 30. Mai 1985.)

[29] Aus Kontrollratssammelheft Nr. VIII.
The Conference of Berlin (The Potsdam Conference) 1945, Bd. 2, 1/44; Roos, Geschichte der polnischen Nation 1918–1978, 208–209.
Damit besiegelten die Politiker nicht nur Deutschlands, sondern auch Polens Schicksal. Polen verlor seine historisch unbestrittenen, wenn auch ethnisch überwiegend nichtpolnischen Ostgebiete, in denen Polen aber die relative Mehrheit unter Ukrainern, Weißrussen und Litauern gehabt haben. Gleichzeitig wurden sie einem Regime unterworfen, das sie aus geschichtlichen Erfahrungen und aus ideologischen Gründen ablehnten. Lenin hatte schon 1920 eine solche Vision. Pilsudski hat sie damals vereitelt. Stalin konnte jetzt die Ernte einbringen. Um Ostpolen ergreift auch einen Deutschen die Wehmut.

[30] Kontrollratsammelheft Nr. VIII; s. auch b. Kraus 120–121.

[31] *Rhode-Wagner,* Quellen, Nr. 155.

[32] *Schickel,* Deutsche und Polen, 246–247.

[33] Revue Générale de Droit international Public 60, 253.

[34] Kontrollratsammelheft Nr. VIII mit englischem, russischem und französischem Text, nach Kraus 30, *Rhode-Wagner,* Quellen, Nr. 305.

[35] *Zayas,* The Legality 144–145.
Besonders der zweite Teil ist für deutsche Leser bewegend, ja erschütternd. Zayas bietet als Völkerrechtler auch viele Hinweise für die ethische Beurteilung solchen Verhaltens. Vgl. *Scholz,* Über die Legitimität 47–50.

[36] *Zayas,* The Legality, 143, 145.

[37] Auffälligerweise enthält dieser polnisch-sowjetische Grenzvertrag in Art. 3 auch eine Vorbehaltsklausel bis zum Friedensvertrag. United Nations Treaty Series X, 193, nach *Kraus,* Der völkerrechtliche Status 23, Anm. 45.
Dabei wird auch die »Umsiedlung« der bisher dort siedelnden Polen

vereinbart. Der Rechtspositivist wird das als ›ordnungsgemäß‹ beurteilen. Im Licht christlich abendländischer Ethik muß diese »Vertreibung« als ethisch verwerflich gelten. Diese Gebiete sind durch die dynastische und staatliche Verbindung Polens mit Litauen, vor allem unter Władysław-Jagiełło, der 1386 die polnische Thronerbin Hedwig geheiratet hatte, zu Polen-Litauen gekommen. Seit 1569 bestand staatliche Realunion. Das Land reichte im Osten bis Witebsk, Smolensk und Kiew, im Süden fast an das Schwarze Meer.
Es war natürlich überwiegend mit Litauern, Weißrussen und Ukrainern besiedelt, Polen stellte die kulturell und wirtschaftlich maßgebende Schicht. Die genannte polnische Thronerbin Hedwig († 1399) darf nicht mit der aus Andechs am Ammersee (Bayern) stammenden hl. Hedwig von Schlesien verwechselt werden († 1243 in Trebnitz bei Breslau). Die Namensschwestern waren einander in Tapferkeit, Opferbereitschaft und Kreuzesliebe sowie durch zügelnden Einfluß auf ihre Ehegatten ähnlich.

[38] *J. Topolski,* 140.

[38a] Denn die »Plätze« der aus Kernpolen und aus der Freien Stadt Danzig vertriebenen ca. 1,4 Millionen Deutschen waren verfügbar. Demgemäß war nur noch für die restlichen ca. 800 000 aus Ostpolen Vertriebenen eine Heimstatt zu suchen. Doch angesichts der Aussiedlung von 518 000 Ukrainern und Weißrussen aus Kernpolen nach der »Sowjetunion« i. J. 1945/46 fehlten im Lande nur noch knapp 300 000 Heimstätten. Unter diesem Vorwand ist 8 Millionen Deutschen ihre Heimat genommen worden. Das gern gebrauchte Argument: »Wir mußten die Bevölkerung aus den an Rußland verlorenen Ostgebieten aufnehmen, ihr müßt die Menschen aus den an Polen gefallenen Oder/Neiße-Gebieten ebenso aufnehmen« verhüllt und entstellt die eigentliche Situation. Rechnerisch lautet sie etwa: 8 000 000 : 300 000.

[39] *A. Bohmann,* Menschen und Grenzen, 384–385. Betr. die ostpolnische Tragödie unter den Sowjets 1939–1941; vgl. Jan Gross, Und wehe, Du hoffst.

[40] Die Begegnung mit den aus Ostpolen Vertriebenen hätte sich für das Zusammenleben mit Ostdeutschen sehr fruchtbar ausgewirkt, wenn solche Modelle nicht von Anfang an im Sinne der Staatsräson verboten worden wären.

[41] *Rhode,* Die Ostgebiete des Deutschen Reiches, 131.

[42] *Krucina,* Kościół, 37.

[43] Erst St. Krupiński hat, soweit ich sehe, diese Frage in einer im Exil (Paris, London) erscheinenden polnischen Zeitschrift später (Kontakt, 1986, Nr. 46, 18–20) gestellt. Er hat viel Unerwünschtes ans Licht gebracht, was auch die Hierarchie lieber überhört.

[44] *Krucina,* Bolesław Kardinal Kominek, 37–38.
Krucina, der Sektretär und Vertraute des am 10. März 1973 verstorbenen Breslauer Kardinals Kominek, hat 1977 aus dem Nachlaß des Heim-

gegangenen einen wichtigen Teil unter dem Titel »B. Kard. Kominek w służbie ziem zachodnich« (B. Kard. Kominek im Dienste der Westgebiete) veröffentlicht. Der erste polnische Kardinal von Breslau erscheint darin als maßgeblicher Miturheber der »polnischen Wirklichkeit« in Schlesien, zumal im kirchlichen Bereich der Erzdiözese Breslau. Die Lektüre schmerzt jeden Deutschen, der den Kardinal geschätzt hat, durch erstaunliche Einseitigkeit gegenüber der deutschen Kirche. Man ist schockiert von der unangefochtenen Selbstverständlichkeit, mit der er von der Kollektivschuld aller Deutschen ausgeht, wie er die Vertreibung begrüßt, sie dabei in eine »geordnete Umsiedlung« umfälscht und die Entheimatung von 8,5 Millionen Menschen im wesentlichen als »Akt geschichtlicher Gerechtigkeit« unter dem technischen Transportproblem darstellt. Dr. Kominek ist als patriotischer Oberhirte auf polnischer Seite hoch geehrt. Vgl. dazu das nach seinem Tode i. J. 1974 in Breslau herausgegebene Werk: Verbum crucis (Wort des Kreuzes), in dem J. Krucina sechzehn Beiträge theologischer Autoren zusammengefaßt hat (Wrocław 1974). Auf der Titelseite findet sich die Widmung: »Kardinal Boleslaus Kominek zur Huldigung« (Kardynałowi Bolesławowi Kominkowi w hołdzie). Nach Abschluß der »Umsiedlung« und Sicherung des »niemals mehr umzukehrenden polnischen Besitzstandes bis an die Oder/Neiße-Linie« hat er auch vereinsamten deutschen Restgruppen, zumal in Breslau und in Waldenburg, besonders bei Einsetzen des »Tauwetters 1956« die seelsorglich-gütige Seite seines Wesens gezeigt.

45 Befehl des 1. Korps vom 22. Juni 1945, nach *Pasierb,* Migracja (Wanderung), 68–69. Vgl. das Interview, das A. Ziemilski in der »Polityka« (Warschau) am 16. 4. 1988 über seine Tätigkeit 1945 bei der Vertreibung der Deutschen (in: Informationen und Berichte, Königstein 1988, 1–9) gegeben hat (Hrsg. Grycz, W.).

46 *Pasierb,* Migracja, 70.

47 Erst nach Publikation der Quellen durch die polnische Seite (Pasierb, Migracja, 70) wurden mir diese, den Vertreibungsaktionen zugrundeliegenden Befehle bekannt. Es handelt sich um eine im Jahr 1966 bei Prof. Orzechowski, Breslau, angefertigte Doktorarbeit.
Vgl. *Scholz,* Wächter, 56–57.

48 *Zayas,* Die Anglo-Amerikaner, 259–260. Rhode-Wagner, Quellen, Nr. 171. Die Darstellung deckt sich mit Robert Jungks anonymem Artikel in der in Zürich erscheinenden »Weltwoche« (Nr. 527, 9, vom Oktober 1945) »Aus einem Totenland«. Der Verfasser, ein dem Holocaust entkommener Jude, berichtet ungeschminkt über die unvorstellbaren Verhältnisse in Schlesien.

49 *Scholz,* Wächter, 51–53.

50 *Krupiński,* 22.
Esser, Dokumentation.
Bundesministerium für Vertriebene, Die Vertreibung der deutschen Be-

völkerung aus den Gebieten östlich der Oder/Neiße, Verhältnisse in dem von der polnischen Miliz eingerichteten Konzentrationslager Lamsdorf, Bd. 2, Bonn 1969[1], 1984[2], Nr. 233, S. 425–432. In diesem Band ist dokumentiert:

Die Zerstörung der Lebensgrundlagen der ostdeutschen Bevölkerung seit 1945 (Abschnitt zwei) und: Austreibung und Ausweisung der deutschen Bevölkerung aus den Gebieten östlich der Oder und Neiße (Abschnitt drei).

Vgl. dazu auch: *P. Chmiel*, Die Vertreibung 137–157 und den Notruf des Deutschen Caritasverbandes, der Inneren Mission und des Deutschen Roten Kreuzes an den Alliierten Kontrollrat, Berlin, den 31. August 1945: »Es ist ein ungeheurer Notstand, dem zur Verhütung des Sterbens mehrerer Millionen Deutscher und einer großen Gefahr für die Besatzungsmächte ... abgeholfen werden muß ... schrecklich und unhaltbar ist die Lage der deutschen Bevölkerung, die in den unter polnische Verwaltung gestellten deutschen Ostgebieten verblieben ist. Dort befinden sich sechs bis acht Millionen Deutscher, die ein furchtbares Los zu tragen haben.«

Akten Deutscher Bischöfe, Nr. 1032, S. 711–713.

51 Vorwort zum Werk seines Schülers Wiewióra, Polish-German Frontier.

52 Tygodnik Powszechny, Kraków Nr. 25 vom 23. Juni 1983: Granica Poczdamska. Polityka i prawo międzynarodowe (Die Grenze von Potsdam. Politik und internationales Recht). Leitartikel.

53 *Rhode-Wagner,* Quellen, Nr. 150.

54 *Truman,* Memoirs I, 492, in: Rhode-Wagner, Quellen, Nr. 171.

55 *Scholz,* Bilanz: Die Anglo-Amerikaner ... in: Deutsche Tagespost, Würzburg, vom 27. Februar 1980, 5.

ZU KAPITEL II

1 R. *Marek*, Kościół 17ff.

Diese Rückkehr schließt die meistens mit Schweigen übergangene »Reinigung« vom Nichtpolnischen, vor allem von allem Deutschen ein. Der am 20. Juli 1945 heimgekehrte Primas von Polen, Aug. Hlond, seit 8. Juli 1945 päpstlicher Beauftragter für »das ganze polnische Gebiet«, überträgt die politischen Beschlüsse von Potsdam (bes. Ziff. IX B) in Stalins Sinne auf das innerkirchliche Leben in den deutschen Ostgebieten. Er gilt mit Recht als einer der Initiatoren der neugeschaffenen »polnischen Wirklichkeit« im eben noch rein deutschen Land. Der Kurie in Rom empfahl er sich aus doppeltem Grund: Seine persönliche Strahlungskraft sowie eine gewinnende Liebenswürdigkeit sprachen für ihn. Ferner hatte er im Bereich des geplanten Auftrages sehr einschlägige Erfahrung. Im Ringen um Oberschlesien und andere deutsche Gebietsteile nach dem ersten Weltkrieg mit dem wieder errichteten polnischen

Staat waren Kardinal Hlond ähnliche Aufgaben anvertraut worden. Achille Ratti, der spätere Papst Pius XI. (1922–1939), war 1918 von Papst Benedikt XV. als Päpstlicher Visitator, Nuntius und kirchlicher Abstimmungskommissar nach Polen bzw. Oberschlesien gesandt worden. Ratti war damals von Hlond stark beeindruckt. Als Provinzial der deutschen Provinz der Salesianer Don Boscos mit Sitz in Wien sondierte er in Polen nach Möglichkeiten für die Neuerrichtung von Ordenshäusern. Ratti, der Männer des Ausgleichs und der Mitte besonders für Oberschlesien suchte, erschien Hlond geeignet. Er war in Deutschland geboren, war Oberer einer *deutschen* Ordensprovinz und gleichzeitig unübersehbar Polen warm zugetan. So setzte er sich für ihn als Apostolischen Administrator für den nach dem Genfer Schiedsspruch 1922 an Polen gefallenen Teil Oberschlesiens (Zentrum Kattowitz) ein. Als solcher hat er bis 1925 die neu zu schaffende Diözese Kattowitz aufgebaut. 1925 wurde er erster Bischof von Kattowitz, um freilich bereits 1926 nach Gnesen als Primas von Polen überzusiedeln. In Oberschlesien war er gegen die sehr starke deutsche Minderheit (Kattowitz selbst hatte z. B. mit 75 Prozent für Deutschland gestimmt) gerecht, aber ohne warme pastorale Zuneigung. Er hatte auch den Mut, deutsch zu predigen. Freilich als Verantwortlicher für die Seelsorge der Polen im Ausland konnte er auch nichts anderes als *das* tun, was er draußen zugunsten seiner Landsleute – mit Recht – gefordert hat. In unserem Zusammenhang ist entscheidend: Rom erschien er 1945 für den Auftrag in Polen deswegen besonders geeignet, weil er ähnliche leidige Aufgaben schon einmal »durchgespielt« hatte. Leider hat er 1945 die römischen Intentionen in nationalem Überschwang weithin in den Wind geschlagen.
Stasiewski, Die Kirchenpolitik 356–359, ders., Hlond 395–396.
Żywczyński, Hlond 545–546.

2 Diese Variante entsprach dem Volksbewußtsein und dem völkischen Verlangen. Daher wurde sie über alle Kanäle der staatlichen und kirchlichen Kommunikation eifrig und selbstverständlich propagiert. Sie wurde sofort dominant.
Liszka, Z działalności 63–66. Dieselbe Auffassung vertritt Dr. *Kominek* in: Fakty i wspomnienia (6), die auch von *Pietrzak* (Działalność 212) in Erinnerung gebracht wird.

3 *Pietrzak*, Działalność 208–210.

4 In der Erzdiözese Breslau hatte Kardinal Bertram für seine Priesterkandidaten folgende Regelung mit der polnischen Sprache getroffen: Alle Theologen waren verpflichtet, die Anfangsgründe zu beherrschen. Sie sollten in Notfällen – in der weiten Diaspora Brandenburgs und Pommerns war vor allem an die zahlreichen polnischen Saisonarbeiter gedacht, die kein Deutsch verstanden – beispringen können.
Die aus den doppelsprachigen Gebieten Oberschlesiens stammenden Kandidaten mußten sich für die Seelsorge voll in Polnisch ausrüsten. Dazu führende Kurse hat der Verfasser in den Jahren vor dem Krieg

selbst im Theologenkonvikt zu Breslau, Domplatz 14, geleitet. Neben dem seelsorglichen Ziel stand damals gegenüber dem NS-Regime das praktische Zeugnis für den Gebrauch der Muttersprache im kirchlichen Bereich im Vordergrund. Ein damals sehr scharf angegriffenes Unternehmen, das sich aber in den »Nischen«, die die Kirche schützte, noch bis zum Ausbruch des Krieges halten konnte.
In diesem Zusammenhang ist eine vertrauliche Äußerung Kardinal Bertrams an Domkapitular Łukaszczyk von Interesse, sein Nachfolger werde ein Pole sein, wobei er den unbestritten zuverlässigen Spiritual des Breslauer Priesterseminars, Dr. Heinrich Grzondziel, später Weihbischof in Oppeln, gemeint hätte.
Kosyrczak, Od Radlińskiego Adwentu 303.
Nach den persönlichen und sachlichen Umständen kann Kard. Bertram zu diesem Zeitpunkt mit »Pole« höchstens einen in der polnischen Sprache bewanderten, die polnische Kultur schätzenden deutschen Staatsbürger gemeint haben.

[5] Er wurde für die Seelsorge der eindringenden Polen bei St. Bonifatius in Breslau durch die deutsche Diözesanverwaltung eingesetzt.

[6] Die Frage ist im I. Kapitel berührt. Auf die rein rechtspositivistischen Konsequenzen, die die Hierarchie gerne übernahm, ist hingewiesen worden.

[7] Was eigentlich genau gemeint ist, bleibt unklar.

[8] *Kosiński*, Czy Kardynał Hlond 30.

[9] *Ders.*, 30–31.

[10] *Ders.*, 32.

[11] *Pietrzak*, Działalność 221.

[12] Dr. B. Kominek hat später im Gespräch mit dem Verfasser u. a. geäußert, daß er sich auch deswegen mit Oberschlesien begnügen wollte, um in Mittel- und Niederschlesien nicht Zeuge einer Radikalumsiedlung zu werden: Im Oppelner Bezirk gab es viele doppelsprachige, deutsche Staatsbürger, die jetzt als nationalpolnische Reserve angesehen wurden und daher nicht vertrieben worden sind. Aus dieser Gruppe rekrutieren sich viele Spätaussiedler.

[13] *Pietrzak*, Działalność 215–216.

[14] *Pietrzak*, Działalność 217.

[15] Er unterstand dort den deutschen Generalvikaren Strzyż und Wosnitza, die trotz des Risikos dem kirchenrechtlich zuständigen, polnischen Bischof Adamski, der nach Krakau verdrängt worden war, die Treue hielten und ihm die Grundsatzentscheidungen überließen.

[16] *Pietrzak*, Działalność 218.

[17] Geb. 14. März 1859 in Hildesheim, Priesterweihe 1881, Bischof von Hildesheim 12. Juni 1906, Fürstbischof von Breslau 20. Oktober 1914, als Kardinal publiziert 15. Dezember 1919, Metropolit der Breslauer Kirchenprovinz seit 13. August 1930 (Handbuch des Erzbistums Breslau für das Jahr 1939, Breslau). »Am 6. Juli 1945 starb Kardinal Bertram fern

von seiner Domkirche in Johannesberg. Weihbischof Ferche gelang es unter großen Schwierigkeiten, mit dem Dompropst Dr. Blaeschke und Generalvikar Dr. Negwer nach Johannesberg zu gelangen und dort an der Beisetzung des Kardinals auf dem Friedhof in Jauernig teilzunehmen. Dann eilte er nach Breslau zurück zur Wahl des Kapitelvikars Dr. Piontek.«
(*Engelbert,* Weihbischof Josef Ferche 34.)
Zu seiner Person, die in der jüngsten Zeitgeschichte auch in das Feuer der Kritik geraten ist, bemerkt der weltweit geschätzte Kirchenhistoriker H. Jedin: »Nach dem Zusammenbruch des Dritten Reiches wurde mir in Rom von Ausländern oft die Frage gestellt: Warum ist Kardinal Bertram nicht wie Bischof Galen auf der Kanzel gegen die Verbrechen des Regimes aufgetreten? Warum ist er nicht Mittelpunkt einer Widerstandsbewegung geworden?
Die meisten Frager verkannten völlig die prinzipielle Seite und die praktischen Möglichkeiten eines solchen Widerstandes; sie gingen von der Situation der gewaltsam besetzten Länder aus. Aber die Frage, ob nicht mehr geschehen könne, als gegenüber den Machthabern das Recht zu vertreten und das Kirchenvolk aufzuklären, hatten wir während der Jahre 1936–39, die ich in Deutschland verbrachte, oft genug gestellt. Es ist jedoch etwas anderes, als unverantwortlicher Beobachter historischer Vorgänge sich ein Urteil zu bilden und wieder etwas ganz anderes, die volle Verantwortung selbst zu tragen. Aus der Rückschau vollends ist es leicht klüger zu sein und Kritik zu üben, aber es ist sehr schwer, mitten im Geschehen stehend die richtigen Entscheidungen zu treffen. Bei ruhiger Abwägung aller in Betracht kommenden Umstände wird der Historiker sagen müssen, daß die Politik des Zeitgewinnens, des Bewahrens alles dessen, was teilweise mit Hilfe des Reichskonkordats noch bewahrt werden konnte, gute Gründe für sich hatte und viele sinnlose Opfer verhindert hat, die wohl Symbolkraft besaßen, am Gang der Dinge selbst aber nicht das Geringste änderten. Doch halte ich für richtig, daß die wohlüberlegte Taktik des Nationalsozialismus, nicht wie im Kulturkampf die Bischöfe zu Märtyrern zu machen, dem in der ganzen Welt hochgeachteten Kardinal zuzeiten ein offeneres Wort von der Domkanzel erlaubt hätte, als tatsächlich gesprochen wurde. Bertram war in einem Rechts- und Ordnungsstaat groß geworden, er glaubte, dem Unrecht das Recht entgegenhalten zu müssen, wo doch das Verbrechen nur der Macht weicht und gewichen ist. Auch große Persönlichkeiten haben Grenzen, die ihnen nicht durch das Wollen, sondern durch ihr Werden und Sein gesteckt sind.«
Jedin, Adolf, Kardinal Bertram 18–19.
Schickel, Erinnerungen, 10–16.

18 Geb. 31. Oktober 1910, gest. 30. Mai 1984. Vgl. A. *Schickel,* Erinnerungen.

19 Geb. 15. November 1878 in Leobschütz, zum Priester geweiht am 20. Juni 1903 (Hamdbuch des Erzbistums 1929, 17); zum Weihbischof des

Restteils der Erzdiözese Breslau in Görlitz am 24. Juni 1959 konsekriert, gest. 2. November 1963. Vgl. *Gottschalk,* Schlesische Priesterbilder 23–27.

20 Geb. 9. April 1882, gest. 23. September 1965. Vgl. Gottschalk, Schlesische Priesterbilder 29–36.

21 Geb. 9. August 1892, gest. 14. Februar 1964. Vgl. *Gottschalk,* Schlesische Priesterbilder 43–46.

22 *Marek,* Kościół 31–34.
Vgl. *Pietrzak*, Działalność 205.
M. berücksichtigt die staatlichen Anliegen stärker, ohne aber in Einzelfragen tendenziös zu werden. In den Grundfragen muß er natürlich das staatlich vorgegebene Grundkonzept annehmen. Sein Werk bringt viele, bisher kaum bekannt gewordene Einzelheiten zur Beleuchtung der Hintergründe. Das Buch ist 1976 nur in einer Auflage von 1500 zuzüglich 220 Exemplaren gedruckt worden und war daher sehr schwer zu bekommen.
Ich danke einem polnischen Freund, der es mir leihweise überlassen hat.

23 *Marek,* Kościól 35. Vgl. dazu eine heutige Beurteilung von polnischer Seite über die Ausgewogenheit der doppelsprachigen Seelsorge in den Jahrhunderten, in denen Oppeln zur Erzdiözese Breslau gehörte (Anhang 3) S. 223–24.

24 Schon vor Mitte September 1939 hatte der Primas sein mit zwei übermächtigen Angreifern ringendes polnisches Vaterland verlassen. Über den Vatikan war er nach Frankreich gekommen, wo er 1944 durch deutsche Organe verhaftet, aber nach knapp drei Monaten wieder freigelassen und unter Polizeiaufsicht gestellt wurde. Bis April 1945 lebte er in Bar-le-Duc bei Verdun, dann in einem Kloster in Wiedenbrück (Westfalen). Hier wurde er am 1. April 1945 von US-Truppen befreit. In einem amerikanischen Heeresflugzeug kam er in den Vatikan, um im Juli 1945 in die Heimat zurückzukehren (*Marek,* Kościół 20–21).
Interessante, konkrete Einzelheiten über die Entwicklung nach dem Zusammenbruch unter russisch-polnischer Herrschaft, über die totale, schlagartige Entrechtung aller Deutschen und die Vorbereitung des großen Schlages gegen die deutschen Jurisdiktionsträger sowie über die Resignation selbst und ihre Folgen bringen vor allem Jerzy Pietrzak (vgl. Kap. II, Anm. 2) und St. Kosiński (vgl. Kap. II, Anm. 8). Da Kosiński weitgehend die Argumente Pietrzaks heranzieht, ist P. stärker berücksichtigt worden. Zur Resignation Dr. Pionteks hält Marek fest:
»Kardinal Hlond stellte dem deutschen Kapitelsvikar (...) seine Vatikanischen Vollmachten vor (przedstawil). Den Versammelten teilte er mit, daß Geistliche polnischen Volkstums die kirchliche Gewalt in den von Polen übernommenen Gebieten ausüben werden (...). So ist es der Wille des Papstes. Aufgrund der Aussprache (...) entsagte er (zrzekl się) der Jurisdiktion« (*Marek, Kościół* 20). Der Ausdruck »vorstellen« besagt nichts darüber, ob es schriftlich oder mündlich geschehen war.

Als Historiker sagt er also nichts Unwahres, als Pole suggeriert er die Deutung, die für die polnischen Massen selbstverständlich ist.
»Noch vor der Ernennung der Administratoren erreichte Kardinal Hlond von dem de iure amtierenden Kapitelsvikar Ferd. Piontek – er hatte die Leitung nach dem Tod Kardinal Bertrams übernommen – den Verzicht (zrzeczenie się) auf die Jurisdiktion.« *Marek.* Kościół 20.

25 Die Notiz Dr. Pionteks ist datiert mit »Breslau, den 6. April 1946« und unterzeichnet mit »Dr. Piontek, Kapitalsvikar der Erzdiözese Breslau«, in: Die Romberichte II, 27.
Der hier vorliegende, entdramatisierte Bericht Dr. F. *Pionteks* läßt wenig von der Spannung und der sich abzeichnenden Tragödie der deutschen Erzdiözese Breslau ahnen.

26 *Brzoska,* Die Errichtung, 160–161.
Die Absicht, die durch Kardinal Hlond geschaffenen Fakten nicht hinzunehmen, klingt in einem Schreiben Papst Pius' XII. vom 24. Juni 1946 an Bischof Kaller an. Der Druck der *Verhältnisse* hätte die vorläufige Regelung *erzwungen* und eine Weiterführung der oberhirtlichen Tätigkeit ausgeschlossen. Hg. Franz *Lorenz.* Schicksal Vertreibung. Köln 1980, 30.
Das hat der Papst auch in seiner Antwort auf ein Schreiben des polnischen Primas sowie der Hierarchie vom 9. Januar 1946 am 17. Januar desselben Jahres unübersehbar angedeutet. Die zielstrebig geschaffenen Fakten, die im Lande allzu gern als vom Apostolischen Stuhl legitimiert ausgegeben werden, finden die Zustimmung des Papstes nicht. Im Hinblick auf das »Schlüsselfaktum«, die Verdrängung der ostdeutschen Ordinarien, bemerkt er: »Wir haben uns eifrig bemüht und wollen es auch in Zukunft tun, daß die von ihren Bischofssitzen verdrängten Bischöfe (Mehrzahl) dorthin zurückkehrten« (AAS XXXVIII, 1946, 172–175). Brzoska bemerkt dazu wohl treffend: »Die *polnischen* Bischöfe waren mit einer Ausnahme nach Polen zurückgekehrt. Der Papst kann nur die von Hlond amtsenthobenen deutschen Bischöfe gemeint haben, da er von episcopi (Mehrzahl) spricht. Nun wird auch das Schreiben an Kaller vom 24. Juni 1946 verständlich. Der »Zwang der Verhältnisse‹ machte seine Rückkehr und die der anderen Jurisdiktionsträger unmöglich«. Brzoska, Die deutschen Bistümer, 151, Anm. 112.

27 *Scholz,* Wächter 69.

28 Natürlich stand im Hintergrund auch das uralte Problem, ob und wann es gestattet ist, vom Buchstaben des Gesetzes zugunsten eines tieferen, eigentlich gemeinten Sinnes (hier »Gehorsam gegen den Heiligen Vater«) in Sondersituationen abzugehen. Unsere ältere Priestergeneration, die gewöhnlich eine stramme, neuscholastische Ausbildung erhalten hatte, war für die Probleme der Epikie in Sonderfällen kaum sensibilisiert. Unter Epikie versteht die abendländische Ethik eine Tapferkeit erfordernde Charakterhaltung, in markanten und seltenen Sonderfällen vom Wortlaut einer Weisung abzugehen, um den eigentlichen Sinn des

Gesetzes lebensnah zu erfüllen. Auf Kosten eines äußerlichen Wortgehorsams wird dabei Sinngehorsam erwiesen. Der nur dem Wortlaut Gehorsame sichert sich damit vor allen möglichen Vorwürfen ab. Er tut, was das Gesetz, isoliert betrachtet, vorschreibt, verletzt aber den tieferen Sinn, um den es dem Gesetz im Grund geht. Im Leben der Kirche rangierte der fraglos ergebene Wortgehorsam als hohe Tugend. So blieb auch Dr. Piontek aus seinen eigenen Voraussetzungen kaum die Möglichkeit, über den Wortgehorsam hinauszugehen.

Zusätzlich wirkte wohl auch das völlige Abgeschlossensein von verläßlichen Informationen zugunsten des »Gehorsams«. Rückschauend fragt man besorgt, warum er denn nicht allen erreichbaren Rat in Anspruch genommen hat; man wundert sich, daß er das Domkapitel, soweit es zusammengerufen werden konnte, nicht kollektiv befragt hat. Das klingt in E. *Engelberts* Bericht klagend durch.

»Als Kardinal Hlond am 12. August 1945 in Breslau erschien und den Kapitelsvikar unter dem Vorgeben, es sei der Wille des Papstes, zum Verzicht auf seine Jurisdiktion über den von Polen besetzten Anteil der Erzdiözese Breslau nötigte, wurde Weihbischof Ferche nicht zugezogen. Auch das Domkapitel und das Ordinariat wurden nicht gehört. Wir erfuhren erst in der Sitzung am 14. August 1945 von dem voreiligen, verhängnisvollen Verzicht.«

Engelbert, Generalvikar Josef Negwer 34.

In diesem dramatisch-apokalyptischen Kontext läßt sich eine der alten Priestergeneration kaum zum Bewußtsein gebrachte ethische Unterscheidung in ihrer existentiellen Bedeutung gut verstehen. Thomas von Aquin nennt im Kraftfeld der für alle Entscheidungen unerläßlichen Klugheit zwei Hilfstugenden: die Synesis als Fähigkeit, über drängende Fragen nach den üblichen und gängigen Regeln zu entscheiden, und die Gnome als eine von Tapferkeit getragene Haltung, die bei außerordentlichen Vorkommnissen in einer angepaßten Weise entscheidet (Summa Theol. II 2, q 51, a 3, 4). In einer, wie es schien, festgefügten Welt um 1900 ist schon in der beruflichen Ausbildung die zweite von Thomas von Aquin erwähnte Haltung höchstens theoretisch behandelt worden. Er hat aber die Frage »Ist die Gnome eine eigenständige Tugendhaltung?« entschieden bejaht. Ein Kommentar bemerkt dazu treffend, daß der Entscheidende vermöge der Gnome aufgerufen ist, abgehend von den üblichen Regeln aus eigener Verantwortung, die sich an höheren Grundsätzen bemißt, die Entscheidung zu fällen. Tapferkeit ist dabei erfordert, weil der den höheren und damit auch umfassenderen Grundsätzen Gehorchende nicht durch das, was gewöhnlich zu tun ist, abgedeckt ist. Die Gnome ist die Fähigkeit, in Sonderfällen der eigentlichen Forderung der ganz seltenen Stunde (für die es kaum Vorbilder gibt) zu entsprechen. Darin liegt ein Moment des Mutes zur Einsamkeit und zu gesteigerter Eigenverantwortung. Der Gedanke ist mit den »Zeichen der Zeit« verwandt. Sie fordern oft ihr eigenes Gewissensmaß. Dieses

will sich unabhängig von der praktischen Effizienz der Entscheidung durchsetzen. Es ist daher durchaus sekundär, wenn festgestellt wird, »daß ein deutscher, wenn auch polnisch sprechender Kapitularvikar in dem von Polen besetzten Gebiet auf die Dauer sowohl gegenüber den polnischen Behörden als auch gegenüber den polnischen Geistlichen und ›Repatrianten‹ sich kaum hätte durchsetzen können.
(Negwer, Kanonistische Bemerkungen in: Die Romberichte II, 54). Es gibt auch im Augenblick pragmatisch bedeutungslose Ausdruckshandlungen, die voller Kraft und Anruf für die Zukunft sind und daher dringend angezeigt sein können.

29 Für Mitteilung von Einzelheiten danke ich Frau Dr. Brigitte *Poschmann,* Bückeburg, der Nichte meines Breslauer Doktorvaters, Dr. Bernhard Poschmann, Professor für Dogmatik in Breslau († 16. Juni 1955 in Münster). Zu B. Kaller vgl.: Akten der deutschen Bischöfe 26, Anm. 1; 726, 755, 817, Anm. 11. Der Schematismus der Diözese Ermland (Olsztyn [Allenstein] 1967, 20) hält fest: »Der in Beuthen OS geborene Bischof war seelsorglich inspiriert, errichtete 1932 das neue Priesterseminar und gab 1939 ein neues Ritual heraus. Vor Kriegsschluß wurde er polizeilich ins Innere Deutschlands verschleppt, drängte aber in seine Diözese zurück. Aber kurz darauf entsagte er [zrzeka się] der Leitung und starb am 7. Juli 1947 in Königstein.«

30 *Pietrzak,* Działalność 222–226; *Marek,* Kościoł 24–25.

31 Schreiben des Diözesanarchivars *Piotrowski,* Berlin, vom 28. Januar 1986 an den Verfasser.

32 J. *Buchmann* an den Verfasser am 6. Januar 1986.

33 Priesterweihe 23. Juni 1891; Bischofsweihe 6. Juni 1943; † 30. Januar 1947.

34 *Pietrzak*, Diałalność 225.

35 *Ders.*, 235.

36 Die nach 1945 entstandenen polnischen Texte sind in Branitz in einem Schreiben vom 11. Februar 1986 an Dr. Wolfgang Grocholl, Stuttgart, den Kanonischen Visitator für Branitz, ins Deutsche übersetzt. Sie sind ähnlich in einem in den letzten Jahren geschriebenen Lebensbild des Bischofs Nathan zu finden, das in deutscher Sprache dem Leobschützer Heimatarchiv gedruckt vorliegt. Darin ist auch der Brief vom 17. September 1945 enthalten (S. 121 f.).

37 *Pietrzak,* 235, erwähnt einen »sehr wohlwollenden Brief« Bischof Nathans an Dr. Kominek in Oppeln nach dem Besuch des Primas Hlond in Branitz.

38 Ungedrucktes Manuskript (S. 295 f.) der Memoiren des am 2. September 1973 verstorbenen Pfarrers Edgar Lehnert, als Kopie aufbewahrt im Leobschützer Heimatarchiv, Eschershausen, Krs. Holzminden.

39 *Pietrzak,* Działalność 236. Der Gebietsteil umfaßte vier katholische Pfarreien:
Grunau (Krzewina), St. Johannes der Täufer,

Königshain (Działoszyn), St. Bartholomäus der Apostel, Reichenau (Bogatynia), Maria Unbefleckte Empfängnis, Seitendorf (Zatonie), Hl. Maria Magdalena; vgl. *Pietrzak*, Działalność 236.

40 *Pietrzak*, Działalność 226.

41 *Pietrzak* beruft sich (Działalność 236, Anm 129) auf ein Schreiben von Bischof Dr. Petrus Legge aus Meißen an Dr. K. Milik in Breslau vom 24. Januar 1948, das im Artikel Bischof *Urbans* »Die Breslauer Diözese in den Jahren 1945–1965 (Archidiecezja Wrocławska w latach 1945–1965 in: Unsere Vergangenheit [Nasza Przeszłość] Bd. 22 [1965] 18) zitiert ist.

42 Bemerkung des Bischöflichen Ordinariats Dresden-Meißen zum Schreiben vom 21. März 1986: »Die Materialien... stammen aus einem Memorandum über die kirchlichen Verhältnisse in dem Teil des Bistums Meißen, der östlich der Neiße liegt, für die Apostolische Nuntiatur (Ordinariatsakte 103.09/03 Bd. 2, Bischof Dr. Petrus Legge) und aus der Akte der Pfarrei Reichenau (Ordinariatsakte 119.02/4 Bd. 1).«

43 Erst später wurde klar, daß Bischof Legge durchaus nicht das den Ostdeutschen angetane Unrecht leugnen wollte. Er hatte nur die Überzeugung, daß dieses allein auf die Sowjets, keinesfalls auf Polen zurückfiel. Wie sehr er mit sowjetischem Unrecht vertraut war, bezeugt eine sehr frühe Eingabe an den obersten Chef der sowjetischen Militäradministration, den Marschall der Sowjetunion, Georg Konstantin Schukow, Berlin, unter dem 10. Juli 1945. Akten deutscher Bischöfe Bd. 5, Nr. 1031a. Vgl. den damit zusammenhängenden (durch einen Mittelsmann verfaßten) Bericht an seinen Bautzener Amtsvorgänger, Erzbischof Konrad Gröber von Freiburg, Nr. 1031. Bischof Dr. Legge von Meißen wurde am 25. November 1935 wegen »Devisenschiebung« zu 100000 RM Geldstrafe verurteilt. 40000 RM galten durch die Untersuchungshaft als verbüßt. W. *Adolph*, Geheime Aufzeichnungen 86f. (Berlin, den 9. April 1937) und 87, Anm. 3.

44 Neu-Breslau (etwa Mittel- und Niederschlesien umfassend), Oppeln und Landsberg/W. Zu den Vorgängen am 14./15. August 1945 vgl. Pietrzak, a.a.O. 227–228. Dr. Milik, der für Breslau bestimmte Apostolische Administrator, früher Militärgeistlicher und Leiter des katholischen Bibliothekwesens, bedankte sich als Senior der Ernannten beim Primas. Dabei erklärte er, daß von nun an das Christuskreuz an der Stelle des Hakenkreuzes stehen werde (!). Die Amtsführung begann am 1. September 1945, dem sechsten Jahrestag des Einfalls Hitlers in Polen. Auch dieses Datum war, ebenso wie der 15. August 1945, wegen seiner das polnische Gemüt stark bewegenden Symbolkraft gewählt worden. (Vgl. *Negwer*, Geschichte des Domkapitels 256–258, *Marschall*, Geschichte 179.)
Nach einem guten Kenner der damaligen Verhältnisse in Breslau, Prälat Dr. Engelbert, berichtete der Geistliche Kazimierz Łagosz (der spätere

»Kapitelsvikar«, 1950–1956 nach Absetzung des von Kardinal Hlond eingesetzten Dr. Milik durch die polnische Regierung) in der Sitzung, »daß nach Zeitungsmeldungen Bischof Adamski von Kattowitz tags zuvor die Bestellung von Dr. Karol Milik als Apostolischen Administrator für Breslau und von Dr. Kominek als solchen für Oppeln durch Kardinal Hlond bekanntgegeben habe« (*Gottschalk*, Schlesische Priesterbilder 34). Ein besorgniserregendes Indiz, auf welche Behandlung die deutschen Prälaten sich in Zukunft werden einstellen müssen.

45 Die den Administratoren von Kardinal Hlond übergebenen Ernennungsdekrete hatten den gleichen Wortlaut: »Der Primas von Polen. Dekret. Kraft der uns vom Apostolischen Stuhl erteilten Vollmachten lt. Dekret der Hl. Kongregation für außergewöhnliche kirchliche Angelegenheiten vom 8. Juli ds. Js. setzen wir (es folgen Name und Titel) als Apostolischen Administrator »ad nutum sanctae sedis« für folgende, jetzt der Regierung der Republik Polen unterstehende Gebiete ein: (Es folgt die Gebietsbeschreibung) . . . Der Apostolische Administrator erfreut sich während der Ausübung seines Amtes des Besitzes der Insignien und Privilegien eines Apostolischen Protonotars de numere participantium und gleichzeitig der Rechte und Pflichten eines residierenden Bischofs. Auf seinem Territorium besitzt er die Vollmacht, Firmung und niedere Weihen nach den rechtlichen Vorschriften zu spenden. Gegeben in Gnesen am Feste Mariä Himmelfahrt i. J. des Herrn 1945. Augustyn Kardinal Hlond.« *Marek,* Kościół 19. – Vgl. *Milik.* Die Erzdiözese Breslau 1945–1951. 63–65.

46 Kominek, W służbie 27. Dieses Werk wird im folgenden mit »Krucina« (als Herausgeber) ohne Titelangabe zitiert. Dr. J. *Krucina* hat einen Teil der schriftlichen Hinterlassenschaft des 1974 verschiedenen Kardinals Kominek darin veröffentlicht. Es spiegelt Dr. Komineks Art, pastoral und polnisch-national zu wirken und zu »überzeugen«, wider. Von Deutschen kann es wegen seiner extremen Einseitigkeit, Blickverengung und nationalen Tendenz – in nationaler Hochstimmung geschrieben – nur mit Wehmut gelesen werden. Es bedarf vieler Korrekturen.

47 Osmańczyk war im Związek Polaków w Niemczech (Bund der Polen in Deutschland) sehr aktiv tätig.

48 Zu Bischof Spletts ungerechter Verurteilung zu acht Jahren Gefängnis am 1. Februar 1946 in Danzig vgl. den instruktiven Bericht der Diözesankonsultoren und des Offizials der Diözese Danzig, Maier, in: Volk, Akten deutscher Bischöfe VI, Nr. 9, S. 893–901.

49 Vgl. *Breitinger*, Als Deutschenseelsorger.

50 Hakata wurde der Verein zur Förderung des Deutschtums in den Ostmarken genannt. Die Bezeichnung war aus den Anfangssilben der Familiennamen des maßgeblichen Vorstands gebildet worden: Hannemann, Kennemann und Tiedemann.

51 *Kosiński*, Czy Kardynał Hlond 31.

52 *Pietrzak*, Działalność 230.

Wie sich diese Einstellung für die deutsche Diözesankurie und die Gläubigen ausgewirkt hat, hat Dr. Josef *Negwer* in »Kanonistische Bemerkungen zu den seit 1. September 1945 erfolgten Veränderungen« unter dem 1. Februar 1946 beschrieben: »Die Apostolischen Administratoren ignorieren die bisherige Curia dioecesana völlig. Ein einziges ihrer Mitglieder wird zur Mitarbeit herangezogen. Ihre wohlerworbenen Anstellungs- und Besoldungsrechte wurden nicht beachtet. Es wurde ihnen anheim gegeben, sich andere Stellungen zu verschaffen. Von den noch vorhandenen Akten wurde nicht Gebrauch gemacht, wiewohl noch am 1. Februar 1946 in Niederschlesien ca. 460 und in Oberschlesien ca. 420 einheimische Priester vorhanden waren.« (Die Romberichte II, 49–50)
Bezüglich der deutschen Gläubigen fügt er hinzu:
»Was die deutschen Geistlichen am meisten bedrückt, ist die Tatsache, daß die Apostolischen Administratoren sich um die Seelsorge der Deutschen nicht mehr zu kümmern scheinen, bezüglich des Verbots deutscher Gottesdienste durch staatliche Behörden keinen Einspruch erheben, bei Visitationen die deutschen Geistlichen offensichtlich übergehen, daß ihre Seelsorgeanliegen im neuen Ordinariat keine Vertretung haben, daß sie besoldungsmäßig als »unterstützungsbedürftige arme Priester« betrachtet werden, während die Einkünfte aus Widmut und Stolagefällen den polnischen Vikaren zugebilligt werden, was gegen die Bestimmungen des can. 463, § 3 ist. Dabei wird, wenn auch inoffiziell, seitens der neuen Kirchenbehörde darauf gedrängt, daß sie das Land verlassen, was ja eigentlich nicht Aufgabe einer kirchlichen Behörde genannt werden kann, zumal solche Evakuierung immer mit schwerem Unrecht verbunden ist« (Die Romberichte II, 54).

[53] Dieses Datum ist umstritten. Nach *Brzoska,* Die Errichtung (162) und *Krucina* (32) haben Dr. Kominek (Oppeln) und Dr. Milik (Breslau) dem deutschen Domkapital am 30. August 1945 ihre vom Primas unter dem 15. August 1945 ausgestellten Ernennungsurkunden vorgelegt. Dr. Nowicki, Landsberg/W., erschien nicht und hat sein Dekret erst am 30. März 1946 eingesandt. *Marek* (Kościół 22) legt unter Berufung auf Dr. *Milik* (vgl. Die Romberichte II, 66) und *Pietrzak* (Działalność 234) denselben Vorgang auf den 1. September 1945: »Die Herren Dr. Milik und Dr. Kominek erschienen am 1. September (1945) in Breslau und legten dem versammelten Domkapitel ihre Ernennungsurkunden vor« (Die Romberichte II, 31–32).
Das Datum mag daher zunächst offen bleiben. G. *Rhode* (Universität Mainz) weist in einem Schreiben an den Verfasser (24. August 1987) darauf hin, daß sich der 1. September, der Jahrestag des Kriegsbeginns, für den national bewußten Kardinal als unübersehbarer Zeitpunkt einer weiteren Triumphgeste im kirchlichen Raum angeboten hätte.

[54] *Krucina*, 32

[55] *Brzoska*, Die Errichtung 162.

[56] *Krucina*, 32. Wie Weihbischof Josef Ferche, Breslau, selbst die an die-

sem Tag seitens der Administratoren zugesagte Fürsorge für deutsche Katholiken erfahren hat, hält der Bericht über seine Ausweisung aus Schlesien vom 15. September 1946 fest:
»... dazu kommt auch, daß bei meinen Personalakten eine Bescheinigung des Apostolischen Administrators vorliegt, daß ich nicht dableiben könnte, weil ich nicht ein hundertprozentig polnisches Herz habe... Auch der Beamte, der mich auswies, erklärte, es seien die polnischen Geistlichen, die fanatisch gegen mein weiteres Verbleiben in Breslau wühlen. (In Schweidnitz kommt es nach erbaulicher Firmfeier in der Kirche zu einem Überfall auf das Pfarrhaus.) Wir hätten Polen von der hl. Firmung zurückgewiesen... In Habelschwerdt hat die polnische Miliz die Ehrenpforte am Kirchplatz niedergerissen, kurz vor meinem Kommen, obwohl der Aufbau genehmigt war. Und in Niederhannsdorf, wo der Apostolische Administrator selbst gewünscht hatte, daß ich auch polnische Kinder firmen soll, rief der Jesuit Spitzkowski von der Kanzel: ›Ihr werdet euch doch nicht von einem deutschen Bischof firmen lassen!‹«
Die polnischen Priester wirken sich weit und breit als großes Unheil für das Glaubensleben aus und für die Kirche. Der polnische Dechant Grabowski in Waldenburg... »Ich lasse den deutschen Bischof nicht hinein in die Kirche. Ich verbiete es ihm zu firmen. Ich lege sofort Protest gegen die deutsche Firmung bei der Bischofskonferenz in Czenstochau ein.« Es ist oftmals erwiesen, daß verschiedene (deutsche) Priester durch den polnischen Pfarrer der Miliz zur Ausraubung und Ausplünderung angezeigt wurden, ja einige deutsche Pfarrer sind daraufhin in fürchterlicher Weise mißhandelt und zerschlagen worden... Doch wo ist heute noch eine Instanz, vor der solches Material unterbreitet werden könnte?« (Die Romberichte II, 56–58).

57 *Krucina*, 32. 58 *Krucina*, 31.

59 Schreiben Papst Pius' XII. an die deutschen Bischöfe vom 1. März 1948. Der Papst nennt die zwangsweise Ausweisung der Ostdeutschen unter entschädigungsloser Enteignung »ein in der Vergangenheit Europas beispielloses Vorgehen, über dessen rechtliche, wirtschaftliche und politische Gesichtspunkte die Geschichte einmal urteilen wird. Wir fürchten freilich, daß ihr Urteil streng ausfallen wird. Wir glauben zu wissen, was sich während der Kriegsjahre in den weiten Räumen von der Weichsel bis zur Wolga abgespielt hat. War es jedoch erlaubt, im Gegenschlag zwölf Millionen Menschen von Haus und Hof zu vertreiben und der Verelendung preiszugeben? Sind die Opfer jenes Gegenschlags nicht in der ganz überwiegenden Mehrzahl Menschen, die an den angedeuteten Ereignissen und Untaten unbeteiligt, die ohne Einfluß auf sie gewesen waren? (...) Ist es wirklichkeitsfremd, wenn wir wünschen und hoffen, es möchten alle Beteiligten zu ruhiger Einsicht kommen und das Geschehene rückgängig machen, soweit es sich noch rückgängig machen läßt?«

[60] Papst Pius XII: Vertreibung ist mit der Menschenwürde unvereinbar. »Mit einem Federstrich ändert er (der totale Staat) die Grenzen. Mit einer unumstößlichen Entscheidung entzieht er der Wirtschaft eines Volkes... alle natürlichen Entwicklungsmöglichkeiten. Mit einer schlecht verheimlichten Grausamkeit treibt er auch Millionen von Menschen, Hunderttausende von Familien ins tiefste Elend hinein, weg von Haus und Hof, entwurzelt sie, reißt sie heraus aus einer Zivilisation und Kultur, an deren Aufbau ganze Generationen mitgearbeitet hatten... all das stellt ein mit der Würde und dem Wohl der Menschen unvereinbares System dar.« *Utz – Groner*, Aufbau und Entfaltung Nr. 4077.

[61] *Krucina*, 31–32.

[62] *Scholz*, Wächter 99–100.
Sie sind aus ihrer Heimat im Inneren Schlesiens, manchmal mehrere hundert Kilometer von Görlitz entfernt, zu Fuß bis hierher getrieben worden, um hier an der Neißebrücke in die sowjetische Zone abgeschoben zu werden. Mit nichts ins Nichts.

[63] *Scholz*, Wächter 86.

[64] Die Romberichte I, 81–85. Einen wissenschaftlich fundierten Überblick über die Vertreibung und Flucht im deutschen Osten bietet *G. Rhode* in: Evakuierung, Flucht, Verschleppung, Zwangsaussiedlung und Ausweisung der Deutschen aus Polen und den ostdeutschen Provinzen 1944–47. – Im Weltmaßstab vermittelt *F. Nuscheler,* Nirgendwo zu Hause, ein erschütterndes Bild. Vgl. Schmölz, Fr.-M., Migration und Menschenwürde, in: (Hrsg.) K. H. Kleber, gleicher Titel, Passau 1988, 13–34.
Dieser Bericht wird als typisch hinzugefügt. Viele Monate habe ich das Gleiche in Görlitz-Ost (Zgorzelec) erlebt.

[65] Weihbischof Urban hat sich als polnischer Leiter des Diözesanarchivs in Breslau große Verdienste um die Rettung und Ordnung der Archivalien erworben. Er hat auch deutsche Forscher selbstverständlich zugelassen, beraten und ihnen Materialien bereitgestellt.

[66] *Urban,* Die Einrichtung. Vgl. Marek, Kościół 305–306, Anm. 8.

[67] *Krucina,* Kościół 22.
Propagandistischer konnten die unklaren, umstrittenen und zwielichtigen Vorgänge im Jahre 1945 nicht zusammengefaßt und ideologisch »geklärt« in den Dienst der Forderungen der polnischen Staatsräson gestellt werden. Dem zum Mythologisch-Wunderbaren neigenden Gemüt weiter Schichten ersetzt ein solches, dem leidenschaftlich ersehnten Grundverlangen entsprechendes »Wort« jeden Beweis. Dieses »Wort« steht fast wie ein Glaubenssatz in sich. Nur »böse Menschen« könnten ihn noch in Frage stellen. Das Sicherheit gebende Gefühl, über die Kathedra Petri gleichsam von Gott selbst legitimiert zu sein, verbietet jede Gegenfrage für den »Gläubigen«. Einer nüchtern-sachlichen Betrachtung ist es schwer zu verstehen, wie hier Emotionen die einfache Logik ersetzen, wie umstrittene, ungeklärte Worte Roms schlechthin zum

»Wort des Apostolischen Stuhles« gemacht werden, hinter dessen Inhaber man sich natürlich sehr leicht Christus, den Herrn, selbst als Garanten solcher »Wahrheiten« vorstellen kann. Ihrem Wesen nach politische Sätze – in unserem Falle durch Stalin noch verfälschte Sätze – nähern sich so in ihrer Gültigkeit fast Glaubensaussagen an. Partizipieren sie am Ende nicht auch an deren Unfehlbarkeit? Auf dieser Ebene ist es dann auch leicht, sich eine durch nichts zu erschütternde bona fides zu erwerben. Die einseitige, die ganze Wahrheit verstümmelnde Darstellung konnte Dr. Kominek i. J. 1963 in fünf Vorträgen über das Radio Vaticana der katholischen Welt unterbreiten (Krucina, 111). Korrekturen von deutscher Seite sind nicht bekannt geworden.

68 Marek, Kościół 27–28.

69 Głos Ludu (Volksstimme) 14. September 1945.

70 *Scholz*, Die Lage der Kirche 12–14.

71 Bericht P. *Zeigers* über seine im Auftrag Papst Pius' XII. in West- und Süddeutschland durchgeführte Erkundigungsreise, in: Akten Deutscher Bischöfe VI, Nr. 1043, S. 758–776, bes. 759.

72 *Krupiński*, 16–18. Die teilnehmende Frage nach dem weiteren Schicksal der vertriebenen Deutschen stellt, soweit ich sehen kann, K. zum ersten Mal. Die verantwortlichen Urheber und die, die die Vertreibung heiß begrüßt, ja sogar theologisch garniert haben, hätte diese Frage vor 40 Jahren in ihre Gewissensforschung hinein verfolgen können.

73 Eine knappe Zusammenfassung von *H. Günther*, »Kardinal Hlond, Erzbischof von Posen-Gnesen, verändert 1945 eigenmächtig und widerrechtlich die kirchlichen Territorien des deutschen Ostens«, in »Heimat und Glaube« 40, Nr. 3, Lippstadt, Februar 1987, 6.

ZU KAPITEL III

1 1. März 1948, in: Kirchliches Amtsblatt f. d. Diözese Mainz, 14. Mai 1948, Nr. 33, 10–12.

2 *Jedin*, Lebensbericht 150. Der hier zitierte »Lebensbericht« H. Jedins wird von H. Fros. SJ, Warschau, im Przegląd Powszechny (Allgemeine Rundschau) Nr. 9/1987, im Artikel »We wspomnieniach niemieckich księży« (Kriegsende) in den Erinnerungen deutscher Priester (364–372), sachlich informierend besprochen (364–367). Daneben befaßt er sich mit dem Werk H. Breitingers OFM Cap. als Deutschenseelsorger in Posen und im Warthegau 1934–1945, und mit dem Werk des Verfassers dieses Buches, Wächter, wie tief die Nacht? Eltville 1984[2] (369–371). Die Darstellung ist wohlwollend und ernst, bricht aber leider dort ab, wo tiefere Nachfragen dringend erwünscht wären. Im Anschluß an die in meinem Buch gebrachten polnischen und deutschen Stellungnahmen zur »Aussiedlung« der Deutschen lesen wir: »Er ist in all dem voller Sorge (zakłopotany) und ratlos (nieporadny). Er sucht zweifellos Wege der Verständigung, aber gleichzeitig verstrickt er

sich in geschichtliche Reminiszenzen unterschiedlicher Qualität. Das Buch enthält vor allem ein Zeugnis der harten Erlebnisse, die die Geschichte vielen deutschen Geistlichen am Ende des Krieges beschert hat.« (370).

3 *Jedin*, Lebensbericht 151–153. Zu den seltenen Ausnahmen, die das Schweigen über die Vorgänge im deutschen Osten durchbrachen, gehört ein Artikel von Robert Jungk, »Aus einem Totenlande« (Schlesien), Oktober 1945, in: Weltwoche, Zürich.

4 Akten Deutscher Bischöfe VI, 924. S. dabei besonders das Stichwort »Bertram« mit 85 Textangaben über seine Auseinandersetzung mit dem nationalsozialistischen Regime.

5 1. November 1945 an Michael Kardinal Faulhaber, München-Freising (AAS 37, 1945, 280–282).

6 Die Romberichte I, 50–51.

7 *Jedin*, Lebensbericht 156–157.

8 Nach *Brzoska*, in: Frankfurter Allgemeine Zeitung, 25. August 1981. Persönliche Kontakte herzustellen, war für ihn kein Problem. Unmittelbar nach dem Verlassen seiner besetzten Heimat hatte er in Rom Zuflucht gefunden. Vom 19. September 1939 bis zum 9. April 1940 fand er dort fast überall offene Herzen und Hände. Am 21. September 1939 hatte ihm damals Papst Pius XII. eine lange, ergreifende Audienz gewährt. Die Verbindung zu Kardinal Maglione, dem Leiter des Staatssekretariats, und dessen Mitarbeiter Tardini war herzlich. Seine römische Tätigkeit ging damals in drei Richtungen: Propaganda, Seelsorge und Caritas. Eine Einladung der französischen Regierung (vor dem Einmarsch Hitlers in Frankreich am 10. Mai 1940) nahm er erst an, als sich abzeichnete, daß Mussolini auf Hitlers Seite in den Krieg eintreten würde (11. Juni 1940). Antoni Baraniak, Misja Kardynała, Primasa Hlonda 1939–1945, 174–175.

9 Sie wollten oder konnten nicht unter sowjetische Herrschaft zurückkehren.

10 *Kosiński*, 28.

11 Der Primas war also darüber unterrichtet, daß die deutschen Ostgebiete nicht nur Kompensation für die von der Sowjetunion zurückbehaltenen polnischen Ostgebiete (mit 1,8–2,2 Millionen Rückwanderern) sein sollten, sondern daß sie vornehmlich Menschen aus Innerpolen und aus dem Ausland (Repatrianten) aufnehmen würden.

12 *Kosiński*, 29.

13 Das hätte der Forderung des uralten Rechtssatzes: »Audiatur et altera pars« entsprochen.

14 *Pietrzak*, 199–200; *Kosiński*, 26–27, vgl. *Brzoska*, Die Errichtung 172, Anmerkung 13.

15 Annuario Pontificio 1942: 230, 268, 277, 293, Annuario 1946: 155, 211, 283. Nach *Brzoska*, Die Errichtung 172–173, Anm. 17. Vgl. Rhode, Bistumsgrenzen ostwärts von Oder und Neiße, in: Zeitschrift für Geopoli-

tik 12, 1951, 300–308.

[16] Vgl. S. 92.

[17] *Kosiński*, 28–30.

[18] Vgl. den Text des Reskriptes vom 8. Juli 1945, S. 95–98.

[19] Unterstellt man – nie bewiesene – mündliche Vollmachten für die zuwandernden *Polen* – so liefert das Reskript aber keine rechtliche Basis, gegen das bisherige *deutsche* Kirchentum im Oder-Neiße-Gebiet vorzugehen, wie sofort dargelegt wird.

[20] Daß sich die Kurie und der Papst mit einer stummen, aber doch verständlichen Tatsachensprache begnügt haben, wie im Kapitel IV. gezeigt wird, erklärt sich aus gravierenden Umständen: Ein Einspruch Roms wäre sofort als Bloßstellung Kardinal Hlonds, der nach hierarchischem Verständnis in engstem Vertrauens- und Zuverlässigkeitsverhältnis zum Papst stand, interpretiert worden. Das hätte der päpstlichen Autorität mittelbar schaden können. In einer Zeit des Zerbrechens vieler Institutionen und Bindungen glaubte der Papst offensichtlich, daß nicht auch die Kirche durch Maßregelung eines Kardinals in den Vertrauensschwund hineingezogen werden dürfte. Ferner entwickelten sich die Verhältnisse innerhalb Polens indessen derart, daß auch aus innerpolitischen Gründen jede Autoritätsminderung Kardinal Hlonds vermieden werden mußte. Für die Deutschen entstand freilich der Eindruck, als ob es auch die Kirche, die größte moralische Macht der Welt, nun mit den Siegern hielte und die entrechteten, verelendenden Besiegten abgeschrieben und zur Vertreibung freigegeben habe.

[21] *Pietrzak*, 245 mit Berufung auf Kardinal Hlonds Sekretär Filipiak, EB. A. Baraniak und Bischof A. Wronka. Dr. Kominek bemerkt dazu: »Die unverzügliche Durchführung der päpstlichen Vollmachten durch den Primas ruft Bestürzung hervor. Das waren die Anfänge, das Fundament, mit dem alles begonnen hat. Die Geschichte des Volkes kehrte ... an ihre Ursprünge zurück, sie knüpfte wieder an den Startboden des polnischen Reiches an. Die allgemeine Kirche und die Leitung der damaligen polnischen Kirche verstanden die Zeichen der Zeit und die Notwendigkeit des Augenblicks« (von Rechtsgründen ist keine Rede). »Man kann ohne Übertreibung sagen, daß die Kirche gerade am Anfang der wichtigsten Phase gelehrt hat, ... wie man das Evangelium anwenden soll ... unser Schaffen vollzog sich mit Hilfe der allerheiligsten Mutter, unter deren Beistand Kardinal Hlond sein geschichtliches Werk gestellt hat.« *Krucina*, 297.

[22] Bei der 25-Jahrfeier der Errichtung der polnischen Kirchenverwaltung erklärte Dr. Kominek im Mai 1970 in Breslau zur Entstehung der polnischen Wirklichkeit: »Im Anfang war das Wort... Im polnisch-kirchlichen Leben war es das Wort des Apostolischen Stuhles. Der Pilger während des Krieges, der damalige Primas Hlond, brachte es nach hier, dem zerstörten verlassenen (!) Land. Er befahl den im Namen der Kathedra Petri eingesetzten Administratoren die Errichtung der polnischen Kir-

chenorganisation und ihren Einbau in die Zukunft der West- und Nordgebiete.« Krucina, Kościół 22.

[23] Damit würde Rom freilich auch eine erhebliche Mitwirkung an der Massenvertreibung angelastet, was absurd ist.

[24] Das ist ein Stück der zwischen unseren Kirchen liegenden Grundprobleme.

[25] *Krucina*, 297.

[26] 1. Mos 2,28.

[27] Methodisch sei nochmals erinnert: Wer das Gegenteil behauptet, hat die Beweislast. Er muß in derart gewichtigen Entscheidungen die Urkunden auf den Tisch legen oder einen glaubwürdigen Zeugen benennen, der die Urkunden gesehen hat und das zu beeiden bereit ist. Solche »Zeugen« sind mir in der vorliegenden polnischen Spezialliteratur noch nicht begegnet. Ein nur indirektes Zeugnis rein formalen Inhaltes, daß dem Primas ein Abweichen von den Weisungen Roms nicht zu unterstellen sei, genügt hier nicht.

[28] *Pietrzak*, 201.

[29] *Pietrzak*, 200.

[30] *Brzoska*, Die Errichtung 161 (»Wie die Entfernung des Breslauer Oberhirten unrechtmäßig war . . .«) und: Die deutschen Bistümer 124 (»Die oberste polnische Kirchenleitung entriß im August 1945 . . . den rechtmäßigen Inhabern die Jurisdiskion . . .«)

[31] In diesem Zusammenhang erklären sich die bewußt eingeführten Termini »wiedererlangte Gebiete« für das Land und »Repatriant« für einen ausgewiesenen Deutschen, als ob er seine Heimat irgendwo anders hätte.

Historia Polski (Geschichte Polens) Bd. 1. Von den Anfängen bis 1505. Warszawa 1980, 234. Zur Ergänzung: Menzel, J., Stellung und Rolle Schlesiens.

[32] Im Ausgleichsvertrag von Trentschin (1335) mit Johann von Böhmen, der seinerseits seine Ansprüche auf die polnische Königskrone aufgab, hat König Kasimir von Polen auf Schlesien verzichtet. Dieses Land war daraufhin ohne jeden polnischen Einspruch durch den deutschen König und Kaiser Karl IV., den Sohn Johanns v. Böhmen, i.J. 1355 als Nebenland Böhmens in das Heilige Römische Reich aufgenommen worden.

[33] Atlas Historyczny Świata, Warszawa 1974, 55.

[34] Teilung Oberschlesiens nach der Volksabstimmung i.J. 1921 (Genfer Schiedsspruch 1922).

[35] Bei meinem ersten Aufenthalt in Polen im Jahre 1930 fuhr ich als Student von Breslau nach Krakau, um für die Pastoration der jährlich für eine »Saison« von neun Monaten nach Ostdeutschland kommenden polnischen Saisonarbeiter sprachlich gerüstet zu sein. In dieser Zeit waren ähnliche Werbeplakate des Westmarken-Verbandes in Polen allenthalben zu sehen. Das war damals für mich Ahnungslosen eine völlig un-

erwartete und bedrückende Erfahrung. Sie hat mich nicht gehindert, Polnisch zu lernen, um den in der Hitlerzeit besonderen sozialen und religiösen Beistandes bedürftigen Polen christlich und menschlich beistehen zu können, wo immer möglich.

36 Der Gedanke wird im Schlußwort weitergeführt werden.

37 Ziff. 4b des Reskriptes vom 8. Juli 1845.

38 CIC 1917, can. 248,2.

39 Die Romberichte II, 27.

40 Akten der deutschen Bischöfe, 816.

41 Als katholischem Ethiker, der seit über fünfzig Jahren um das Problem »Spannung zwischen Evangelium und Staatsräson« ringt, drängt sich mir die Erkenntnis auf, daß Kardinal Hlond auch in kanonischer Sicht – wenn das kanonische Recht nur als ius caritatis gesehen wird – nicht berechtigt war, in dieser Stunde (12. August 1945) und angesichts der weittragenden Bedeutung der an Dr. Piontek gestellten Aufforderung von dem 17. Privileg (nach dem CIC 1918), das Kardinälen zustand, Gebrauch zu machen. Natürlich-sittliche Ansprüche stehen vor den rein positiven Normen. Kardinal Bertram, an den der Primas bei seiner Strategie zuerst denken mußte (erst in Breslau erfuhr er, daß er gestorben war und daß nach dem kanonischen Recht termingemäß ein Kapitelsvikar gewählt worden war, der indessen den Amtseid abgelegt hatte), hatte angesichts der ungewöhnlichen Entscheidung, die ihm zugemutet wurde, einen Anspruch auf die Information, die dem Gewicht dieser geschichtlichen Stunde entsprach. Dem Kapitelsvikar Dr. Piontek hat der Primas die damals mögliche und ihm sittlich auch geschuldete Information jedenfalls de facto versagt. Er hat ihm nicht einmal den Text des Reskriptes vom 8. Juli 1945 vorgelegt; aber gleichzeitig durch den Hinweis, daß die Dinge auch ohne Dr. Pionteks Unterschrift ihren Lauf nehmen würden und daß der Heilige Vater es so wünsche, die durch Mangel an Information eingeengte Freiheit noch weiter bedrängt. Daß sich Dr. Piontek im Besitz der ihm zu Unrecht verweigerten Kenntnisse anders entschieden hätte, ist wahrscheinlich. Sicher ist, daß er die Unterschrift verweigert hätte, wenn er hätte ahnen können, daß Papst Pius XII. seine Resignation nicht gewollt hat.

42 *Pietrzak*, Działalność 223.

43 Das hielt Dr. Kominek in Erinnerung an den 1. September 1945 fest. *Krucina*, 31.

44 *Krucina*, 23–24.

45 *Krucina*, 19–20.

46 *Krucina*, 25.

47 Er ist in etwa einem Regierungspräsidenten vergleichbar. Der in diesem Zusammenhang genannte Arka Bożek war als deutscher Staatsbürger in dem Związek Polaków w Niemczech (Bund der Polen in Deutschland) in Deutsch-Oberschlesien äußerst rührig.

48 Dziennik Zachodni, ebd., nach Pietrzak, Działalność 229.

[49] Der Papstbrief ist in »Głos Katolicki« (Katholische Stimme) am 15. August 1945 und in »Głos Ludu« (Stimme des Volkes, 17. August 1945) veröffentlicht worden.
[50] *Pietrzak*, Działalność 245.
[51] *Pietrzak*, Działalność 223.
Akten der deutschen Bischöfe, 851.

ZU KAPITEL IV

[1] Głos Wielkopolski, 13. Juli 1945; Dziennik Polski, 13. Juli 1945. Vgl. *Pietrzak*, Działalność 195.
[2] *Milik*, Archidiecezja 46.
[3] Przemilczane pionerstwo (unbekannte Bahnbrecher), in: Tygodnik Powszechny, Kraków 25. Januar 1948.
[4] *Pietrzak*, Działalność 197.
[5] *Pietrzak*, Działalność 197.
[6] *Pietrzak*, Działalność 197.
[7] *Liszka*, Działności 53.
[8] Z perspektywy rozstrzygnięć ostatecznych (Aus der Perspektive der endgültigen Entscheidungen), in: Tygodnik Powszechny, 26. August 1973. Vgl. *Pietrzak*, Działalność 197.
[9] 6. April 1946.
[10] Die Romberichte II, 28.
[11] Aus einem Brief Dr. Pionteks vom 6. September 1945, den B. Urban zitiert. Vgl. *Pietrzak*, Działalność 240, Anm. 142.
[12] Mitteilungen der Erzdiözese Breslau, 28. September 1945.
[13] Ebd.
[14] *Pietrzak*, Działalność 243.
[15] Die Romberichte I, 1–92. Eine Durchschrift dieses brisanten Berichtes hat mir der befreundete Dr. J. Kaps vor seinem Tod mit der Bitte um spätere Veröffentlichung übergeben. Dieser Bitte ist der Herausgeber des Archivs für Schlesische Kirchengeschichte, Prof. Dr. J. *Köhler*, Tübingen, in den Bänden 38 (1980, 1–92) und 39 (1981, 21–96) nachgekommen.
[16] 242.
[17] Die Regierung hatte u. a. gegen die Vorläufigkeit polemisiert und sofort kanonisch endgültige Verhältnisse gefordert.
[18] Działalność 245.
[19] Er war im Krieg zugleich als Apostolischer Administrator für die Diözese Kulm (Chełmno) beauftragt.
[20] *Pietrzak*, Działalność 216.
[21] *Pietrzak*, Działalność 247.
[22] Wie Pietrzak zu dem Schluß kommt, daß in diesem Vorgehen Kardinal Hlonds Verhalten als richtig erwiesen werde (potwierdził), ist nicht verständlich. Vielmehr drängt sich der entgegengesetzte Schluß auf. Wenn

der Papst eine von Kardinal Hlond vorgenommene Ernennung wiederholt, so muß doch mit der früheren Einweisung irgend etwas nicht in Ordnung gewesen sein. In die gleiche Richtung weist auch die Tatsache, daß im »Päpstlichen Jahrbuch 1950« nur der zum zweiten Mal vom Papst direkt berufene Dr. Wronka unter dem Stichwort »Danzig« als Apostolischer Administrator erwähnt wird (Annuario Pontificio 1950, Sedi residenziali, 172).

[23] *Jocz*, Organizacja kościoła 196.

[24] 241.

[25] 241.

[26] Annuario Pontificio, 1958, 1960, 1962.

[27] *Pietrzak*, Działalność 241.

[28] Z. B. Danzig.

[29] *Pietrzak*, Działalność 247. Im Anschluß an diese Erklärung wurde in »Homo Dei« 1950 Nr. 2 auch die Auffassung vertreten, daß die Administratoren von vornherein nicht selbständige Ordinarien gewesen wären, sondern dem Primas unterstanden hätten. Eine Auffassung, die nach Absetzung der ersten Reihe von »Administratoren« durch die Regierung am 26. Januar 1951 und deren Ersetzung durch später vom Primas bevollmächtigte »Generalvikare« realisiert worden ist. Ähnlich ist das von Kardinal Wyszyński offensichtlich eigenmächtig i. J. 1952 eingerichtete polnische Domkapitel zu Breslau nicht anerkannt und später zum Kollegiatkapitel zurückgestuft worden.

[30] *Krucina* 105.

[31] *Krucina*, ebd.

[32] 246.

[33] *Pietrzak*, Działalność 246.

[34] *Krucina* 111.

[35] Tatsächlich ist der Zeiger der Geschichte durch Kardinal Hlond mindestens um 610 Jahre zurückgestellt worden. Er ist in diesem Sinne ein Urreaktionär und Revisionist.

[36] *Krucina* 105.

[37] *Pietrzak;* Działalność 240, Krucina 105.

[38] Teile der Vollmachten, die Primas Hlond unter dem 8. Juli 1945 in Rom erhalten hatte, wurden bekannt. Pietrzak hat sie offensichtlich schon früher im »Hlond-Archiv« in Gnesen einsehen können ... Gesamttext der Römischen Vollmachten s. 95–98.

[39] *Krucina* 81.

[40] Thienel war nicht, wie Kosiński (27) angibt, selbst Zeuge der Verhandlung mit Kardinal Hlond gewesen. Auch die erste durch Dr. Kaps 1945 vermittelte Nachricht von Papst Pius XII. war jetzt wieder aktuell (Vgl. S. 124).

Der Primas hat jedenfalls im Bereich der deutschen Ostgebiete keine kanonischen Vollmachten erhalten, um die deutsche Kirchenorganisation im Sein und Wirken anzutasten. Er hatte damit auch kein Recht, die

Ordinarien zur Resignation zu drängen. Dem folgen E. Brzoska, der Verfasser u. a. Axel-Springer-Dienst (Quelle der Kölnischen Rundschau), nach Kosiński, 24.

41 *Krucina*, 105.

42 *Krucina*, 301.

43 *Grund*, 133–138; J. Liebelt, † 11. März 1963 in Heidelberg.

44 *Kosiński* 33–34.
Die Einsetzung der Apostolischen Administratoren war widerrechtlich. Der Papst hätte sie aber als faktische akzeptieren müssen.

45 Bericht des Kattowitzer Priesters, Prälat Karl *Heda*, Langenargen, vom 13. Februar 1986 an den Verfasser.

46 Jo 4,9. Die Hoffnung der Deutschen, ebenfalls eine seelsorgliche Absicherung zu bekommen, war begründet. Das um so mehr, als sich in der Heimat Kardinal Hlonds, in Oberschlesien, durch Jahrhunderte hindurch ein geradezu entgegengesetztes Modell doppelsprachiger Seelsorge bewährt hatte, worüber A. Hanisch, S. 223–224, berichtet.

47 Is 21,11.
Zu P. H. Breitinger, einst Posen, vgl. auch S. 195, Anm. 2. Im dortigen Artikel des polnischen Jesuiten Fros, Warszawa, heißt es: »Von seiten vieler Polen hat er Freundschaft erfahren. Unaufhörlich lebte er in Spannungsfeldern, die seine Aufgaben unlösbar gemacht haben«. Natürlich wurde er Gegenstand des Hasses und der Zuneigung. Wenn Fros das mit »kontroverse Gestalt« (postacią kontrowersyjną) meint, mag es durchgehen, nicht aber, wenn sein Charakter und seine priesterliche Integrität damit apostrophiert sein sollten.

ZU KAPITEL V

1 Hirtenwort der westdeutschen Bischöfe vom 30. Januar 1946.

2 Hirtenbrief der westdeutschen Bischöfe vom 27. März 1946.

3 Erklärung der deutschen Bischofskonferenz anläßlich der Neuregelung der Diözesen jenseits Oder-Neiße im Jahr 1972.

4 Aus seinem Hirtenwort vom 1. September 1945.

5 Worte Kardinal Wyszyńskis am 29. Mai 1952 in Breslau.

6 Wrocławski Tygodnik Katolicki (Breslauer Katholisches Wochenblatt), deutsche Sonderausgabe anläßlich der 20-Jahr-Feiern, Breslau 1965. Vgl. Scholz, Wächter 110. Die alle Deutschen unterschiedslos belastenden Aussagen der polnischen Hierarchen unterstellen, daß die materiale Weltgeschichte auch das Weltgericht sei (vergleiche die östliche Interpretation der bedingungslosen Kapitulation, S. 17–20). Mit Recht weist K. Lehmann daher die einseitige »Entzifferung« der Weltgeschichte als ideologische Hybris zurück. Endgültig und wahrhaftig wird Gott die Geschichte erst im Endgericht entziffern. Auch die selbstsicheren Urteile der polnischen Hierarchen werden sich diesem Letzturteil stellen müs-

sen. Kritisch bemerkt der bischöfliche Autor, daß die Kirche die Gerichtsbotschaft des Evangeliums vor Wehrlosen laut und eindringlich verkünde, den Mächtigen aber gelegentlich leise und halbherzig vortrage (Vollendung, 91).

7 Wort der polnischen Bischöfe vom 10. Februar 1966 über die Briefe an die Episkopate der ganzen Welt anläßlich des Milleniums 1966, in: Listy Pasterskie, 434–438. 437. S. dazu *F. Scholz*, Um des Evangeliums willen – Die Versöhnungsbotschaft der polnischen Bischöfe auf dem Zweiten Vatikanischen Konzil (*vor* dem einengenden Kommentar vom 10. Februar 1966), in: (Hrsg.) F. Scholz, Miscellanea Fuldensia, Fulda 1966, 187–226 und ders. Zur Versöhnungsbotschaft der polnischen Bischöfe vom 18. November 1965 (*nach* dem 10. Februar 1966), in: Beiträge zur Geschichte Schlesiens im 19. und 20. Jahrhundert, hrsg. von P. Chmiel, N. Gussone, H. Neubach, Dülmen 1987, 134–151.

8 Es kann auch – als geringeres Übel – zwangsweise Verschiebungen von Bevölkerungen legitimer Art geben. Vgl. *Scholz*, Über die Legitimität 47–50. Die dafür notwendigen Bedingungen und Voraussetzungen waren im Jahr der Vertreibung nicht entfernt erfüllt. Der Völkerrechtler Zayas nennt in seinem Aufsatz: The legality 1–23; 143–160:
1) Legitime Autorität für die vertreibende Macht, 2) Bereitschaft eines anderen Staates, die Vertriebenen aufzunehmen unter der Voraussetzung, daß er sie menschlich aufnehmen kann, 3) organisierte, menschliche Durchführung, 4) Sicherung des Rechtes, auf dem angestammten Heimatboden leben zu dürfen. Auf ernsteste Bedenken stößt die Behauptung voller, sittlich-rechtlicher Integrität in irgendeinem Lebensbereich – also auch im politischen – im Neuen Testament. Man wird behutsam und besorgt mit jeder Selbstlossprechung, wenn man die damit verbundenen Heilsgefahren bedenkt. »Der eigentliche Hauptvorwurf, den Jesus den Schriftgelehrten und Pharisäern macht, ist ihre Unwilligkeit, Buße zu tun. Weil sie Jesu Wort nicht angenommen haben, kennen sie auch nicht den eigentlichen Willen Gottes und der Thora. Daher ist ihre Gesetzesauslegung mangelhaft. Trotz ihrer Treue zum Gesetz erfüllen sie den Willen Gottes nicht. Ihr kasuistisches Wissen ermöglicht ihnen verschiedene Arten, das Gesetz zu umgehen ... Ihre angebliche Gesetzestreue führt sie zum Mangel an Buße und Selbstkritik.« Gelten diese Mahnungen nicht auf allen Ebenen menschlichen Tuns und Lassens, auch in der Kirche? Die heilige Kirche ist auch »Kirche der Sünder«. (Słowa Pana. Według przekazu synoptycznego zestawiwił Heinz Schürmann, tłumaczył ks. Dr. Joachim *Piegsa* MSF [Worte des Herrn, nach der synoptischen Überlieferung von H.S. zusammengestellt und von ks. Dr.J.P. übersetzt] Pallotinum, Poznań – Warszawa 1969, 250–251).

9 Vgl. *Scholz*, Um des Evangeliums willen 207. Listy Pastierskie 437. *Scholz*, F., Zur Versöhnungsbotschaft der polnischen Bischöfe vom 18. November 1965 in: Beiträge zur Geschichte Schlesiens im 19. und 20.

Jahrhundert, hrsg. P. Chmiel, H. Neubach u. N. Gussone, Dülmen 1988, 134–151.

[10] *Pietrzak*, Dzialalność 244.

[11] *Pietrzak*, Primas Hlond 69.

[12] *Sitek,* A., Organizacja i Kierunki Działalności Kurii Administracji Apostolskiej Śląska Opolskiego w latach 1945–1956 (Organisation und Zielrichtung der Tätigkeit der Kurie der Apostolischen Administratur für das Oppelner Schlesien in den Jahren 1945–1956, Wrocław 1986, 103–117; 124–128). Es handelt sich um eine reiche, kaum bekannte Dokumentation über das Schicksal der edelsten Vertreter der Priesterschaft der alten Erzdiözese Breslau, mit denen wir bis 1945 zusammen studiert, gearbeitet und gegen die Tücken des Hitlerreiches gekämpft haben. In unserem Zusammenhang konnte diese Tragödie nur angedeutet werden. Sie bedarf besonderer Bearbeitung.

[13] In einem langen Gespräch – ich weiß nicht mehr, ob wir es in Paris, in Rom oder in Breslau geführt haben – sprach Dr. Kominek in launiger Weise über die Leiden polnisch sprechender Kinder in den deutschen Schulen Oberschlesiens vor 1922 (Teilung Oberschlesiens). Diese Oberschlesier sprachen einen Dialekt, dem ein mittelalterliches Polnisch, mit vielen deutschen Elementen versetzt, eigentümlich war. Dabei verriet der Schüler Kominek eine in unserem Zusammenhang sehr bedeutsame Art, sich als Pole zu bekennen. Er las während des Unterrichts, in dem jedes polnische Wort verboten war, ostentativ unter der Schulbank in Polnisch: Henryk Sienkiewicz' »Krzyżacy« (»Kreuzritter«). Sienkiewicz ist der einflußreichste Vertreter des späteren polnischen Messianismus gewesen. Kosyrczyk (Od Radlińskiego Adventu, 291) berichtet: Um sich vor den deutschen Mitschülern auszuzeichnen, qualifizierte er sich schon in der Sexta als Primus in Deutsch. Ihm wurde ein Dauerstipendium gewährt, obwohl er der nationalpolnischen Gruppe der »Filarecy« angehörte. Sie verstand sich als konspirativ gegen Deutschland. Hingebende Lektüre Miczkiewicz' und anderer »Romantiker« (Vgl. S. 149–156) war Ehrensache.

[14] *Hartmann*, Polen 181. Tatarkiewicz, 226–232.

[15] *Hartmann*, Polen 182.

[16] Damit ist der Deutsche Orden gemeint, den der polnische Herzog Konrad von Massovien († 1247) i. J. 1226 in das heidnische Pruzzenland zur Missionierung und Unterwerfung gerufen hatte.

[17] J. *Starzyński*, Jan Matejko, Warszawa o. J., Einführung S. 14–15, Bilder 54–64.

[18] Die Bedeutung von »Grunwald« ist mir durch das Werk von J. Starzyński aufgegangen. 1962 hat es mir einer meiner polnischen Freunde, der Weihbischof von Lublin und Professor des Neuen Testamentes an der Katholischen Universität Lublin, Henryk Strąkowski, geschenkt. Die handschriftliche Widmung auf dem Titelblatt lautet in Deutsch: Meinem lieben Freund aus den Studienjahren an der Katholischen Universi-

tät Lublin als Ausdruck der Dankbarkeit und des Gedenkens im Gebet.
Lublin, den 31. August 1962
Henryk Strąkowski, Weihbischof
Eine Würdigung dieser ausstrahlenden, neutestamentlich geformten Persönlichkeit hat uns ks. *J. Misiurek* (Collectanea Theologica [Warszawa] 1986, Fasc. II, 173–183) geschenkt.

19 *Halecki* 199–200.

20 Die Herrschaft des Geistes Gottes in Polen (18. Februar 1946), in: Listy Pasterskie 31–32.

21 *Krucina* 17–18.

22 *Krucina* 19.

23 Deswegen melden sich auch die gleichen Einsprüche, die tiefer blickende Deutsche schon im Ersten Weltkrieg wegen der Aufschrift auf den Koppeln der Soldaten »Gott mit uns« erhoben haben.

24 Damit ist Polen und die polnische Kirche in keiner Weise ihr arteigener Beitrag zum Aufbau der Kirche bestritten. Im Gegenteil, er ist erwünscht. Aber er muß sich an die in der christlichen Soziallehre festgelegten Begrenzungen halten. Bei der gesellschaftlichen und religiösen Verwirklichung des eigenen Volkes darf anderen kein Unrecht geschehen. Hier liegt ein wichtiges Kriterium für legitime und illegitime nationale Gestaltung des kirchlichen Lebens. Nicht ohne verhaltene, kritische Anklänge bemerkt Bischof A. Nossol (Opole) zur polnischen Romantik: »In (dieser) Epoche ... weitete sich das Bewußtsein (eine besondere Mission zu haben) »messianistisch« aus ... Adam Mickiewicz, – man könnte ihn den polnischen Goethe nennen – sprach hier direkt von einem Messianismus ... Theologisch gesehen dürfte diese eigenartige, nationalistisch geprägte Katholizität auch als eine spezielle Art von »politischer Theologie« umschrieben werden«. (83)
(A. Nossol, Der Mensch braucht Theologie, Sammlung Horizonte, Neue Folge 24, Einsiedeln 1986, 83). Wie sollte aber eine »nationalistisch geprägte Katholizität«, die ihrem Wesen nach die Ansprüche der Nation überzieht, das noch christlich leisten können?

25 *Piwowarski*, Garant 254–258.

26 »Der enge Zusammenhang zwischen der Religion und dem Patriotismus, wobei der zweite Wert höher eingeschätzt wurde als der erste.« Religion werde instrumentalisiert, und sie diene als Mittel im Kampf für patriotische Ziele, z. B. während der polnischen Aufstände (254–255). Die weiteren, sehr interessanten, aber hier nicht unmittelbar einschlägigen Themen lauten: (2) »Die emotionale Bindung an den »Glauben der Väter« ohne intellektuelle Basis. Vorherrschend waren Fideismus, aber auch gemeinschaftliches Engagement in verschiedenen Formen des religiösen Lebens. (3) ... (4) Ritualismus, der in Massenpraktiken zum Ausdruck kommt.«

27 Es handelt sich um Feldmessen auf dem Friedrichsplatz, Görlitz-Ost, vom August 1945 bis zum Mai 1946.

[28] Eltville 1986, 81–83.

[29] 2. Mos 20,3.

[30] A. *Marcol*, Warszawa-Nysa, Autonomia Sumienia (Autonomie des Gewissens) in: Collectanea Theologica 56 (1986) 87–93. 89/90, im Rahmen der Berichterstattung über moraltheologische Neuerscheinungen, darunter über A. Anzenbacher, Das Menschenbild in der Ethik (in: Societas Ethica, Jahrestagung 1982, 22–37), dem er den Text entnimmt.

[31] Tiefer informiert die Besprechung des im Text genannten Bändchens (Jan *Turnau*, Zehn Gerechte) aus der Feder Gotthold Rhodes unter der Überschrift: »Es gab auch Menschlichkeit. Deutsche und Polen in Kriegszeiten« (Frankfurter Allgemeine Zeitung, 17. März 1987, 29). Dabei stellt er auch ein sympathisches deutsches Gegenstück vor: Peter *Nasarski*/Walter *Threde* (Hrsg.) – Menschlichkeit – erlebt, erfahren, weitererzählt (Berlin-Bonn 1986).

[32] Er hat im Juni 1981 in einem Warschauer Untergrund-Verlag NOWA eine »Skizze« unter dem Titel »Zwei Vaterländer, zwei Patriotismen« mit dem Untertitel »Bemerkungen zum nationalen Größenwahn und zur Fremdenfeindlichkeit der Polen« veröffentlicht. Im Oktober 1983 hat ihn die exilpolnische »Kultura« (Paris) gedruckt (Nr. 10, 3–29). Die »Frankfurter Allgemeine Zeitung« hat am 13. November 1983 den Deutschland angehenden Teil abgedruckt (Nr. 264, 11). Vgl. Grycz, Heimatbrief für die Erzdiözese Breslau 9, 1982, 8–11. Eine deutsche Ausgabe mit bestens informierender Einleitung und Anmerkungen hat G. Rhode besorgt. Ullstein-Kontinent 22 (Magazin) 1982.

[33] *Lipski*, Dwie ojczyzny 9. Dabei hat Lipski noch gar nicht die berücksichtigt, die keinerlei Einfluß auf Hitlers Untaten hatten oder ihn sogar bekämpft hatten.

[34] Ders. 5, 7.

[35] Ebd.

[36] *Lipski*, Dwie ojczyzny 5.

[37] Ders. 25.

[38] Ders. 9. Lipski führt sein Konzept weiter in: Die antideutsche Karte des polnischen Regimes (Kontinent 11/1985/57-61). Er fordert tieferes menschliches Miteinander im Verstehen der Sorgen und Bängnisse.

[39] *Lipski* hat auch den üblichen und höchst problematischen Slogan »Polak to katolik« (»Der Pole ist katholisch«) durchleuchtet. In diesem Zusammenhang weist L. auf den Anteil der Nichtkatholiken, vor allem der evangelischen Christen, in allen Bereichen des Lebens und der Kultur hin, besonders seit der Zeit der Aufklärung. Ohne Nichtkatholiken, die Vertreter humaner, laizistischer Strömungen inbegriffen, sei polnisches Leben nicht denkbar. »Der Einsatz der polnischen Protestanten in der polnischen Kultur und in dem Ringen um nationale Existenz ist so beachtlich, daß alle Versuche, sie aus unserer polnischen Gemeinschaft herauszusondern, auf entschiedenen Widerstand stoßen müssen.« 26.

[40] Beim Stichwort »Das andere Polen« erwacht in mir die Erinnerung an

viele Frauen und Männer polnischen Blutes, die sich so wie der barmherzige Mann aus Samaria (Luk 10,36) einfach schlicht auf den Ruf der Situation hin als Nächste an den verelendenden Deutschen erwiesen haben. Sie haben einfach getan, was die Frage an Kain »Wo ist Abel, dein Bruder?« provoziert. Ob die Amtskirche diese Frage überhört hat, weiß ich nicht. Zwei Dinge waren damals charakteristisch: Es ging um Hilfe im Elementaren, zum schlichten Überleben, und es erforderte viel Mut und Unabhängigkeit, um dem Klima der allgemeinen Ächtung alles Deutschen zu widerstehen. Unter diesen Menschen, die uns damals das »andere Polen« verkörpert haben, ragte einer hervor, ein junger Priester aus einer innerpolnischen Diözese, der sich im Rahmen einer seelsorglichen Hilfsaktion (zur Seelsorge an den *polnischen* Neusiedlern) als Pionier gemeldet hat. Er wurde bei uns ein Helfer der Deutschen. Es ist beklemmend, daß ich auch heute noch nicht wagen kann, seinen Namen zu nennen. Er ging sofort zum Bürgermeister, zur Miliz, in die Verhaftungskeller, aus denen Hilfeschreie kamen und zum Brückenkommandanten (Neiße). Er exponierte sich so, daß meine aus Ostoberschlesien stammende Pfarrwirtin – ihr früherer Pfarrer aus Sohrau OS war im KZ umgekommen – nicht aufhörte zu warnen, sie werde das jetzt alles unter umgekehrten Vorzeichen zum zweiten Male erleben müssen. Es ging gnädiger ab. Wenn ich jetzt an ihn denke, fallen mir Worte ein, die ich wohl von Böll her in (ungenauer) Erinnerung habe: »Was ich nicht bin, Was Du nicht bist, Er war ein ganzer Christ.«

41 Marcel Reich-Ranicki, Ort der Geschichte in Warschau.

42 Metz, J. B., Theologie gegen Mythologie/193.

43 Jo 8, 32

44 Scholz, Zum Thema »Unwissenheit und Verantwortung« 105–118.

45 1 Kor 4,4–5.

ZUM SCHLUSSKAPITEL

1 »Gottes Mandat über den Deutschen Osten für das polnische Volk und die polnische Kirche?« Polykopiert, 6112 Klein-Zimmern 1984, 1–32.

2 Vgl. F. *Scholz*, Görlitzer Tagebuch 1945, 107. Für diese Frevel hat der Verfasser schon im Herbst 1943 in Görlitz-Ost ein Sühnekreuz errichtet.

3 *Krucina* 296–301. Vgl. dazu: Die Grundtendenz der von J. Krucina veröffentlichten Werke, in: Scholz, Wächter 93.

4 Polykopiertes Manuskript (s. Anm. 1), 18–19.

5 Auf Polen wartet z. B. die Bereinigung der tiefzerstrittenen Beziehungen zu den Ukrainern, die im kirchlichen Raum eine bedauerliche Parallele hat. Auch dort ist die Umformung Jahrhunderte alter Spannungen zwischen der polnischen Kirche des römischen Ritus und der mit Rom unierten ukrainischen Kirche (die mit 450 000 Seelen in Polen vertreten ist) in eine Gemeinsamkeit von Schuld und Betroffenheit drin-

gend erforderlich. J. M. de Wolf, flämischer Nationalität, also dem innerslavischen Bruderzwist weit entrückt, hat soeben die Situation in seinem Büchlein »Katholisch sein ist ein Verbrechen« (o.J. Aktionsgemeinschaft Kyrillus und Methodius, Köln, Belfortstr. 4a) in dem Kapitel »Die Lage der ukrainisch-katholischen Kirche in Polen« (S. 489–504) beleuchtet. Man glaubt in Einzelpunkten und Grundeinstellungen an das polnische Vorgehen, das in den Kapiteln II bis IV dargelegt worden ist, erinnert zu werden. Dc Wolf wagt das Resümee: »Unter Brüdern: Was die katholischen Polen den katholischen Ukrainern antun, ist ein Verbrechen gegen die Menschenrechte, das nun endlich ein Ende nehmen soll.« Die polnische Kirche ist also nach mehreren Richtungen hin aufgerufen, zur Beseitigung von »Trümmern« der Vergangenheit zu schreiten. Diese Zusammenhänge können die Aktualität unseres Buches nur erhöhen.

6 *J. Köhler,* Tübingen, Brief an den Verfasser vom 13. November 1987.

7 *Listy Pasterskie,* 433–438; 437. Vgl. F. Scholz zur Versöhnungsbotschaft 134–151, 145.

8 Der große *Adam Möhler* († 1838 in München), unverdächtig in seiner Treue zur Kirche als dem letzten Hort der Wahrheit, hat sich in der Kirchenpolitik von römischem Denken und römischen Praktiken distanziert. In der »Tübinger Theologischen Quartalschrift« 1826 kritisiert er das Eingreifen des Papstes bzw. dessen unverständigen Agenten. »Sie hatten die Verwirrung um das Collège philosophique zu Löwen noch gesteigert«. Der Grund liege darin, »daß man in Rom über die Bedürfnisse unserer Kirchen gar nicht unterrichtet ist. Man beurteilt alles nach dem Zustande Italiens.« In Löwen »ist eine Lage der Dinge, die man in Rom gar nicht kennt und begreifen kann, eben weil sich Rom diesseits der Berge befinden müßte, um sie zu begreifen. Darum erscheinen von da nicht selten Absichten, Urteile und Beschlüsse, die wie aus einer fremden Welt kommen ... In solchen Verhältnissen ist die Weisheit der Bischöfe an sich selbst gewiesen, sie können nicht aus Rom den Rat holen, den sie aus sich selbst nehmen müßten. Ja, Rom müßten sie über die Lage der Dinge erst aufklären, und richtige Urteile von dort her einleiten, was sie also Rom geben sollten, fordern sie von ihm. A. Möhler, Ein Wort in Sachen des philosophischen Kollegiums zu Löwen, in: TQ 8, 1826, 77–110; 91).
Strukturell hat sich 1945 manches ähnlich ereignet. Auch mangelnde Informationen in Rom haben die kirchliche Tragödie in Ostdeutschland gesteigert.

9 Jer 6, 14.

10 Zu den Deutschen, die sich um einen tiefer greifenden Dialog mit der polnischen Kirche bemüht haben, gehört Reinhold *Lehmann.* Er war 13 Jahre Generalsekretär der deutschen Sektion von »Pax Christi«. Das vierte Kapitel seines Buches »Das Land, aus dem der Papst kommt« (Freiburg, Basel, Wien 1978 [Als Deutscher in Polen. Kritische Anmer-

kungen an die Adresse der polnischen katholischen Kirche, S. 76–100]) bezeugt seine mutige Art, behutsam »heiße« Eisen anzupacken und das erforderliche kritische Gespräch nicht durch höfliche Formen und feierliche (Massen-)Gottesdienste zu ersetzen. Die Saat geht freilich nur sehr zögernd auf. Einige seiner Erkenntnisse mögen hier orientierend erinnert werden: »Manchmal weicht man in Polen lieber dem Gespräch mit den Deutschen aus, hebt das Wodkaglas oder lädt zum Gebet in der Kirche ein. Wird der gegenwärtige Polentrend ... ausgenutzt, um offen über gemeinsame Probleme zu sprechen?« (82).

»Es gibt nur wenige polnische Bischöfe, die ... befriedigende Antworten ... geben können. Mit dem ›Ja, wissen Sie, bei uns ist das so‹, kommt man nicht weiter, denn meist kommt darauf nur die Formel von der Einheit der Kirche und der Nation ...« (Man bewegt sich also im Zirkel und erreicht einen Zirkelschluß, der voraussetzt, was zu beweisen wäre.) »Gespräche mit dem Versuch ehrlicher Antworten müssen auf beiden Seiten geführt werden. Es wäre zu klären, warum die polnische Seite so wenig auskunftsfreudig ist«. (83)

»Als Deutscher wird man zu schnell mit dem Hinweis auf volle Kirchen abgespeist.« (86) »Was die Deutschen schwer verstehen, ... das betrifft den ganzen Bereich, der in Polen mit dem Wort »Patriotismus« oder »patriotische Haltung« umschrieben wird. Dieser Patriotismus zeigt sich auch innerhalb der katholischen Kirche, die nach Meinung des [†] polnischen Primas mit keiner anderen zu vergleichen ist«. Wenn Kirchen Schrittmacher ... auf dem Weg zu einer Versöhnung sein wollen, dürfen sie wichtige Bereiche nicht ausklammern. Zu diesem Bereich gehört das Problem der deutschen Vertriebenen und Flüchtlinge ... Die katholische Kirche hält sich (in Polen) in dieser wichtigen Frage an das von Partei und Regierung errichtete Tabu. Es scheint, daß ... in kirchlichen Kreisen ... die Frage der Vertreibung ... für die weitere Entwicklung der deutsch-polnischen Beziehungen nur ungenügend gesehen wird« (86/88). »... Die verstorbene polnische, katholische Publizistin Anna Morawska (erklärte), eines Tages müsse auch über die Probleme der Vertreibung gesprochen werden!« (90)

»Wird man nicht nachdenklich, wenn in die Kirchen falsche Informationen gegeben werden?« (91).

»Welche Chance für die Kirche in beiden Ländern, das zu klären, ... einen gemeinsamen Hirtenbrief darüber zu schreiben, was heute noch zwischen den beiden Völkern liegt«.

»Es ist viel geschehen, doch auf dem Weg zum Besuch des polnischen Primas Wyszyński in der BR Deutschland (ist) auch einiges vergessen worden« (100).

11 Mt 25, 24–26.

12 *Newman*, John, Henry. Meditations and Devotions, in: Przywara, The Heart of Newman, 42, Montreal, London 1963 (Preparation for Christianity, no 26).

Quellen- und Literaturverzeichnis

Acta, Apostolicae Sedis (AAS) XXXVIII. 1946.

Adolph, W., Geheime Aufzeichnungen aus dem nationalsozialistischen Kirchenkampf 1935–1943, bearb. von U. von Hehl (Veröffentlichungen der Kommission für Zeitgeschichte, Reihe A: Quellen. Bd. 28). Mainz 1979.

Akten deutscher Bischöfe über die Lage der Kirche in Deutschland 1933–1945, Bd. 1–5, hrsg. von B. Stasiewski und L. Volk. (Veröffentlichungen der Kommission für Zeitgeschichte, Reihe A: Quellen, Bd. 5, 20, 25, 30 und 34), Mainz 1968–1983.

Annuario Pontificio per l'Anno 1950. Citta del Vaticano 1942, 1946, 1950, 1958, 1960 und 1962.

Baraniak, Antoni, Erzbischof, Misja opatrznościowa Kardynała Hlonda w okresie wojny światowej 1939–1945 (Die von der Vorsehung gefügte Sendung des Kardinals Hlond zur Zeit des Weltkrieges 1939–1945), in: (Hrsg. A. Schletz) Nasza Przeszlość (Unsere Vergangenheit) XLII. Kraków 1974, 169–194.

Bartoszewski, W., Herbst der Hoffnungen. Es lohnt sich, anständig zu sein. Mit einem Nachwort von R. Lehmann, Freiburg 1983.

Bohmann, A., Menschen und Grenzen, Bd. III. Die früheren polnischen Ostgebiete, Galizien usw., Köln 1970, 384–385.

Breitinger, H., Als Deutschenseelsorger in Posen und im Warthegau 1934–1945. Erinnerungen (Veröffentlichungen der Kommission für Zeitgeschichte, Reihe A: Quellen, Bd. 36), Mainz 1984.

Breyer, R., Die kirchlichen Verhältnisse Niederschlesiens, in: Ostdeutschland unter fremder Verwaltung, hrsg. vom Johann-Gottfried-Herder-Forschungsrat, Bd. 5: Niederschlesien unter polnischer Verwaltung, hrsg. von E. Bahr und K. König, Frankfurt am Main 1967, 385–414.

Brzoska, E., Die Errichtung des Bistums Oppeln im Jahr 1972, in: W. Zylla (Hrsg.). Frieden durch Menschenrechte. Festschrift zum 70. Geburtstag von Dr. Herbert Czaja, Dülmen 1984, 155–167. Wiederabgedruckt in: Oberschlesisches Jahrbuch 1. 1985, 158–175.

Brzoska, E., Die deutschen Bistümer östlich der Oder und Neiße und die polnischen Diözesen jenseits der Curzonlinie. Ein historischer und rechtlicher Vergleich, in: Oberschlesisches Jahrbuch 2. Dülmen 1986. 124–153.

Caritasverband, Deutscher, Notruf an den Alliierten Kontrollrat, Berlin, 21. August 1945, in: Akten Deutscher Bischöfe VI, Nr. 1037, S. 711–716.

CHMIEL, P., Die Vertreibung in historischer Perspektive, in: Oberschlesisches Jahrbuch 1, Dülmen 1985. 137–157.
CHURCHILL, W., The second world war (Der Zweite Weltkrieg), Bern-Stuttgart 1954.
The CONFERENCE of Berlin (The Potsdam Conference) 1945, Bd. 1–2, in: Foreign Relations of the United States. Diplomatic Papers, Washington 1960.
DEI VIRTUS, hrsg. von J. Krucina (Kardynałowi Bolesławowi Kominkowi w hołdzie (Kardinal Kominek zur Huldigung), Bd. 1, Wrocław 1974.
DEKRET (Reskript) für Kardinal Hlond, ausgestellt am 8. Juli 1945 von der Kongregation für außerordentliche kirchliche Angelegenheiten. Diözesanarchiv Gnesen, Acta Hlondiana, Nr. VI/15, 357, Protokollnr. 4167/45. Hier S. 95–98.
DEUTSCHE und Polen. Informationen zur politischen Bildung, hrsg. vom Bundesministerium für Vertriebene, Bonn 1977.
DENZINGER – SCHÖNMETZER, siehe Enchiridion Symbolorum.
DOLA, K., Kościół katolicki na Opolszczyźnie w latach 1945–1964 (Die katholische Kirche im Oppelner Schlesien 1945–1964), in: Nasza Przeszłość 22, 1965, 69–112.
ENCHIRIDION Symbolorum, definitionum et declarationum de rebus fidei et morum, hrsg. von H. Denzinger und A. Schönmetzer, Freiburg i. Br. 1965[33], 1976[36].
ENGELBERT, K., Generalvikar Josef Negwer (1882–1965), in: Schlesische Priesterbilder, Bd. 5, hrsg. von J. Gottschalk, Aalen 1967, 43–46.
ENGELBERT, K. Weihbischof Josef Ferche (1888–1965), in: Schlesische Priesterbilder, Bd. 5, hrsg. von J. Gottschalk, Aalen 1967, 29–36.
ENGELBERT, K., Geschichte des Breslauer Domkapitels, Hildesheim 1964.
ERKLÄRUNG der Deutschen Bischofskonferenz über die Neuregelung der Diözesen in den Gebieten jenseits von Oder und Neiße, in: Kirchlicher Anzeiger für die Erzdiözese Köln 1972, 278f.
ESSER, H., Lamsdorf. Dokumentation über ein polnisches Vernichtungslager, Dülmen 1977.
FROS, H., We wspomnieniach niemieckich księży, (Kriegsende) In den Erinnerungen deutscher Priester, in: Przegląd Powzechny (Allgemeine Rundschau), Warszawa 1987, 364–371.
GOTTSCHALK, J. (Hrsg.), Schlesische Priesterbilder, Bd. 5, Aalen 1967.
GROSS, J., »Und wehe, Du hoffst...!« Aus dem Amerikanischen, Hg. W. Leonhard, Freiburg 1988.
GRUND, B., Das kulturelle Leben der Deutschen in Niederschlesien unter polnischer Verwaltung 1947–1958, in: Bonner Berichte aus Mittel- und Ostdeutschland, hrsg. vom Bundesministerium für Gesamtdeutsche Fragen, Bonn-Berlin 1967.
GRYCZ, W., Ein Pole über nationalen Größenwahn und Fremdenfeindlichkeit, in: Heimatbrief der Katholiken des Erzbistums Breslau 9, 1982, Nr. 1, S. 8–11. (J. Lipski)

GÜNTHER, H., Kard. Hlond, Erzbischof von Gnesen-Posen, verändert 1945 eigenmächtig und widerrechtlich die kirchlichen Territorien des deutschen Ostens, in: Heimat und Glaube, Februar 1987, 6.

HANDBUCH des Erzbistums Breslau für das Jahr 1939, Breslau 1939.

HANICH, A., Góra świętej Anny, Sanktuarium Diecezji Opolskiej (Der Annaberg, das Heiligtum der Diözese Oppeln), Opole (Oppeln) 1987.

HEYDTE, F. A. Frhr. v., Art. Kapitulation, in: Staatslexikon IV, Freiburg 1959, col. 833–834, 834.

HIRTENWORT der deutschen Bischöfe vom 30. Januar 1946, in: Kirchlicher Anzeiger für die Diözese Aachen 16, 1946, Nr. 54.

HIRTENBRIEFE der polnischen Bischöfe, s. Listy Pasterskie Episkopatu Polski.

HIRTENWORT der westdeutschen Bischöfe vom 27. März 1946, in: Kirchlicher Anzeiger für die Diözese Aachen 16, 1946, Nr. 57.

JEDIN, H., Kardinal Adolf Bertram, in: Schlesisches Priesterjahrbuch 1960, Stuttgart 1960, 18–19.

JEDIN, H., Lebensbericht. Mit einem Dokumentenanhang hrsg. von K. Repgen (Veröffentlichungen der Kommission für Zeitgeschichte, Reihe A: Quellen, Bd. 35), Mainz 1984.

JOCZ, K., Organizacja kościola na ziemiach zachodnich i połnocnych (Die Kirchenorganisation in den West- und Nordgebieten), in: Studia z dziejów kościoła katolickiego, 1967, 196f.

JUNGK, R., Aus einem Totenland (Schlesien), in: »Weltwoche« (Zürich), Nr. 527, 9 vom Oktober 1945.

KAPS, J., Vom Sterben schlesischer Priester 1945/46. Ein Ausschnitt aus der schlesischen Passion, München 1950[1] und Köln 1987[2].

KAPS, J., Die Tragödie Schlesiens 1945/46 in Dokumenten, München 1952/53.

KAPS, J., Martyrium und Heldentum ostdeutscher Frauen. Ein Ausschnitt aus der schlesischen Passion 1945/46 (als Manuskript gedruckt), München 1954.

KAPS, J., Die katholische Kirchenverwaltung in den deutschen Diözesen östlich der Oder-Neiße (1945–1955), in: Archiv für schlesische Kirchengeschichte 13, 1955, 280–289.

KAPS, J., Die katholische Kirchenverwaltung in Ostdeutschland vor und nach 1945, in: Jahrbuch der schlesischen Friedrich-Wilhelms-Universität Breslau 2, 1957, 7–39.

KAPS, J., Bemerkungen zur Karte der Breslauer Kirchenprovinz, in: Schlesisches Priesterjahrbuch 2, 1961, 16–28.

KAPS, J., Bericht über die Reise eines schlesischen Priesters nach Rom zur Berichterstattung beim Heiligen Stuhl über die Verhältnisse in Breslau und Schlesien (Herbst 1945), in: Archiv für schlesische Kirchengeschichte 38, 1980, 10–51.

Klafkowski, A., Podstawy prawne granicy Odra-Nysa na tle umów Jaltańskiej i Pozdamskiej (Rechtliche Grundlagen der Oder-Neiße-Grenze auf dem Hintergrund der Absprachen in Jalta und Potsdam). Poznań 1947 (Instytut Zachodni).

Köhler, J. (Hrsg.), Die Romberichte des Breslauer Konsistorialrats Dr. Johannes Kaps aus dem Jahre 1945, Teil 1: Dokumentation, in: Archiv für schlesische Kirchengeschichte 38, 1980, 1–91. – Teil 2: Ergänzende Materialien, in: Archiv für schlesische Kirchengeschichte 39, 1981, 21–96.

Kominek, B., Fakty i wspomnienia z 20 lat polskiej organizacji kościelnej na ziemiach zachodnich (Tatsachen und Erinnerungen aus 20 Jahren polnischer Kirchenorganisation in den Westgebieten), Wrocław 1965.

Kominek, B., Bibliographie, S. Pawlaczek.

Kominek, B., W służbie Ziem Zachodnich (Im Dienste der polnischen Westgebiete), hrsg. von J. Krucina, Wrocław 1977.

Konsiński, S., Schemat Biograficzny Kard. Augusta Hlonda, Prymasa Polski, 1881–1948. In: Nasza Przeszłość (Unsere Vergangenheit) Red. A. Schletz, Bd. XLII, Kraków 1974, 9–24.

Kosiński, St., Czy kardynał Hlond »nadużył« papieskich uprawień? (Hat Kardinal Hlond die päpstlichen Vollmachten mißbraucht?), in: Chrześcianin w świecie (Der Christ in der Welt) XI (1979) 19–35.

Kosyrczyk, K., Od Radlińskiego Adwentu do Wrocławskiej Septuagesimy (Vom Advent in Radlin [dem Geburtsort Komineks] zur Vorfaste in Breslau), in: Verbum Crucis, Wrocław 1974, 287–304.

Kraus, H., Der völkerrechtliche Status der deutschen Ostgebiete, Göttingen 1964.

Krucina, J. (Hrsg.), Kościół na ziemiach zachodnich. Cwierćwiecze Polskiej organizacji kościelnej (Die Kirche in den Westgebieten. Ein Vierteljahrhundert polnischer Kirchenorganisation), Wrocław 1971.

Krucina, J. (Hrsg.), Kardynałowi Bolesławowi Kominkowi w hołdzie, Bd. 1: Verbum Crucis. – Bd. 2: Dei Virtus, Wrocław 1974.

Krupiński, St., Co sie stało z Niemcami? (Was ist aus den [vertriebenen] Deutschen geworden?), in: Kontakt 2, Paris, London 1986, S. 18–26.

Leahy, W. D., I was there (Ich war dort), London 1950, 466. Vgl. Rhode-Wagner, Quellen, Nr. 143.

Lehmann, K., Weltgericht und Wiederkunft Christi, in: (Hrsg. W. Seidel) Vollendung des Lebens – Hoffnung auf Herrlichkeit, Mainz 1979, 82–102.

Lehmann, R., Das Land, aus dem der Papst kommt, Freiburg 1978.

Lehmann, R., Wer ein Leben rettet, rettet die ganze Welt. Nachwort zu Bartoszewski, Herbst der Hoffnungen. Es lohnt sich, anständig zu sein, Freiburg 1983, 132–138.

Lehmann, R., Erst in der nächsten Generation? Zwanzig Jahre Botschaften der Versöhnung der polnischen und deutschen Bischöfe, in: Herderkorrespondenz 39 (1985), 525–528.

Lipski, J., Dwie ojczyzny – dwa patriotyzmy (Zwei Vaterländer – zwei Patriotismen), in Kultura, Paris 1981, Nr. 10, S. 1–29. Deutsch in Ullstein Kontinent 8, Heft 22, 1982, 3–48. Sonderdruck mit Einleitung und Anmerkungen von G. Rhode ebd.

Lipski, J., Die antideutsche Karte des polnischen Regimes, in: Kontinent 11 (1985) 57–81.

Listy Paterskie Episkopatu Polski 1945–1974 (Hirtenbriefe 1945–1974 des polnischen Episkopates). Editions du Dialogue, Société d'Editions Internationales, Paris 1975.

Liszka. J., Z działności Administracji Apostolskiej na Śląsku Opolskim. – in: Krucina, Kościół na ziemiach zachodnich. Wrocław 1971, 53–66.

Liszka, J., Powojenna działalność na Śląsku Opolskim (Aktivitäten im Gebiet von Oppeln in der Nachkriegszeit), in: Dei virtus 215–242.

Lorenz, F. (Hrsg.), Schicksal der Vertreibung, Köln 1980.

Marcol, A., Autonomia Sumienia (Autonomie des Gewissens), in: Collectanea Theologica, Warszawa, 56 (1986) 87–93.

Maier, Dr. (Offizial der Diözese Danzig), Bischof Dr. Carl Maria Splett von Danzig als Apostolischer Administrator von Kulm. Zu seiner Verurteilung durch das Warschauer Sondergericht am 1. Februar 1946 in Danzig. In: Akten deutscher Bischöfe VI, 893–901.

Marek, R., Kościół rzymsko-katolicki wobec ziem Zachodnych i Północnych (Die katholische Kirche angesichts der polnischen West- und Nordgebiete), Warszawa 1976.

Marschall, W., Geschichte des Bistums Breslau, Stuttgart 1980.

Menzel, J., Stellung und Rolle Schlesiens in der deutschen und europäischen Geschichte, in: Ostdeutsche Geschichts- und Kulturlandschaften, Teil 1 (Hrsg.) Rothe, H., Köln/Wien 1987.

Mertes, A., Die Tragweite und Bedeutung der Berliner Viermächteerklärung für Deutschland, in: Ratza, Die Berliner Erklärung. Bonn-Bad Godesberg 1987².

Metz, J. B., Theologie gegen Mythologie, in: HK 45 (1988) 193.

Milik, K., Wspomnienia pierwszego ordynariusza (Erinnerungen des ersten Ordinarius), (Hrsg. Krucina) in: Kościół na Ziemiach Zachodnich 45–52.

Milik, K., Archidiecezja Wrocławska (Erzdiözese Breslau), in: Krucina Kóscioł na ziemiach zachodnich, Wrocław 1971, 45–52.

Milik, K., Die Erzdiözese Breslau 1945–1951. Erinnerungen des ersten Ordinarius, in: Romberichte des Breslauer Konsistorialrats Dr. Johannes Kaps, Teil 2, 1981, 60–71.

Misurek, J., Biskup Henryk Strąkowski (1910–1965), in: Collectanea Theol. Warszawa 56 [1986] fasc. II, 173–183.

Mistal, J., Ziemie odzyskane w myśli politycznej PPR (Die wiedererlangten Gebiete in der politischen Betrachtung der Polnischen Arbeiterpartei), in: Zeszyty Gliwickie (Gleiwitzer Hefte) 14, 1980, 19–28.

Moschner, G., Brief aus Breslau (zusammen mit H. Thienel) vom 25. November 1945 an Bischof Stohr, Mainz, S. Thienel.

Musiał, St., Biskupi Niemieccy na jasnej Górze (Die deutschen Bischöfe auf dem »Hellen Berge«), in: Tygodnik Powszechny, Kraków, 7. September 1986, Nr. 36, 1–3.

Nasarski, P., Threde, W. (Hrsg.), Menschlichkeit – erlebt, erfahren, weitererzählt. Berlin, Bonn 1986.

Nasza Przeszłość. Studia z dziejów kościoła i kultury katolickiej w Polsce (Unsere Vergangenheit. Studien aus der Kirchengeschichte und der katholischen Kultur Polens), XLII Kraków 1974, Red. A. Schletz.

Negwer, J., Geschichte des Breslauer Domkapitels im Rahmen der Diözesangeschichte vom Beginn des 19. Jahrhunderts bis zum Ende des Zweiten Weltkrieges, hrsg. von K. Engelbert, Hildesheim 1964.

Negwer, J., Kanonistische Bemerkungen zu den seit dem 1. September 1945 in der Erzdiözese Breslau erfolgten Veränderungen (Breslau 1. Februar 1946), in: Die Romberichte des Breslauer Konsistorialrats Dr. Johannes Kaps, Teil 2, 1981, 47–55. S. Kaps.

Nossol, A., Der Mensch braucht Theologie, Einsiedeln 1986.

Nuscheler, F., Nirgendwo zu Hause. Menschen auf der Flucht, dtv, München 1988.

Pasierb, B., Migracja ludnósci niemieckiej z dolnego Śląska w latach 1944–1947 (Die Wanderung der deutschen Bevölkerung aus Niederschlesien in den Jahren 1944–1947), Wrocław 1969.

Pawlaczek, St., Bibliografia publikacji Kardynała, in: Krucina, Verbum Crucis, Wrocław 1974, 305–316.

Piegsa, J., Słowa Pana, Poznán-Warszawa 1969.

Pietrzak, J., Działalnosć Kard. Augusta Hlonda jako wysłannika Papieskiego na ziemiach odzyskanych w 1945 r (Die Tätigkeit des Kardinals Augustin Hlond als Päpstlicher Abgesandter in den im Jahre 1945 wiedergewonnenen Gebieten), in: Nasza Przeszłość 42, 1974, 195–249.

Pietrzak, J., Prymas Hlond i wielkie Akcje religijne w Polsce (Primas Hlond und die großen religiösen Aktionen in Polen), in: Studia Gnesnensia, Gniezno 1982.

Piontek, F., Der Bericht des Breslauer Kapitelsvikars über den Besuch des Kardinals Hlond, in: Die Romberichte des Breslauer Konsistorialrates Dr. Johannes Kaps, Teil 2, 1981, 27–28.

Pius XII. an Michael Kardinal Faulhaber, in: AAS 37, 1945, 280–282.

Pius XII. an die deutschen Bischöfe, 1. März 1948, in: Anzeiger für die Erzdiözese Köln 88, 1948, 95–105.

Piwowarski, Wł., Garant nationaler Identität: Der polnische Katholizismus, in: Concilium 1986, 254–258.

Ratza, O., (Hrsg.) Die Berliner Erklärung vom 5. Juni 1945 zu Deutschland, Bonn-Bad Godesberg (Kulturstiftung der deutschen Vertriebenen) 1987[2].

Reich-Ranicki, Marcel, Ort der Geschichte ist Warschau, in: Frankfurter Allgemeine Zeitung, 19. März 1988, Beilage. Besprechung des Romans von Andrzej Szczypiorski, Die schöne Frau Seidenman, Zürich 1988.

Rhode, G., Bistumsgrenzen ostwärts von Oder und Neiße, in: Zeitschrift für Geopolitik 12, 1951, 300–308.

Rhode, G. (Hrsg.), Die Ostgebiete des Deutschen Reiches, Würzburg 1957[4].

Rhode, G., Wagner, W., (Hrsg.) Quellen zur Entstehung der Oder-Neiße-Linie, Stuttgart 1956, 1959[2].

Rhode, G., Evakuierung, Flucht, Verschleppung, Zwangsaussiedlung der Deutschen aus Polen und den ostdeutschen Provinzen 1944–47, in: Die Beziehungen der Bundesrepublik Deutschland und der Volksrepublik Polen bis zur Konferenz über Sicherheit und Zusammenarbeit in Europa (Helsinki 1975). Schriftenreihe des Instituts für Schulbuchforschung, Bd. 22 (Braunschweig 1987).

Romberichte des Breslauer Konsistorialrats Dr. Johannes Kaps aus dem Jahre 1945, hrsg. von J. Köhler, Teil 1: Dokumentation, in: Archiv für schlesische Kirchengeschichte 38, 1980, 1–91.
Teil 2: Ergänzende Materialien, in: Archiv für schlesische Kirchengeschichte 39, 1981, 21–96.

Roos, H., Geschichte der polnischen Nation 1918–1978, Stuttgart-Berlin 1979.

Sabisch, A., Die Wahl bzw. Bestellung des Kapitularvikars in Breslau am 26. Januar 1951, in: Archiv für schlesische Kirchengeschichte 23, 1965, 190–220.

Sabisch, A., Zur Kirchengeschichte der polnisch verwalteten Ostgebiete seit 1945 (Rezension: Nasza Przeszłość, Bd. 22, 1965), in: Archiv für schlesische Kirchengeschichte 24, 1966, 320–322.

Sabisch, A., Die seelsorgliche Betreuung der katholischen deutschen Restbevölkerung in Breslau und der Provinz Niederschlesien seit dem Jahre 1945, in: Archiv für schlesische Kirchengeschichte 27, 1969, 177–201.

Sabisch, A., Dokumente zu den Reisen des Kattowitzer Bischofs Adamski im oberschlesischen Teil des Erzbistums Breslau im Mai und Juni 1945, in: Archiv für schlesische Kirchengeschichte 30, 1972, 171–201.

Sabisch, A., Die kirchlichen Verhältnisse in Oberschlesien 1945–1951, in: Archiv für schlesische Kirchengeschichte 1973, 223–236.

Sabisch, A., Dr. Heinrich Grzondziel, gestorben 1968 als Weihbischof des Ordinariats Oppeln, in: Archiv für schlesische Kirchengeschichte 33, 1975, 189–204.

Samulski, R., Die Breslauer Weihbischöfe. Zu ihrer Geschichte ... und Bedeutung für das kirchliche Leben ... bis 1945, in: Schlesisches Priesterjahrbuch 3/4, 1962/63, 79–109.

Sauer, A., Kardinal Hlond und das Erzbistum Breslau 1945, in: Der Altvaterbote 31, 1978, 25 ff.

SCHICKEL, A., Deutsche und Polen. Ein Jahrtausend gemeinsamer Geschichte, Bergisch Gladbach 1984.

SCHICKEL, A., Die Vertreibung der Deutschen, Asendorf 1985.

SCHICKEL, A., Erinnerungen an Kardinal Bertram und Dr. Walter Münch, Wasserburg am Inn 1986.

SCHMÖLZ, Fr.-M., Migration und Menschenwürde, in: K. H. Kleber, Migration und Menschenwürde, Passau 1988, 13–34.

SCHOLZ, F., Die Lage der Kirche in Polen, Stuttgart (Katholische Akademie) 1958, 3–24.

SCHOLZ, F., Um des Evangeliums willen. Die Versöhnungsbotschaft der polnischen Bischöfe auf dem Zweiten Vatikanischen Konzil, in: Miscellanea Fuldensia, Fulda 1966, 197–216.

SCHOLZ, F., Unwissenheit und Verantwortung, in: Königsteiner Studien 17, 1971, 105–118.

SCHOLZ, F., Über die Legitimität von zwangsweisen Bevölkerungsverschiebungen, in: Theologie der Gegenwart 23, 1980, Heft 4, 47–50.

SCHOLZ, F., Bilanz: Die Anglo-Amerikaner versagten, in: Deutsche Tagespost, 17. Februar 1980, 5.

SCHOLZ, F., Gottes Mandat über den deutschen Osten für das polnische Volk und die polnische Kirche? (Polykopiert 1–32) 6112 Klein-Zimmern 1984.

SCHOLZ, F., Wächter, wie tief die Nacht? Görlitzer Tagebuch, Eltville[3] 1986.

SCHOLZ, F., Zur Versöhnungsbotschaft der polnischen Bischöfe vom 18. November 1965, in: Beiträge zur Geschichte Schlesiens im 19. und 20. Jahrhundert, hrsg. P. Chmiel, H. Neubach u. N. Gussone, Dülmen 1988, 134–151.

SITEK, A., Organizacja i kierunki działalności Kurii Apostolskiej Administracji Śląska Opolskiego w latach 1945–1956. Wrocław 1986. (Organisation und Zielrichtung der Tätigkeit der Kurie der Apostolischen Administratur Oppeln, Wrocław 1986).

SKUBISZEWSKI, K., Granica Poczdamska: Polityka i prawo międzynarodowe (Die Grenze von Potsdam) in: Tygodnik Powszechny, 29. Juni 1985, Nr. 25.

SOLSCHENIZYN, A., Ostpreußische Nächte, Darmstadt 1976.

SPIS Duchowieństwa i Parafii Diecezji Warmińskiej 1967 (Verzeichnis der Geistlichen und der Pfarreien der Diözese Ermland). Olsztyn (Allenstein) 1967.

STASIEWSKI, B., Augustyn Hlond, in LThK 5, 1960, 395 f.

STASIEWSKI, B., Die Kirchenpolitik der polnischen Regierung 1945–1958, in: Osteuropa-Handbuch Polen, hrsg. von W. Markert, Köln-Graz 1959, 356–366.

SZUBA, Z., Ku pełnoprawnym kościołom lokalnym. Kościół na ziemiach zachodnich (Auf dem Wege zu vollberechtigten Ortskirchen. Die Kirche in den Westgebieten) 1945–1970, in: Życie i myśl (Leben und Gedanken) 21, 1971, Nr. 7/8, 52–80.

Targ, A., Tajny pełnomocnik do spraw kościelnych na Opolszczyźnie (Der Geheimbevollmächtigte für die kirchlichen Fragen im Gebiet von Oppeln), in: Dei virtus 209–214.

Tatarkiewicz, W., Historia Filosofii, Tom II., Filosofia nowożytna do roku 1830 (Geschichte der Philosophie, Bd. 2, Neuzeitliche Philosophie bis 1930), Warszawa 1970.

Thienel, H., Brief aus Breslau an Bischof Stohr, Mainz, vom 25. November 1945, Poststempel aus Halle, 2. Dezember 1945, Akten Deutscher Bischöfe, VI, Nr. 1062, S. 851.

Thomas von Aquin († 1274), Summa theologiae, Zweiter Teil des zweiten Teiles, Ausgabe Marietti, Turin 1928, Band III, 303–305.

Topolski, J., in: Trzeciak, E. Panorama dziejów Polski (Panorama der Geschichte Polens), Warszawa 1983, 140.

Truman, Memoirs I, 492, in: Rhode-Wagner, Quellen, Nr. 171.

Turnau (Hrsg.), Dziesięciu Sprawiedlliwych. Wspomnienia okupacyjne (Zehn Gerechte, Besatzungserinnerungen), in: Biblioteka Więź (Band), Bd. 54, Warszawa 1986.

Tygodnik Powzechny (Allgemeines Wochenblatt), Krakau, 23. Juni 1983.

Urban, W., Duszpasterski wkład Kościoła katolickiego na Dolnym Śląsku 1945–1948 (Der seelsorgliche Einsatz der katholischen Kirche in Niederschlesien 1945–1948), in: Wiadomości Kościelne 4, 1949, Nr. 4–5, S. 131–140.

Urban, W., Archidiecezja wrocławska w latach 1945–1965 (Die Erzdiözese Breslau in den Jahren 1945–1965), in: Nasza Przeszłość, 22, 1965, 10–68.

Urban, W., Einrichtung einer polnischen Kirchenverwaltung in den Westgebieten, in: Tygodnik Powszechny, 22. Februar 1970.

Utz, A. F. und Groner, J. F, (Hrsg.) Aufbau und Entfaltung des gesellschaftlichen Lebens. Soziale Summe Pius' XII., Bd. 1–2. Freiburg, Schweiz 1954.

Vertreibung der deutschen Bevölkerung aus den Gebieten östlich der Oder-Neiße.
In Verbindung mit A. Diestelkamp, R. Laun, P. Rassow und H. Rothfels bearbeitet von Th. Schieder, Bd. 1–2 (Dokumentation der Vertreibung der Deutschen aus Ost-Mitteleuropa, hrsg. vom Bundesministerium für Vertriebene, Bd. I, 1–2), Wolfenbüttel o. J. – Unveränderter Nachdruck: München 1984.
Erster Abschnitt: Die Flucht vor der Roten Armee, Bd. I, 1, S. 1–494.
Zweiter Abschnitt: Die Zerstörung der Lebensgrundlagen der ostdeutschen Bevölkerung seit 1945, Bd. I, 2, S. 3–647.
Dritter Abschnitt: Austreibung und Ausweisung der deutschen Bevölkerung aus den Gebieten östlich der Oder und Neiße, Bd. I, 2, S. 653–896.

Wiewióra, B., Polish-German frontier from the standpoint of international

Law (Die polnisch-deutsche Grenze vom Standpunkt des internationalen Rechts aus) Poznań-Warszawa 1959 (Wydawnictwo Zachodnie).

Wolski, Józef, Atlas Historyczny Świata (Historischer Weltatlas), Warszawa 1974.

Więź (Das Band) Monatsschrift, Warszawa.

Wroclawski Tygodnik Katolicki (Breslauer Katholische Wochenzeitung), Deutsche Sonderausgabe anläßlich der 20-Jahr-Feiern 1966, Wrocław, September 1966.

Wyrozumski, J. L., Historia Polski (Geschichte Polens bis 1505), Bd. 1, Warszawa 1980.

Zayas, A. M. de, Die Anglo-Amerikaner und die Vertreibung der Deutschen, München 1971.

Zayas, A. M. de, The legality of mass population transfers. The German Experience 1945–48, in: East European Quarterly Vol. XII, 1978, 1–23; (No. 1), 143–160 (No. 2).

Zeiger, R., SJ. Bericht über die Reise zu dem Hochwürdigsten Episkopat von Deutschland und Österreich (1.–20. September 1945), in: Akten Deutscher Bischöfe, Nr. 1043, S. 758–776.

Ziemilski, A., Interview in der Warschauer »Polityka« vom 16. 4. 88 In: (Hrsg.) Grycz, W., Informationen und Berichte, Königstein 1988, 1-9.

Żywczyński, M., Hlond, in: Polski Słownik Biograficzny (Polnisches Biographisches Wörterbuch), Kraków 1960/61, 545–546.

Anhang

1. Leben und Wirken Kardinal Hlonds

5. Juli 1881 geboren in Brzentskowitz, Krs. Myslowitz (Preußische Provinz Schlesien, Regierungsbezirk Oppeln);
26. Oktober 1893 Übersiedlung nach Turin, um die Gymnasialstudien zu beginnen;
13. Oktober 1896 Eintritt in den Orden der Salesianer;
23. November 1905 Priesterweihe in Krakau;
17. Juni 1909 Leiter des Erziehungs- und Bildungsheimes der Salvatorianer in Wien. Gegen Ende des Ersten Weltkrieges Bekanntschaft mit Achille Ratti, dem späteren Papst Pius XI. (1921–1939), dem er seine weitere kirchliche Laufbahn weithin verdankt;
10. Juli 1910 Doktorat an der Päpstlichen Universität Gregoriana;
7. November 1922 Apostolischer Administrator für den 1922 polnisch gewordenen Teil Oberschlesiens (Ostoberschlesien mit Zentrum Kattowitz);
14. Dezember 1925 von Papst Pius XI. zum Bischof der neu errichteten polnischen Diözese Kattowitz ernannt;
24. Juni 1926 Zum Erzbischof von Posen und Gnesen und zum Primas von Polen berufen;
20. Juni 1927 Ernennung zum Kardinal. In Rom gehörte er den Kongregationen für die Ostkirche, für die Seminarien und Universitäten an.
4. September 1939 Hlond verläßt Posen, um zu einer Eilbischofskonferenz nach Warschau zu reisen;
14. September 1939 Hlond verläßt das Land über die rumänische Grenze;
19. September 1939 Eintreffen in Rom;
9. Juni 1940 nach Lourdes;
6. Juni 1943 nach Hautcombe (Pyrenäen); Benediktinerabtei;
3. Februar 1944 Verhaftung durch die deutsche Polizei und Überführung nach Paris;

5. April in Bar le Duc (bei Verdun) interniert;
30. September 1944 Unterbringung bei deutschen Schwestern in Wiedenbrück (Westfalen);
1. April 1945 Befreiung durch die Amerikaner;
8. April Flug nach Paris;
24. April bis *10. Juli 1945* in Rom. Vorbereitung der erwünschten Vollmachten;
20. Juli 1945 Eintreffen in Posen;
22. Juli 1945 Gespräch mit dem nach Posen gerufenen Rektor des polnischen Kollegs in Rom, Dr. Wronka, wegen Übernahme der Diözesen Kulm und Danzig;
24. Juli 1945: Dem Prof. der Katholischen Universität Lublin (KUL), Dr. Theodor Bensch, teilt er mit, daß er für das Ermland als apostolischer Administrator in Aussicht genommen sei;
31. Juli 1945 nach Krakau, um mit dem Erzbischof, Fürst Sapieha, zu verhandeln, der ihn während seiner langen Abwesenheit vertreten hat;
4. August 1945 Rückkehr nach Posen; dort erfährt Dr. Karol Milik, daß er als Apostolischer Administrator für Breslau vorgesehen sei.
6.–8. August 1945 Verhandlungen mit A. Wronka;
12. August 1945 Reise nach Breslau, um den deutschen Kapitelsvikar Dr. F. Piontek zur Resignation zu drängen;
15. August 1945 Übergabe der Ernennungsdekrete an die neu ernannten polnischen Administratoren mit Wirkung per *1. September 1945* (6. Jahrestag des Kriegsausbruches);
16. August 1945 Verhandlungen im Priesterseminar Pelplin mit dem Bischof des Ermlandes, Maximilian Kaller, die mit dessen Resignation enden;
12. Mai 1946 Hlond weiht den zukünftigen Primas Polens, Stephan Wyszyński, in Częstochowa zum Bischof;
21. Juli 1946 Hlond weiht die Kirche zur Hl. Dorothea in Breslau als Prokathedrale in Gegenwart von acht Bischöfen;
8. September 1946 Der Primas weiht das polnische Volk dem Unbefleckten Herzen Mariens in Częstochowa in Anwesenheit von einer Million Gläubigen;
24. Mai 1948 Veröffentlichung seiner Ansprache an die Katholiken der »wiedererlangten Gebiete«;

22. Oktober 1948 Hlond stirbt im Hospital der Schwestern v. d. Hl. Elisabeth in Warschau;
26. Oktober 1948 Feierliche Beisetzung unter Teilnahme aller polnischen Bischöfe, Domkapitel, Behördenvertreter und ausländischen Gesandten in der Trümmerwüste der Warschauer Kathedrale in der Sakramentskapelle;
21./22. November 1948: Hlonds Herz wird in die Primatialkirche nach Gnesen übergeführt;
22. Oktober 1949 Trauerfeier anläßlich des ersten Jahrestages seines Todes in der Bonifatiuskirche zu Breslau. Kardinal Wyszyński hält eine zündende Predigt im Anschluß an den historischen Akt der Berufung polnischer Apostolischer Administratoren für die »wiedererlangten Gebiete«.
4. Mai 1970 Einweihung einer Erinnerungstafel im Dom zu Breslau durch Primas Wyszyński;
28. November 1973 Feierliche Akademiefeier in Rom im Palazzo della Cancellaria unter Leitung von Primas Wyszyński und Bischof Rubin. Im Beisein von 14 Kardinälen spricht Erzbischof A. Baraniak von Posen über Leben und Werk von Primas Hlond.

R.i.P.
(Żywczyński, Hlond, 545–546, St. Kosiński, Schemat Biograficzny, 9–24, Pietrzak, Działalność 213–217)

2. Die Verdrängung aus der Heimat im Urteil Johannes Pauls II.

»Niemand kann entgehen, daß die Verbannung (exil) eine schwere Verletzung der Normen des gesellschaftlichen Lebens darstellt, die in offenkundigem Widerspruch zur allgemeinen Erklärung der Menschenrechte und zum internationalen Recht selbst steht; und die Folgen einer solchen Bestrafung erweisen sich als dramatisch auf individueller wie auf sozialer und moralischer Ebene. Der Mensch darf nicht des Grundrechtes beraubt werden, in dem Vaterland zu leben und zu atmen, in dem er das Licht der Welt erblickt hat, in dem er die teuersten Erinnerungen an seine Familie bewahrt, die Gräber seiner Vorfahren, die Kultur, die ihm seine geistige Identität verleiht und sie nährt, die Traditionen, die ihm Le-

benskraft und Glück schenken, die Gesamtheit der menschlichen Beziehungen, die ihn stärken und schützen.«
(Aus der Neujahrsansprache an das Diplomatische Corps am 16. Januar 1982, in: Osservatore Romano [deutsch] vom 5. Februar 1988.)
Der Heilige Vater spricht französisch von »Verbannung«. Eine Vertreibung übersteigt meist die Unmenschlichkeiten einer Verbannung, weil die Rückkehr einer ganzen Gruppe nahezu auszuschließen ist. Vertreibung bedeutet das gleiche harte Schicksal für eine Gesamtheit, so daß man sich gegenseitig kaum Hilfe leisten kann. Im Sinne einer Schlußfolgerung a minore ad maius dürfen daher die scharfen Aussagen über die Verbannung erst recht für die soziologisch tiefergehende Vertreibung gelten.

3. Oberschlesien als Modell friedlichen Zusammenwirkens

»Oberschlesiens Eigenart lag in der Zeit seiner Zugehörigkeit zur Erzdiözese Breslau (näherhin bis zum Ausbruch des Zweiten Weltkrieges) darin, daß es volkstumsmäßig ein Grenzland (region etycznego pogranicza) gewesen ist, in dem zwei Völker aufeinanderstießen (spotkały sie), das polnische und das deutsche. Das drückte sich in einer eigentümlichen kulturellen Vermischung und in der gegenseitigen Beeinflussung zweier Überlieferungsstränge (dwu tradicji) aus. Auffallendes Symptom (przejawem) war die Tatsache, daß zwei Sprachen, das Polnische und das Deutsche, ihre soziale Funktion gleichzeitig erfüllt haben. Bis hin ins 20. Jahrhundert hinein war der Gebrauch einer der beiden Sprachen noch nicht mit ideologisch-nationalen Elementen belastet. Das war nur infolge des umfassend-übergreifenden Wirkens der katholischen Kirche möglich. Seit tausend Jahren ist sie in Schlesien verwurzelt. Sie hat es vermocht, sich alle Traditionen einzufügen. So erwies sie sich als maßgebliches Element der regionalen Zusammengehörigkeit... Diese Verbundenheit entschied über die Identität der Bewohner. Gleichwohl vermischte der Glaube weder die kulturellen Sonderheiten noch die Eigentümlichkeiten, die sich aufgrund eigener Ansichten und nationaler Überzeugung entwickelt hatten.

Der gemeinsame Glaube hat diese Verschiedenheiten neutralisiert (»integriert«). Diese integrierende Rolle entstammt der Weisheit der Kirche, die sich ihrer überzeitlichen Sendung bewußt war. Allgemein schlug sich das in ihrem »rein seelsorglichen Wirken« nieder. Sie ließ sich auf keine Allianzen politischer Natur ein, hielt es einfach mit dem Volk, verstand dessen Not, erspürte dessen Erwartungen und kümmerte sich um jeden einzelnen, ohne nach dessen nationaler Einstellung zu fragen. Es ging einfach darum, die Menschen in Oberschlesien religiös einzubinden. Das war eine schwere, oft auch heikle Aufgabe.
Die durch Jahrhunderte bewährte Erfahrung in Oberschlesien hat ihre Frucht gebracht. Ihre typische Ausdrucksform ist die doppelsprachige Seelsorge gewesen.«
(Ks. Andrzej Hanich, in: Góra św. Anny, Sanktuarium Diecezji Opolskiej, Opole 1987, 17–18 [Der Annaberg, das Heiligtum der Diözese Oppeln]).

Dieser Bericht über die Zeit, als Oppeln noch zur Erzdiözese Breslau gehörte, wirkt heute fast wie eine Utopie. Aber war sie dem Evangelium nicht näher? Bohrende Gewissensfragen melden sich. Sie mögen wie ein Senkblei in die Tiefe unseres Gewissens, wo wir mit Gott allein sind, fallen, um dem bedrängten Evangelium auch in der Kirchenpolitik und in der seelsorglichen Praxis Geltung zu verschaffen.

Solche Gedanken hat auch Prof. Dr. Alfons Nossol, Bischof der Diözese Oppeln (Opole), selbst mit erstaunlichem Freimut vertieft. Die Diözese solle ihre durch das Zusammenwirken polnischer und deutscher Kultur geprägte Eigenart als ihr eigentümliches Erbe bewahren. Die Massenabwanderung der »Autochthonen« (der ursprünglichen Oberschlesier), vor allem in die Bundesrepublik Deutschland, sei eine Folge verfehlter, harter und verständnisloser Politik. Diese hat das Gefühl, gleichberechtigt in der eigenen Heimat leben zu können, bedroht. »Schlesien könnte eine Brücke zu den westlichen Nachbarn werden.«

(Interview des Bischofs mit »Gość Niedzielny« [»Sonntagsgast«] Kattowitz [Katowice], 19. und 26. Juni 1988).

Namenverzeichnis
(Bischofsnamen in Großschrift)

Ostdeutsche Bistümer bis 1945 (1972)

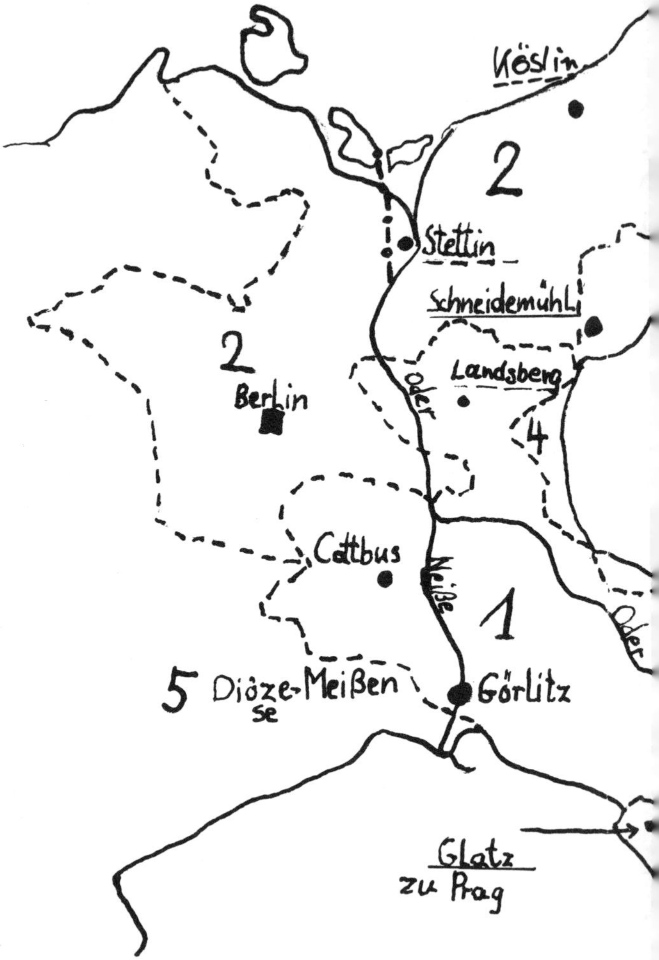

russisch
Frauenburg
Allenstein
Kulm
Polen
1. Erzdiözese Breslau
2. Diözese Berlin
3. Diözese Ermland
4. Freie Präl. Schneidemühl
5. Diözese Meißen
6. Anteil d. Erzd. Prag
7. Anteil d. Erzd. Olmütz
8. CSR-Anteil d. Erzd. Breslau
Reichsgrenze 1937
kirchl. Zentren zu dt. Zeit
Diözesangrenzen
kirchl. Zentren zu poln. Zeit
Landgrenze „DDR" – „Polen"
Breslau
Oppeln
Neiße
8
7
8
Olmütz